丛书主编：李猛 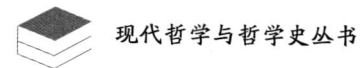 现代哲学与哲学史丛书

SPINOZA'S METAPHYSICS
Substance and Thought
Yitzhak Y. Melamed

斯宾诺莎的形而上学

实体与思想

［以］伊扎卡·迈拉迈德 著
董皓 译

商务印书馆
The Commercial Press

Yitzhak Y. Melamed

SPINOZA'S METAPHYSICS

Substance and Thought

Copyright © Oxford University Press 2013

本书根据牛津大学出版社 2013 年版译出

SPINOZA'S METAPHYSICS was originally published in English in 2013. This translation is published by arrangement with Oxford University Press. The Commercial Press is solely responsible for this translation from the original work and Oxford University Press shall have no liability for any errors, omissions or inaccuracies or ambiguities in such translation or for any losses caused by reliance thereon.

原著最初于 2013 年以英文出版。中译本由牛津大学出版社授权出版。商务印书馆对中译本负全部责任，牛津大学出版社对该译本中的任何错误、遗漏、不准确或含糊之处或因依据该译本而造成的任何损失不承担任何责任。

主　编

李　猛（北京大学）

编　委

董　皓（约翰·霍普金斯大学）
Michael Della Rocca（耶鲁大学）
Daniel Garber（普林斯顿大学）
Don Garrett（纽约大学）
Yitzhak Y. Melamed（约翰·霍普金斯大学）

现代哲学与哲学史
丛书序言

  通过哲学史工作进行哲学研究的哲学家，多少都会同意黑格尔对哲学史的判断："哲学史的研究就是哲学本身的研究"。但对过去哲学的回顾与重构，以何种方式构成真正意义上的哲学，或者说，哲学史通过历史性实现哲学性的方式，始终是哲学史的哲学研究面对的根本问题。

  哲学史是一门现代科学。在古代，将过去哲学家的学说以学案体的方式围绕主题或流派予以汇编，是哲学传播，也是哲学教育的主要方式，我们关于前苏格拉底时代和希腊化时代的许多学说，都是借助这种方式了解的（placita，或按照古典学者第尔斯［Hermann Diels］发明的新词，称为"doxographi"）。文艺复兴时期的人文学者，借鉴新语文学建立可靠文本的批评工具（recensio），发展了以历史批评方法撰写哲学史的新方式。但斯坦利（Thomas Stanley）等人带有浓厚人文主义色彩的哲学史，深受第欧根尼·拉尔修传统的影响，仍然以伟大哲学家的生平为主题，发挥道德教化（magistra vitae）的功能，其批评方法也更多是语文学和历史学的，而非哲学的。我们今天熟悉的哲学史形态始于十八世纪，经过布鲁克（Jakob Brucker）和蒂德曼（Dieterich Tiedemann）等人不断的努力，现代哲学史逐渐确立了其基本形式。布鲁克奠立的范式，在采纳历史语文学的批评方法的同时，引入了一系列哲学批评的新方法，从过去哲学家遗留的著述出发，将其学说建构为从基本原理出发的哲学体系，从而使哲学史成为人类理智实现整全哲学的途径。这一范式具备了哲学通史的要素，并往往充当哲学教育的"导论"：在简要叙述有助于理解哲学家思想的生平背景之后，围绕基本原理重构哲学家的学说体系，从中推演出哲学家著作包含的论述，并基于对哲学体系的重构划分主要的哲学流派，与古代、中世纪和现代的历史分期。布鲁克的哲学史范式，不仅与围绕当代议题汇集过去哲学学说的学案体做法迥异，也显著超越了人文学者采用历史语文学方式撰写的学说批评史，其核心方法是采用现在接受的哲学标准来重构哲学体系，形成了一种哲学的"批评史"（historia critica），从而实现了他的哥廷根前辈豪伊曼（Christoph August Heumann）的理想——哲学史不能仅是缺乏哲学精神的"有关哲学的历史"（historia philosophiae），而必须成为"具有哲学性的哲学史"（historia philosophiae philosophica）。布鲁克的范式，将过去不同时代的思想重构为同一人类理性在不同的时间地点的体现，在狄德罗和达朗贝尔等人主编的《百科全书》中，以哲学史为启蒙运动倡议的人类精神发展史提供了卓有成效的支持和见证。

康德敏锐地指出了布鲁克哲学史范式的问题，对现有哲学的研究，就认识的性质而言，仍然属于事实知识意义上的历史认识，并非真正哲学的理性认识，学哲学（Philosophie lernen）并不等于学做哲学（philosophiren lernen）。哲学史要成为哲学性的，首先要求的不是历史的或经验的可能性，而是理性的可能性。康德本人没有留下系统的哲学史著作，如何在哲学史的废墟上建立"纯粹理性的历史"的大厦，是他留给未来哲学家的任务，但批判哲学与形而上学独断论及怀疑论的关系，可以看作这样一种理性哲学史的模板。莱茵霍尔德（Karl Leonhard Reinhold）和腾尼曼（Wilhelm Gottlieb Tennemann）这些批判哲学的皈依者坚信，康德对人类认识能力的批判，提供了统一把握历史中不同哲学体系内容的普遍理性形式。不过，一种先验的哲学史如何可能，仍是康德的追随者面临的重大课题，先验哲学与具体哲学史研究之间的根本张力始终存在。在康德派哲学史家看来，布鲁克的哲学史"缺乏哲学精神"，他更多是一位学者，而非哲学家。不过，黑格尔的诊断却恰恰相反，布鲁克的哲学史是"完完全全非历史的"。布鲁克的哲学史，将哲学家的生平（historia personarum），视为理解学说（historia doctrinarum）的背景因素（circumstantiae），因此是哲学的外史，而哲学体系内部的理性重构，在哲学史中的历史性意涵并不清楚。在布鲁克的哲学批评史中，建立历史背景的语文学考证与重构哲学体系的理性论证，在方法上是分离的。如何使哲学研究的历史性具有哲学意义，是布鲁克范式通过哲学体系的折衷路线构建没能解决的问题，也是诸多康德派的理性主义哲学史难以克服的困难，而这正是黑格尔的思辨哲学史的伟大成就。

从1805年在耶拿首次开始讲授哲学史，直至1831年在柏林去世，黑格尔先后九次系统讲授哲学史课程，奠定了哲学性哲学史的基本形式。黑格尔严厉批评了斯坦利、布鲁克、蒂德曼和腾尼曼这些前辈的哲学史工作。在黑格尔看来，哲学史既不是过去哲学家私人意见的展览馆，更不是堆满死亡体系残骸的古战场，无论个人意见的汇编还是学派体系的搜集或折衷，都只能产生"一门非常肤浅和乏味的知识"，必须从"发展"和"具体"的原则出发将哲学理解为"发展中的体系"，而哲学史就是真理的理念把握自身的过程，是理念向自身的运动。在这一思辨意义的哲学史中，"理念的概念规定在逻辑推演中的次序，与哲学体系在其历史中的继替，是同样的"。依据"理性的逻辑就是历史的逻辑"，黑格尔的哲学史第一次真正建立了哲学性与历史性的内在关系。哲学的"历史性"以具体的方式展现了理念的逻辑结构。逻辑与哲学史作为哲学的双重方法，具有内在的一致性。因此，哲学史就不再是由哲学之外的历史事实构成的外史，而是围绕哲学自身的运动和发展构成的内史。通过哲学史研究建立的哲学，不是静态的体系或学说，而是具有自身生命力的有机总体："那自身规定的真理，有一种冲动去发展它自身。只有有生命的东西，精神的东西，才能运动，才能在自身中激发自身，发展自身。所以，作为自身具体，自身发展的理念，乃是一个有机系统，一个总体性，在自身中包含了诸多阶段和环节"。①因此,只有通过哲学史的研究才能揭示理念发展"一幕一幕的戏剧",从而把握真正活的哲学,而不是空洞的普遍性或抽象的本质。哲学史,就像艺术史、科学史和宗教史这些精神的其他表现形式一样,记录了精神从自在向自为的自我回复,因此哲学史不仅是真正意义上的哲学,也是世界历史理性过程的典范和内核。

黑格尔用历史哲学实现了哲学史与哲学的同一性,完成了先验哲学史的规划。就哲学性与历史性在哲学史中的同一性而言,黑格尔的哲学史乃是"第一部哲学性的哲学史,是第一次适当的历史探究,但同时也是这种探究的最后的和最后可能的形态"。②从历史理性的角度看,先验哲学史从目的论的终极智慧出发,试图以哲学家的"现在"为基准,将所有过去有价值的哲学组装为一部回溯性的发展史,因此,在这部哲学史中,先验哲学家可以比柏拉图本人更好地理解他自己。③先验哲学史统一哲学性与历史性的方式,为了跨越充满偶然性的历史事实与永恒的哲学真理之间"丑恶的鸿沟"(莱辛),付出了许多历史学者不愿接受的代价。像策勒(Eduard Zeller)这样奉行以科学的历史批评方法研究哲学史的学者,就断然拒绝黑格尔哲学史中历史与逻辑的同一性的核心原则,主张从对哲学家实

---

① 〔德〕黑格尔,《哲学史讲演录》(第一卷),贺麟、王太庆译,商务印书馆,1995年版,第32、34页。
② 〔德〕海德格尔,《哲学论稿》,孙周兴译,商务印书馆,2012年版,第225—226页。
③ 〔德〕康德,《纯粹理性批判》B370,李秋零译,《康德著作全集》(第3卷),中国人民大学出版社,2011年版,第241页。

际工作出发建立哲学史的"历史性"。无论是出于历史主义的批评，还是来自科学主义的疑虑，在黑格尔之后，建立哲学性与历史性紧密关联的历史哲学都不再主导对哲学史的研究，哲学史学者越来越依赖历史批评方法以经验的方式描述"真实"的哲学史。这种混合了哲学体系的理性重构与哲学思想发生、继替的经验叙事的哲学史，成为主流的研究范式。但学院化的哲学史教学，一旦丧失了思辨哲学史凭借历史哲学建立的动力原则，就不免沦为反刍他人学说来代替自己声音的学究工作，既缺乏科学的严格，又无聊得令人生厌。要呼吸到古代哲学的精神，尼采宁愿选择阅读第欧根尼·拉尔修，而不是策勒。另一方面，为了克服或逃避黑格尔思辨哲学史中对待哲学的总体性看法，产生了从不同文化形态、文明遗产乃至性别与民族的多样性中寻求理性的多元可能性的哲学史努力。哲学成了"世界观"（狄尔泰）。日益宽容的多元主义哲学史，就形态而言，更多是一种展现不同哲学文化的"人类学"。这种"文化的哲学史"虽然有强烈的历史性旨趣推动其哲学反思，但哲学反思的形式与历史反思的旨趣之间缺乏实质性的关联。薄的理性批评，竭力摆脱历史性的束缚，而厚的多元文化史，则努力用历史资源充实哲学反思的内容，在这两种表面对立但却往往相互助长的形式中，都欠缺在实质意义上通过历史性实现哲学性的哲学史工作。

在一个对理性进步的前景丧失信心、总体世界图景日益贫乏的世界哲学时代，哲学史在今天面临巨大的困难，需要探索历史性与哲学性新的结合方式。哲学史并不只限于以现在的哲学视角重构过去哲学家的著述、学说、概念或思想，而努力以哲学的方式建立不同思想之间的历史性关系，理解对真理的共同追求何以在不同的时代和文明的现实处境中经历了不同的途径，使过去的哲学继续活在现在，从而开辟哲学在今天新的可能性。"彻底拒绝哲学史"（Just say no to the history of philosophy），将过去的哲学家当作刚刚在数据库之外的期刊上发表文章的匿名同行，这种极端的做法取消了哲学史的"历史性"，将当代哲学家的个人看法或流行意见设定为哲学唯一的"形式"，窒息了在哲学史中潜藏的哲学的生命力。作为哲学研究的哲学史，关键在于以哲学方式规定"过去"的哲学。采用历史语文学的方法对哲学文本进行批评和注释，从文化和社会的角度阐释哲学思想的语境和意义，对哲学概念进行历史源流的追溯，以古物学（antiquarian）的态度整理哲学学说，以学案体的体例梳理哲学体系，乃至遵循"星群研究"（Konstellationsforschung）的设想从同期不同哲学家的相互思想关系来把握哲学洞见的生成，所有这些现代哲学史的科学方法都有助于我们更好地把握哲学的"过去"。但哲学史的历史性要重建的"过去"，并非过去哲学家的表达受历史语境约束形成的所谓观念史意义，或者根据某种人类学原则挖掘的集体性的文化或世界观，而是个体哲学家（黑格尔所谓"思想英雄"）的学说中跨越语境，甚至规定语境和世界观的思想意义。哲学史关注的历史性关系，也不仅是现在哲学观念遗落在历史演变中的起源或变迁的谱系学意义，有时更接近柏拉图在《智者》的对话或亚里士多德在《形而上学》等"讲论"中对其哲学前辈的重述。现代学者经常会争论这些"原初哲学史"的历史可靠性,但很少怀疑这些哲学史叙述本身对于理解柏拉图哲学或亚里士多德哲学的指引性意义。因此,主流哲学史范式中源于人文主义历史语文学的批评分析,往往只是真正哲学史的准备工作。真正的哲学史,需要通过历史性与哲学性之间的综合关系,指示哲学真理的统一性。真正的哲学史,不仅要为哲学研究提供所谓思想创造的素材,更重要的是通过对哲学家思想之间历史关系的建立,激活思想发展的生命力,黑格尔强调的"真理的冲动"。哲学史不仅不是"活的思想的障碍"或"迈向真理的人的负担",恰恰相反,哲学史建立的历史性是哲学性真正的解放者。任何一个时代,都是通过重构过去时代的哲学,才能具体理解其思想中最强劲、最有生命力的东西,而一个时代现在的哲学,也必须通过彻底澄清与其继承或者超越的思想传统之间的关系才能真正确立自身对未来的意义。

哲学史研究是活的哲学研究,这尤其体现在现代哲学的哲学史中。在布鲁克哲学史范式主导的时代,与长期借助历史语文学的批评方法来克服"我们"与哲学家著作之间距离的古代哲学史研究不同,现代哲学史往往被看作是一种"当代史",甚至是一种通过反对古代哲学研究的语文学途径,为现代哲学的创新(philosophiae novae)辩护的"反哲学史"。但反对历史批评和文献汇编主导的哲学史,这一重要的方法争论催生了一系列现代哲学精神的哲学史。笛卡尔、斯宾诺莎或洛克,都曾经直接启迪或引导了重要的哲学史研究路径,对康德批判哲学的接受更是引发了哲学史方法论的大争论。现代哲学史的形态始终与哲学家如何理解"现在"哲学的可能性有着不可分离的关系。在这个意义上，当代哲学与哲学史之间充满紧张的关系，正是现代哲学试图摆脱哲学史的负担重新开始的努力的继续，而现代哲学不断开启的"新"，也只有借助哲学史的工作，才能被理解和规定。"现代哲学与哲学史"译丛希望从译介不同形态的优秀哲学史工作入手，推进对现代哲学的深入研究和整体理解，并探索在现代哲学中重建哲学史的可能性。

李猛

2024年9月

献给苏菲·伯拉兹-迈拉迈德与内塔·斯达尔

目　录

致　谢 ·· 1

缩写说明 ·· 5

导　论 ·· 7

第一部分　斯宾诺莎关于实体的形而上学

第一章　作为内附关系与谓述关系的实体-样态关系 ········· 25
第二章　内持因、无世界论及"神的样态"与
　　　　"属性的样态"之间的区分 ····················· 119
第三章　内附、因果与构想 ···························· 160
第四章　无限样态 ···································· 201

第二部分　斯宾诺莎关于思想的形而上学

第五章　斯宾诺莎的两种平行论学说 ···················· 241
第六章　观念的无限多面结构与思想的优先性 ············ 262

目 录

参考文献 ·· 350
主题与人名索引 ·· 372
《伦理学》内容索引 ··································· 395

致　谢

本书的写作过程超过十年。它来自一篇我于2002年开始写作并在2005年提交的博士论文（不过第三、第四章并非原始论文的一部分）。三年后，这篇手稿被牛津大学出版社接受，在那之后我就一直不断地修改它。一般来说，在如此漫长的一段时间内人的观点会发生变化，但在这里，大多数情况下变化都是较小的。

谨向在写作本书时帮助过我的很多同事、朋友以及机构致谢，这是一项令人愉悦又艰巨的任务。我感谢犹太文化纪念基金会提供的研究基金。第一章来自我的论文《斯宾诺莎关于实体的形而上学》(Spinoza's Metaphysics of Substance)，第五、第六章的部分则与我的论文《斯宾诺莎关于思想的形而上学》(Spinoza's Metaphysics of Thought) 重合。我感谢《哲学与现象学研究》(Philosophy and Phenomenological Research) 允许我使用这两篇文章。第三章早先的版本（《斯宾诺莎中的内附、因果与构想》(Inherence, Causation, and Conception in Spinoza)) 以及第二章的部分（《无世界论还是弱个体？》(Acosmism or Weak Individuals?)) 曾刊登于《哲学史杂志》(Journal of the History of Philosophy)，它慷慨地允许我在此使

致 谢

用这两篇文章。

我在约翰·霍普金斯大学以及芝加哥大学的现同事和前同事们提供了极具启发的智识上的陪伴。我特别感谢阿拉什·阿巴扎里［Arash Abazari］、约翰·白兰道［John Brandau］、扎克·加滕伯格［Zach Gartenberg］、卡罗莱娜·休布纳［Karolina Hübner］、安东·卡别什金［Anton Kabeshkin］、拉菲·科特-兰道［Raffi Kurt-Landau］、多梅尼卡·罗马尼［Domenica Romagni］、阿利森·皮特曼［Allison Peterman］以及大卫·沃伦伯格［David Wollenberg］。

很多人对本书的不同部分和草稿给出了有帮助的评论，我从他们那里受益良多。我特别感谢罗伯特·亚当斯［Robert Adams］、弗雷德·拜塞尔［Fred Beiser］、约翰·卡里耶罗［John Carriero］、埃德·科利［Ed Curley］、埃克哈特·福斯特［Eckart Förster］、阿兰·贾碧［Alan Gabbey］、丹·加伯［Dan Garber］、唐·伽雷特［Don Garrett］、米卡·哥特利伯［Michah Gottlieb］、沃伦·泽夫·哈维［Warren Zev Harvey］、摩根斯·拉尔克［Mogens Laerke］、迈克·勒布菲［Mike LeBuffe］、马丁·林［Martin Lin］、史蒂芬·曼［Steven Mann］、科利·马歇尔［Colin Marshall］、克里斯蒂亚·摩瑟［Christia Mercer］、约翰·莫里森［John Morrison］、卢卡斯·穆伦塔勒［Lukas Mulenthaler］、史蒂芬·纳德勒［Steven Nadler］、阿兰·尼尔森［Alan Nelson］、萨姆·纽兰兹［Sam Newlands］、多米尼克·伯勒［Dominik Perler］、罗伯特·皮平［Robert Pippin］、乌苏拉·兰兹［Ursula Renz］、

致　谢

埃里克·施里瑟［Eric Schliesser］、塔德·施马茨［Tad Schmaltz］、亚历克斯·西尔弗曼［Alex Silverman］、阿利森·西蒙斯［Alison Simmons］、阿伯·索歇［Abe Socher］、阿伦·伍德［Allen Wood］以及安德鲁·犹帕［Andrew Youpa］；以上每个人都对我有重要的助益。

在过去几年中，我的年长的同事们，丹·加伯、唐·伽雷特、克里斯蒂亚·摩瑟、史蒂芬·纳德勒，以及塔德·施马茨在很多场合下用建议和鼓励帮助了我，并且他们使我真正享受成为早期近代哲学充满活力的团体中的一员。耶鲁大学的早期近代哲学学习小组的成员也阅读了本书的手稿，并且提供了非常有帮助的评论与批评。从圣城伯尼布莱克（Bney Brak）开始，奥戴德·切赫特［Oded Schechter］就是我的旅伴，他与我一起有过不可胜数的关于 *Reb Boruch HaSefaradi*（B.d.S.，即斯宾诺莎）*的快乐且有启发的讨论。迈克尔·德拉·罗卡［Michael Della Rocca］，我的博士论文导师，被证明是一个理想的塔木德式圣人：他无限好奇、慷慨，并且善良，总是乐于被一个新的观念或反驳所挑战；我对他怀有深深的感激之情。本书的很大一部分内容来自和他的一次深入谈话。

尼古拉斯·考夫曼［Nicholas Kauffman］和邦妮·凯尔西［Bonnie Kelsey］极为谨慎专业编录了本书手稿。约翰·白兰道娴熟地做了索引。我在牛津大学出版社的编辑彼得·奥林

---

* Reb是尊称，Boruch即斯宾诺莎的希伯来语名，Sefaradi即指斯宾诺莎是塞法迪犹太人。B.d.S.即斯宾诺莎拉丁文名的缩写。——译者

致 谢

［Peter Ohlin］经常帮助、鼓励我，并且十分耐心。制作编辑凯特·南［Kate Nunn］出色地完成了工作。牛津大学出版社的两位匿名审稿人也给出了一些最有价值的建议。我感谢他们所有人的帮助。

我也感谢我的兄弟，阿利·迈拉迈德［Arie Melamed］，在这么多年间给我的帮助。我将本书连同爱与感激一起献给我的母亲苏菲·伯拉兹-迈拉迈德［Sophy Braz-Melamed］，她为我注入了对书籍的爱，以及我的妻子，内塔·斯达尔［Neta Stahl］。我对她们无比感激。我的母亲现在或许（也或许没有）原谅了我没有成为一位医生。内塔一直是我的同路人，并且是本书所表达的很多思想的对话者。她在智识上的慷慨、爱以及呵护让所有这一切都变得值得。最后，我要感谢我们的三个年轻的"样态"，约纳坦［Yonathan］、埃尔玛［Alma］，以及丹尼尔［Daniel］所带来的许许多多令人感恩且快乐的瞬间。

缩写说明

笛卡尔作品

AT Adam and Tannery (eds.), *Oeuvres de Descartes*（《笛卡尔全集》）

CSM Cottingham, Stoothoff, and Murdoch (eds. and trans.), *The Philosophical Writings of Descartes*（剑桥版英译本《笛卡尔哲学作品集》）

斯宾诺莎作品

CM *Cogitata Metaphysica*（《形而上学思想》，DPP 的附录）

C Curley (ed.) *The Collected Words of Spinoza*, vol. 1（科利版《斯宾诺莎作品集》）

DPP *Renati des Cartes Principiorum Philosophiae Pars I & II*（《笛卡尔哲学原理》）

Ep. Spinoza's Letters《斯宾诺莎通信集》（格布哈特版全集第 4 卷）

GLE *Compendium Grammaticae Linguae Hebraeae*（《希伯来语法纲要》）

KV *Korte Verhandeling van God de Mensch en deszelfs Welstand*

缩写说明

（《神、人及其幸福短论》，简称《短论》）

NS　　*Nagelaten Schriften*（1677年出版的斯宾诺莎作品荷兰语译本）

OP　　*Opera Posthuma*（拉丁语版《遗作》）

S　　　Shirley (ed.), *Spinoza: Complete Works*（谢利版《斯宾诺莎全集》）

TdIE　*Tractatus de Intellectus Emendatione*（《理智改进论》）

TTP　 *Tractatus Theologico-Politicus*（《神学政治论》）

对《伦理学》具体文本的引用缩写方式如下：a（公理）、c（推论）、e（解释）、l（引理）、p（命题）、s（附释）、app（附录）；d有时代表"定义"（当它直接出现于部分编号右侧时），有时代表"证明"（在其他情况下）。《伦理学》的五个部分都用阿拉伯数字表示。由此，"E1d3"就代表第1部分定义3，"E1p16d"代表第1部分命题16证明。DPP文本的引用方式同上。

对格布哈特版全集（Gebhardt ed., *Spinoza Opera*）的引用方式如下：卷号/页码/行数。由此，"II/200/12"代表第2卷200页12行。对AT的引用则包括卷号与页码。比如说，"AT VII 23"就代表第7卷23页。

导　论

§1 方法

当一门学科开始质疑它本身的预设时，就是这门学科成熟的标志。的确，过去三十年里，在英美学者当中发生了一场关于哲学史研究的正确方法的重要论辩。其中一种态度是，哲学史仅就其与当下的哲学议题相关而言是有意义的。在大多数情况下，这种对相关性的要求被表达为这种断言："P之所以是一位值得研究的哲学家，是因为他在x世纪就已经提出了最近才被当代科学家或者哲学家发展的观点"。尽管我并不希望做笼统的论断，但我的确认为至少这一论证的某些形式是愚蠢的。比如说，莱布尼茨有时会因为提倡时空的相对性而被赞许，但在我看来这些赞许都犯了一个简单的盖梯尔谬误：假设相对论是正确的，那么莱布尼茨的确持有了一个被辩护了的真信念；但它肯定不是凭借莱布尼茨所持有的理由而真，因为他并不相信速度是有上限的。因此，尽管相对论与莱布尼茨对于空间的相对性的信念相符合，这却完全不能够证明莱布尼茨的观点就是正确的，因为这种符合仅仅是偶然的。

导　论

　　我相信哲学上的相关性是重要的，但问题是，一个过去的哲学家是否只有在其观点与我们的观点相符时才是与我们相关的。与那些试图从哲学史中找出自己观点的先驱的学者不同，我认为，通过研究那些经过充分论证的却与我们的常识强烈冲突的文本，哲学史能够为我们提供丰富而少见的机会去挑战（而非仅仅确认）我们最为基本的信念与直觉。过往哲学家的论证可能会帮助我们诊断我们自身的盲点（即那些我们认为自然而然的、明显的，但从未尝试去辨析的主张）。①

　　在本书中，我有时会将斯宾诺莎的观点与当代的观点相比较、对比以试图澄清其立场。不过，本书最为新颖的部分即最后两章中所表达的观点，在当代形而上学以及心灵哲学之中几乎完全没有对应物。我认为这是一个优点而非缺陷，因为对于新的概念领域的发现能够拓展我们的思想并且锻炼我们的哲学想象力。

　　正如许多其他哲学家一样，斯宾诺莎在其一生中也在不断地改变、发展着其观点，而本书则聚焦于斯宾诺莎的主要作品《伦理学》。尽管我相信斯宾诺莎的早期作品十分重要，但我却尽量没有使我的任何一个主要论点完全依赖于斯宾诺莎早期文本与通信的权威性。虽然斯宾诺莎的通信的确能够为《伦理学》的产生过程（即《伦理学》这本书以及其各个草稿的发展史；这方面的工作仍亟待完成）提供一个大致的轮廓。②我有

---

① 关于我对哲学史哲学的详细看法，见我的《同情的理解》（Charitable Interpretations）一文。

② 在《斯宾诺莎的实体与属性概念的发展》（The Development of Spinoza's Concepts of Substance and Attribute）一文中我给出了这一发展史的一章。

时会关于斯宾诺莎观点的发展提出一些看法，这却并不是本书的首要关切。

斯宾诺莎学者中的另一个重要争论有关于斯宾诺莎观点的确切历史背景。这一争论通常会被参与其中的学者的专业领域所引导：（能够轻松阅读中世纪希伯来语文本的）犹太哲学学者会将中世纪的犹太思想背景看作决定性的；荷兰学者则会选择17世纪荷兰的政治与思想氛围作为最恰切的语境；大多数其他（经过拉丁语训练但却并不掌握希伯来语以及荷兰语的早期现代学的）学者则会着重强调笛卡尔以及其他同时代人（比如苏亚雷斯）的影响。显然这不过是盲人摸象寓言的又一个例子，即摸到大象的不同部位的三位盲人动物学家明确地就这个动物的形状做出不同的判断，"这是一条蛇"，"显然是河马"，"无疑是犀牛"。而正如这些评论所说明的那样，我认为所有的这些背景都是重要的（比如中世纪犹太哲学、笛卡尔与笛卡尔主义、晚期经院哲学、17世纪荷兰哲学与政治）。不过显然，我所提出的解释也有可能只不过把握到了这头大象的某一个方面。

§2 斯宾诺莎的系统背后的形而上学原则

（一）充足理由律

在过去几年中，迈克尔·德拉·罗卡［Michael Della Rocca］所发展的斯宾诺莎解释着重强调了充足理由律［Principle of Sufficient Reason, 下作PSR］在斯宾诺莎哲学中的核心地位。

在这一问题上，正如在其他许多问题上一样，我完全同意他的看法。不过，与德拉·罗卡不同，我并不认为这一原则能够是打开斯宾诺莎所构筑的宫殿中的所有门的万能钥匙。具体而言，我并不认同德拉·罗卡所说的"PSR的双重应用"（即对于斯宾诺莎而言，所有东西都必须被还原为可构想性，并在可构想性中被解释）。①我欣赏这一主张所蕴含的才智与胆魄，但我并不认为它能够在斯宾诺莎的文本中找到足够支撑，并且我也不认为它符合斯宾诺莎最为基本的观点之一，即不同属性在因果关系与构想关系上的分离（E1p10，E2p6）。②但尽管如此，我仍希望强调，PSR催生了《伦理学》中很多重要且有趣的学说，比如必然主义、不可分辨者的同一性、实体一元论甚至或许包括努力（conatus）概念；同时，我在本书中也会时常指出斯宾诺莎对于这一原则的大胆且丰富的运用。

（二）无限者对于有限者的优先性

斯宾诺莎的第二个形而上学原则在现有文献中远未受到其应有的关注，因此在这里我会对其进行简要的论述。在若干文本中，斯宾诺莎断言无限者"在本性上"与"在认识上"都先于有限者。③由于这一观点与在中世纪和早期现代神学中常见的所有事物都依赖于神的观点看起来十分相似，我们就很有可

---

① 见德拉·罗卡，《斯宾诺莎》（*Spinoza*），2，50。
② 我在《爱利亚的塞壬》（Sirens of Elea）一文中发展了对德拉·罗卡的批评。
③ 参见比如 KV I 22（I/101/3-7），KV I 7（I/68/18），KV II 24（I/107/1），E2p10s2（II/93/32），TTP ch. 2（III/30），TdIE §§75，90。

能低估它所蕴含的胆魄。的确，无限者"在本性上"或在存在论上的优先性或多或少与这种传统中的依赖概念相同。同时，斯宾诺莎的一些先辈以及同时代人认为，在某种意义上，无限者在认识论上（"在认识上"）也先于所有事物，即我们无法在不确定神存在的情况下拥有任何其他确定的知识。斯宾诺莎接受了这一点：他并不十分担忧怀疑论的威胁，但他却全然接受对于所有事物的认识都依赖于并且预设了对神本质的认识这一观点。《伦理学》第1部分的公理4提出"对于结果的认识依赖于，并且包含了［*involvit*］对于其原因的认识"，同时，神的本质也是所有事物的原因（E1p16c1），这就使得斯宾诺莎不得不认为对于所有事物的认识都依赖于对于神本质的认识。这样一来，如果我们想要避免极端怀疑论的话，我们就必须有途径对于神的本质具有清晰的认识。在这一关键公理的基础上，斯宾诺莎在E2p47中认为"人的心灵对神的无限且永恒的本质有着充分的认识"，并且"神的无限且永恒的本质被所有人所认识"（E2p47s）。对神本质的认识就这样被平凡化了（没有人能够不拥有这种知识！）。这对斯宾诺莎的任何一位同时代人或者先辈来说都是几乎不可接受的，但斯宾诺莎却将它当作无限者认识论优先性的必然结果（假设拒绝极端怀疑论的话）。这一观点已十分大胆，但斯宾诺莎却并没有止步于此。

在《伦理学》中最重要但却最被低估的一步中，斯宾诺莎论证了"做哲学的正确次序"（即我们能够依据它发现真理的次序）应当从无限者开始。在以下段落中，斯宾诺莎批评了他

导　论

的前辈，因为他们

> 没有能够遵循做哲学的［正确］次序。因为他们相信，那个应当在所有事物之前被考虑的神的本性——这是因为它在认识上以及在本性上都是在先的——反而在认识的次序中是最后一项；同时，那些被称作感觉对象的事物却先于所有事物。由此，当他们考虑自然事物时，他们最不在意的就是神的本性；而之后当他们将心灵转向对神的本性的考量时，他们最不在意的则是那些他们之前用来构建对于自然物的认识的、由他们自己所产生的虚构物，因为这些东西对于认识神的本性毫无助益。（E2p10s2）

我不会讨论斯宾诺莎在此所批判的具体对象，① 不过我会简要地展开论述一下这一重要文段的要点。在斯宾诺莎看来，我们无法通过对我们概念的逐渐净化最终把握到神（或终极实在），就像比如说第俄提玛在《会饮篇》（210, 211）中令人印象深刻地提出的那样。对于斯宾诺莎来说，如果将卡利亚斯的美作为这段认识论旅程的起点的话，我们最终也只能到达被净化了的卡利亚斯的美，而这仍旧是属人的。而如果我们在旅程终点处到达了神的话，那么很可能我们在旅程开始之时所拥有的事物的观念就已经是某种关于神的观念了。我认为这就是斯宾诺

---

① 我在别处论证了，斯宾诺莎在此批评了笛卡尔与柏拉图主义者。见我对艾耶斯［Michael Ayers］的书评，以及《〈神学政治论〉中的形而上学》（Metaphysics of the TTP）一文第2节（在这里我也详细讨论了无限者的优先性）。

莎所说的"而之后当他们将心灵转向对神的本性的考量时,他们最不在意的则是那些他们之前用来构建对于自然物的认识的、由他们自己所产生的虚构物"这句话的意思。

对斯宾诺莎来说,从有限事物开始的认识论路径——比如卡利亚斯的美或者笛卡尔的"我思"——甚至并不能让我们理解有限物的本性,因为正如我们所看到的,所有事物都必须经由它们的原因而被认识(E1a4)。因此我们必须从对无限者即所有事物的原因的认识开始,然后方可转向对于有限物的认识。在没有对无限者的认识的情况下,我们无法获得任何对于有限物的认识。这就是当斯宾诺莎抱怨他的哲学前辈们在"考虑自然事物时,他们最不在意就是神的本性"时他所表达的意思。

当然,我们可以也应当对斯宾诺莎的这一大胆论证提出一些反驳。但我在这里想做的只不过是完整地记录这一原则并且展示出它的一些后果。无限者的优先性与PSR对于斯宾诺莎来说是两个独立的原则,我们无法从其中的一个原则推出另一个。关于这两个原则在斯宾诺莎系统中的关系还有很多可以讨论之处:在大多数情况下,它们通过融洽的合作产生出了一些关键学说(比如两个实体不能通过它们的样态被区分(E1p5d));但在有些地方(比如在有关必然主义的地方①),他们则会引向相反的方向。这些冲突能够使我们真正洞察斯宾

---

① 参见本书第三章结尾以及我的论文《为什么斯宾诺莎不是爱利亚派一元论者》(Why Spinoza Is Not an Eleatic Monist)。

诺莎系统最为内在的运作方式，我希望能够在将来对它们进行更为深入的研究。

§3 属性（attribute，*attributum*）是什么？

属性概念位于斯宾诺莎形而上学的核心。属性与实体、样态（mode，*modus*）一起构成了斯宾诺莎存在论的最基本的组成单元，但是这三者的确切含义是什么一直以来备受争论。尽管我对此有我自己的看法，但由于它并不是本书所着重处理的问题，并且对它的充分处理会使我们离题太远，我并未在此书中对其进行展开论述。①不过，由于两个在本书中被讨论到的话题（第2章中神的样态与属性的样态的区分、第5章中属性间的平行关系）与这一问题紧密相连，我在此会十分简略地解释一下属性究竟是什么。

斯宾诺莎在《伦理学》的开篇如此定义属性："我将属性理解为实体中被理智把握为构成了实体本质的东西"（*Per attributum intelligo id, quod intellectus de substantia percipit, tanquam ejusdem essentiam constituens*）（E1d4）。之后他又将神定义为"一个绝对无限的存在物，这即是说，一个由无限多属性构成的实体，其中每一个属性都表达了永恒且无限的本质"（E1d6）。很清楚，在神——斯宾诺莎的世界中的唯一实体

---

① 关于我对属性的大致解读，见我的论文《斯宾诺莎形而上学的构成要素》（The Building Blocks of Spinoza's Metaphysics）第2节。

（E1p14）——与属性之间存在着非常紧密的联系。在《伦理学》的某些早期草稿中，斯宾诺莎甚至调换了实体与属性的定义。①不过，实体与属性的一个显著区别是，对于斯宾诺莎来说只存在一个唯一的实体，但属性却是无限多的，并且这些属性都属于这个实体。②同样，斯宾诺莎也将神的唯一实体的绝对无限与属性的更弱一些的自类无限（E1d6e）相对比。最后，属性与样态在斯宾诺莎那里都是性质，它们可以进行比较：样态是并不构成实体本质的可变性质，而属性则是永恒的（E1p19）并且构成了实体的本质。

那么，斯宾诺莎的唯一实体与其无限多的属性之间的关系是什么？尽管对于这一问题的充分且细致的回答会将我们引向许多解释上的争议，③但我认为我们仍然可以安全地排除一种可能的答案：属性不能是实体的部分，因为斯宾诺莎的实体的主要特征之一即是其不可分性（E1p13）。事实上，斯宾诺莎还强

---

① 见我的《斯宾诺莎的实体与属性概念的发展》。

② 乔纳森·本内特［Jonathan Bennett］(《斯宾诺莎〈伦理学〉研究》(*A Study of Spinoza's "Ethics"*), 75-78) 认为斯宾诺莎对于神的定义并不会必然使他接受无限多个属性的存在，因为当他说神具有无限多个属性时（E1d6），斯宾诺莎的意思仅仅是神拥有所有属性。根据本内特的观点，斯宾诺莎完全没有承诺任何我们熟悉的两个属性即广延与思想之外的任何属性存在。在我的《斯宾诺莎形而上学的构成要素》一文中，我用一系列文本与理论上的考量论证了斯宾诺莎承诺了在广延与思想之外的无限多个属性存在。不过，我同样认为本内特的观点是有益的，因为它让我们注意到并且质疑了那些说服斯宾诺莎为神赋予无限多属性的理由。这一问题十分关键而且困难，但它在本内特之前却并没有被提出，更没有被讨论。

③ 我在《斯宾诺莎形而上学的构成要素》第2节中列举了主要的争议。

调了属性也是不可分的（E1p12）。

至此，从我们非常简短的讨论中我们可以看出，属性是唯一实体的本质的、永恒的、不可分的、无限的性质。除此之外，属性还具有另外一个非常重要的特点，即它们在构想关系上以及因果关系上是互相独立的。在E1p10中斯宾诺莎证明了，正如实体本身那样，每个属性也是通过自身而被构想的；而在之后的E2p6中，斯宾诺莎根据E1p10证明了属性互相之间在因果关系上是独立的。换句话说，属于不同属性的东西不能发生任何因果作用。一个属于广延属性的样态不能与属于任何其他属性的样态相互作用。在《伦理学》第2部分的开篇，斯宾诺莎试图（以一种非常成问题的方式）证明广延和思想是两个被我们所认识到的属性（E2p1，E2p2）。在E2a5中，斯宾诺莎又规定了我们无法认识到无限多的其他属性。在本书的第6章中，我会解释是什么使得斯宾诺莎做出这个规定。斯宾诺莎从笛卡尔那里继承了广延和思想是两个根本的属性这一观点，不过斯宾诺莎也以其一贯的作风重新审视并且完全重塑了这一来自笛卡尔的遗产。①

斯宾诺莎对于属性还做出了另外一些发人深思的论断（比如实体不能分享同一个属性（E1p5）），但我们在这里并不需要处理它们。不过，我仍旧希望能够用一段与本书的最后两章有紧密联系的文本来结束对于斯宾诺莎属性概念的简短介绍。在

---

① 斯宾诺莎对于属性理解的恰切的历史背景是，笛卡尔对于实体与其本质属性之间的关系的讨论，其次是中世纪对于神的属性的讨论。我在《斯宾诺莎形而上学的构成要素》第2节中讨论了这一问题。

导　论

E2p7s 的一个著名段落中，斯宾诺莎写道：

> 比如说，在自然中存在的圆与也存在于神之中的关于这个圆的观念都是同一个事物，只不过它被通过不同的属性阐明 [explicatur] 了而已；同理 [et ideo]，无论我们是通过广延属性、思想属性还是其他任何属性来理解自然，我们都会发现同一个秩序或者说原因之间的同一个连结，这也就是说，我们会发现同样的事物从彼此中得出。

在这一段文本中有三个有着紧密联系的论断：（1）在第二句话中，斯宾诺莎似乎认为，在众属性中（或者更确切地说在属于不同属性的事物中）存在着某种平行或同构（"同一个秩序或者说原因之间的连结"）。（2）第一句话似乎指出了这种平行同构的基础（注意连接两句话的"同理"一词）的基础是属于不同属性的事物之间的某种同一（比如"在自然中存在的圆与也存在于神之中的关于这个圆的观念"）。（3）第一句话同时也暗示了不同的属性是对同一个根本现实的阐明。理解这一阐明关系的方式是将属性看作同一个实体的若干（在因果以及构想关系上互相独立的）方面（aspects）。在本书的讨论中我将会不断尝试发展将属性理解为实体方面的这一解释。

我将会在第 1 章中解释斯宾诺莎的另外两个主要的存在论概念——实体与样态。这样一来，加上本节导论，我们也就给出了对斯宾诺莎形而上学的一个简要概括。这应该能帮助不那么熟悉《伦理学》的读者进入斯宾诺莎的世界。

导 论

§4 本书各章节内容提要

本书由两部分构成：前四章主要关注斯宾诺莎的实体形而上学（metaphysics of substance），后两章则处理其思想形而上学（metaphysics of thought）。这两部分有着紧密的联系，并且后两章中的若干主要主张都依赖于在前四章中提出的论证。我有意地使用了"思想形而上学"这一术语而非"心灵哲学"，这主要出于两点原因：首先，在斯宾诺莎那里，思想领域的范围远远超出了与仅仅与人类心灵相关的东西。这一点会随着本书的推进而得到澄清。其次，在最后两章中，我的主要兴趣在于斯宾诺莎关于思想的存在论学说，而非我们一般在心灵哲学中所处理的问题。

在第一章中，我将会探讨斯宾诺莎系统中的实体-样态关系，并且批评埃德温·科利［Edwin Curley］关于这一关系之本质的著名解释。根据一系列文本以及其他考量，我将会论证斯宾诺莎式的样态既内附于（inhere in）也谓述了（is predicated of）实体。皮埃尔·贝尔［Pierre Bayle］对斯宾诺莎所主张的所有事物都内附于神的观点的著名批判也建立在一些关键的误解之上。我认为斯宾诺莎的这一观点并不包含任何范畴上的错误，并且我也会批判科利对善意原则（the principle of charity）的运用（他用这一原则来支持他的解释）。最后，我会讨论斯宾诺莎对于样态的理解与目前的个别性质理论（trope theories）之间的相似性。

在第二章中我将会展开讨论第一章的观点所蕴含的一些后果。我会解释斯宾诺莎哲学中的内持因（immanent cause）究竟是什么。我还会讨论并且批判德国唯心论者对于斯宾诺莎的无世界论（acosmist）解释，根据这种解释，斯宾诺莎复兴了爱利亚学派的激进一元论并且认为样态并不具有任何现实性。最后，我会指出在斯宾诺莎文本隐含的一个非常重要的区分，即个别属性的样态与所有属性的样态之间的区分。

在第三章中，我会讨论德拉·罗卡的新近解释，即对于PSR的严格遵循会使得内附关系、因果关系与构想关系成为同一种关系。我认为（1）我们并没有足够的文本证据证明斯宾诺莎确实赞同这种同一，（2）德拉·罗卡的解释并不能被看作对于斯宾诺莎系统的合法重构或者善意改进，因为它会在其中产生出若干严重且无法解决的问题。在这一章结尾，我会给出我自己关于内附关系、因果关系与构想关系的看法：我会提供对于斯宾诺莎系统中 x 通过 y 而被构想这一关系的一个新解释。我将指出这几种关系中哪些在时间之中，哪些不在时间之中，最后论证在斯宾诺莎系统的核心处恰恰存在着一些（并非无根据的）二分。

第四章处理的是斯宾诺莎的无限样态概念，即斯宾诺莎独有的在其前辈以及同时代人中没有对应的概念。无限样态位于斯宾诺莎形而上学体系中的一个关键节点上，因而它对于我们理解其中的一些最重要的学说而言至关重要，比如样态由实体本质产生、必然主义、部分-整体关系、无限的本性，等等。然而，我们对于这一重要概念的理解仍然十分有限。我会尝试

导　论

暂时悬搁对广延与思想的无限样态的讨论（这是之前研究的首要关切）并着重处理无限样态一般而言的结构性特征，从而为对这一概念的解释开辟新的进路。这也就是说，我会试图从斯宾诺莎的文本中推出无限样态不管在哪个属性下都会具有的一般特征。之后，我会解释是斯宾诺莎系统的哪些特征迫使斯宾诺莎引入了无限样态的概念。在这一章的结尾，在本章先前所揭示的无限样态的一般特征的基础上，我会讨论散见于斯宾诺莎文本中的关于广延与思想的无限样态的论述。

　　在接下来的两章中，我主要论证了三个相互联系的论题：（1）在第五章中我会指出，我们一般称其为的"平行论"（the doctrine of parallelism）的斯宾诺莎的著名学说事实上同时包含了两种互相分离且独立的平行论。（2）为了澄清并且区分这两种学说，我会提出我的第二个论题并且处理斯宾诺莎形而上学中最有趣且顽固的问题之一，即思想属性何以能够同时与任何其他属性以及拥有无限多属性的神同构？在第六章中，我会给出斯宾诺莎对于这一问题的解答：样态的数量以及秩序在所有属性中都是相同的，但思想的样态与其他属性的样态不同，它们拥有一种无限面的内在结构，因而同一个观念便可以通过其无限多方面表象无限多样态。（3）这一对于观念的内在结构的新解释引向了我的第三个论题，这一论题能够解决斯宾诺莎形而上学中的又一个古老疑难，即斯宾诺莎为何坚持认为除了思想与广延之外，人类心灵无法认识神的无限多属性中的任何一个。从我的新解释的一些后果和对它的反驳出发，我在结论中会探讨我的解读的哲学意义。我会解释为何尽管思想属性无比重要，但斯宾诺莎却始终无法接受还原的唯心论。我认为斯宾诺莎是一位二元论者——我说的并不是我们一般认为他所是的那种身心二元论者，而是思想与存在的二元论者。斯宾诺莎在身心问题上的立场超脱了传统的范畴以及回答这一问题的一般方式，因为他为思想赋予了明显的优先性，但却并未像唯心论者那样认为身体或物体可以被还原为思想。

  如果本书的主要观点是对的，那么它们就会迫使我们不得不彻底修正我们对于斯宾诺莎形而上学的理解。尽管本书并未回答所有问题（的确，有些问题在本书中才第一次被提出），但它却尝试为理解斯宾诺莎的形而上学开辟了新的进路并为之提供了一个新的解读。至于这一尝试是否成功，或者说在何种程度上是成功的，这一问题交由读者判断。

第一部分

斯宾诺莎关于实体的形而上学

第一章　作为内附关系与谓述关系的实体–样态关系

埃德温·科利在其1969年的突破性研究《斯宾诺莎的形而上学：一篇解释性论文》（*Spinoza's Metaphysics: An Essay in Interpretation*）中攻击了对斯宾诺莎的实体–样态关系的传统理解。根据这一传统理解，样态内附于实体。而科利认为，这一解释会产生无法解决的问题，正如皮埃尔·贝尔在其关于斯宾诺莎的著名词条中所声称的那样。①

科利认为，样态并不内附于实体，相反，样态对实体的依

---

① 在引用贝尔的词典时，我的来源是法文第五版，《由皮埃尔·贝尔先生所作的历史与批判的词典》（*Dictionnaire historique et critique par Mr. Pierre Bayle*, Amsterdam: Compagnie des Librairies, 1734），以及（在大多数情况下）理查德·波普金［Richard Popkin］的英语翻译（此后简写为《词典》）。我引用时的第一个页码是波普金译本的页码，第二个则是法语版的页码（斯宾诺莎词条出现于法语版的第五卷）。当我的翻译与波普金的不同时，我会明确指出这一点。

第一部分　斯宾诺莎关于实体的形而上学

赖关系应当用（动力）[①]因果关系的方式来解释。这也就是说，斯宾诺莎想说的只不过是实体是样态的（动力）因。这些大胆且有趣的主张催生了在过去四十年的斯宾诺莎研究中最重要的学术争论之一。[②]

[①] 科利很少将实体与样态之间的因果关系界定为动力因意义上的因果关系。但他在这一语境中所用的术语很明显是动力因的术语。比如说，在《几何学方法背后》(*Behind the Geometrical Method*)中，科利声称神"产生了并且作用于神之外的事物"（38），并且实体-样态关系"最终是决定论学说的一种形式"（50）（参考约翰·卡里耶罗 [John Carriero] 在《样态与实体》(Mode and Substance) 一文第254页提出的相似观点。在最近与科利的通信中，科利写道"我并不记得曾经在任何地方用动力因来界定神（就其是无限的而言）与样态之间的因果关系。斯宾诺莎自己在1P16C1用过这一说法，但我认为这是有误导性的。我在斯宾诺莎那里发现的因果性在很多重要的方面都与动力因的因果关系不同。根据我对斯宾诺莎的解读，有限样态是自然法则所描述的永恒的、非时间性的模式在时间中的具体呈现"（2005年1月与作者的通信）。但事实上，我认为科利（在过去）使用一般属于动力因的术语（比如"产生"、"决定论"）的做法是正确的。除了E1p16c1，还有许多其他文本可以支持斯宾诺莎那里的因果（至少主要）是动力因意义上的因果这一结论。内持因（*causa immanens*）这一概念本身不过就是动力因的一个子类别。我们可以从E1p18d对E1p16c1的援引中确证这一点。另外的依据还包括斯宾诺莎在KV I 3（I/35/13-21）中的明确论述。（参考斯宾诺莎在其第60封信中所说的"动力因既可以是内在的也可以外在的"）。受休谟的影响，我们今天会倾向于认为动力因果就其本质而言是处于时间当中的（这就是说结果在原因之后发生），但我不认为斯宾诺莎会接受这一观点。正如我之后会论证的那样（§6），对于斯宾诺莎而言，一个事物的本质即是其本己性质（*propria*）的动力因（尽管这两者，即本质与本己性质，是同时的）。

[②] 在这一章中，我会讨论科利的批评者们的几个论证（主要是本内特、卡里耶罗、德拉·罗卡以及加雷特 [Charles Jarrett] 的论证）。在同情科利解释的主要学者中，应当提到的包括伍尔豪斯 [Roger Woolhouse]（《实体的概念》(*Concept of Substance*)，51）以及梅森 [Richard Mason]（《斯宾诺莎的神》(*The God of Spinoza*)，30-32）。施马茨 [Tad Schmaltz]（《斯宾诺莎论真空》(*Spinoza on Vacuum*)）倾向于接受科利对传统解读的批判，但他却提出了一个与科利的解释以及传统看法都不同的有趣解读。在施马茨看来，实体是"奠基"了样态的永恒且不可分的本质（177）。这一主张与我在之后提出的（§6）解释，即对斯宾诺莎来说样态是神的本己性质，之间并不冲突。

第一章　作为内附关系与谓述关系的实体－样态关系

在这一章中，我会反驳科利的解释并且试图重新确立传统的理解，即斯宾诺莎的样态内附于实体并且谓述了实体。此外我也会批评科利这一解释背后的哲学动机。不过，我仍旧相信，科利正确地指出了实体-样态关系与因果关系在斯宾诺莎那里的紧密联系。在下一章中，我会研究"内持因"这一概念（它同时结合了动力因果关系与内附关系）。我会澄清内持因、动力因以及质料因之间的关系，并且指出斯宾诺莎确切来说是在哪些地方背离了传统亚里士多德主义对于原因的分类。在第2章中，我还会讨论德国唯心论者将斯宾诺莎看作"无世界论者"的做法。根据这一观点，斯宾诺莎在现代复兴了爱利亚学派的一元论，因为在他们看来斯宾诺莎仅仅断言了神的存在而否定了个别事物的现实性。根据这一解读，斯宾诺莎的样态只不过是流逝的、非现实的现象而已。尽管将斯宾诺莎解读为"无世界论者"的做法可以从其思想的某些面向中得到支持，但我认为这一解读仍旧不应当被接受，因为它与《伦理学》最核心的一些学说是不一致的。在第2章的最后一部分，我会讨论样态与其所属的属性之间的关系，并且在"神的样态"（属于所有属性的样态）与"某个属性的样态"（属于某个特定属性的样态）之间做出一个术语上的区分。这一区分能够帮助我们避免在讨论一些核心问题时的常见疑难。

让我首先概述一下本章的策略。为了证明对斯宾诺莎来说，样态既谓述实体，也内附于实体，我会按如下方式展开论述：我首先会总结科利反对样态内附于实体的论证以及他自己给出的对于实体-样态关系的解释。之后，我会给出在我看来能够反驳科利的最有力的论证。这些论证中的有一些可见于最近四十年的文献（以及贝尔本人的作品），但仅就我所知的文献而言，其中的大部分是全新的。在接下来的一节中，我会回应科利与贝尔针对斯宾诺莎所说的神是所有事物内附的基底这一观点的反驳。最后，我会探讨斯宾诺莎的样态是否谓述了（而不仅仅内附于）实体，以及斯宾诺莎是否将样态看作个别性质（particular properties，或形而上学术语 tropes）。

由于接下来我们会用贝尔的主张同时支持与反驳科利的解释，在此我们应当就其立场做一个简要的介绍。在其斯宾诺莎词条中，贝尔批判了斯宾诺莎的所有事物都是神的样态这一主张。贝尔认为这一主张"是能够被想到的最可怕、最荒谬、最与我们心灵的自明概念相矛盾的假设"。[①] 不过贝尔并未怀疑，当斯宾诺莎说所有事物都是神的样态时，他指的是所有事物都内附于神。科利接受了贝尔反驳斯宾诺莎的论证，但他却将这些论证用来说明我们不应当将这一（在他看来）已经被贝尔证明是荒谬的观点归给斯宾诺莎。科利认为，我们应当将实体-样态关系重新解释为一种因果上的依赖关系，这能够使斯宾诺莎免于贝尔的攻讦。但有趣的是，接下来我们会看到，贝尔自己其实就已经讨论并且拒斥了一种与科利所提出的解释非常相似的对于实体-样态关系的修正性解释。

---

① 贝尔，《词典》，296-297/5:230。

第一章 作为内附关系与谓述关系的实体-样态关系

§1 科利对于实体-样态关系的解释

在《伦理学》的开篇,斯宾诺莎用如下方式定义了实体与样态:

> E1d3:由实体我所理解的是在自身之中并通过自身而被构想的东西,这即是说其概念的形成并不需要借助另一物的概念。(Per substantiam intelligo id quod in se est et per se concipitur; hoc est id cuius conceptus non indiget conceptu alterius rei, a quo formari debeat)

> E1d5:由样态我所理解的是实体的性状,或者说在他物之中并也通过此他物而被构想的东西。(Per modum intelligo substantiae affectiones, sive id quod in alio est, per quod etiam concipitur)

接下来,斯宾诺莎给出了他的第一条公理:"E1a1:任何存在之物,要么在自身之中,要么在他物之中。"(Omnia, quae sunt, vel in se, vel in alio sunt)由以上两个定义以及这条公理可以得出所有事物("任何存在之物")要么是实体,要么是实体的样态。①在《伦理学》第一部分中,斯宾诺莎证明了神是唯一的实体("除了神之外没有实体能够存在或者被构想",E1p14)。由

---

① 除了简单的样态还有样态的样态。这一点我接下来会指出。

此斯宾诺莎得出结论,即除神以外的所有其他事物都是神的样态:"任何存在之物都在神之中,并且在没有神的情况下无物可以存在或者被构想"(E1p15)。这意味着,大西洋、拿破仑以及所有犀牛都在神之中并且是神的样态。对于这一学说的传统理解是,对斯宾诺莎来说,拿破仑、犀牛以及所有其他样态都内附于神并且是神的状态。这一解释默认了斯宾诺莎的样态概念与其同时代人(笛卡尔及其追随者)的样态概念完全相同。

在《斯宾诺莎的形而上学》中,科利挑战了将斯宾诺莎的实体-样态关系看作一种内附关系的解释。首先,科利认为我们很难理解诸如拿破仑等的个别事物只不过是神的样态这一主张究竟是什么意思:

> 首先,斯宾诺莎的样态-实体关系与笛卡尔的样态-实体关系不能是同一种关系,因为斯宾诺莎的样态属于另一种逻辑类别,即它们是个别事物(E1p25c)而非性质。并且,我们很难理解个别事物内附于实体究竟是什么意思。当我们说性质内附于实体时,这可以被视作性质谓述实体的另一种说法,但一个事物谓述了另一个事物的含义却是一个需要解决的谜团。①

---

① 科利,《斯宾诺莎的形而上学》,18,着重为作者所加。参考科利,《几何学方法背后》,31。

第一章 作为内附关系与谓述关系的实体 – 样态关系

我们应当注意科利的解释策略，特别是他如何将内附关系与谓述关系相联系。在引文的第三句话中，科利认为内附关系"可以被视作"一种谓述关系。这显然并未排除对于内附关系的其他理解（或者其他类型的内附关系）的可能性。在引文的第一句话中，科利暗示了如果我们将个别事物看作谓述了神，那么我们就混淆了不同的范畴。当然，一种避免科利所说的这种范畴错误的方式就是区分内附关系与谓述关系（这即是说样态内附于神但不谓述神）。科利正确地指出，贝尔以及英国唯心论哲学家、斯宾诺莎学者哈罗德·约阿希姆［Harold Joachim］都将这两种关系视为同一种，并且将样态看作既内附于神也谓述神。① 最近的一系列研究非常好地发展了将内附与谓述关系区分开来的做法，② 但我所要辩护的是一个更强的主张，即斯宾

---

① 见科利，《斯宾诺莎的形而上学》，12-22。参考科利的《论本内特的解释》（On Bennett's Interpretation），36。的确，约阿希姆［Harold Joachim］非常明确地主张样态是实体的状态并且谓述了实体："我们由此从实体及其状态或样态这一对反题出发——这实际上是事物与性质这一对著名反题的另一种说法，以及主项与谓项这一对逻辑反题的形而上学对应物（尽管它们的外延并不相同）。"（《斯宾诺莎〈伦理学〉研究》，15）我之后会讨论贝尔的主张。

② 伽雷特（在《实体与样态》（Substance and Mode）一文的85页处他写道："这一困难……能够通过区分内附与谓述解决。这一做法并非没有先例。"）和卡里耶罗（《样态与实体》，259）的两篇重要文章发展了这一策略。注意两位学者都同意样态是实体的性质但却否认了样态谓述实体。卡里耶罗反对"个别性质这一概念显然是荒谬的"这一观点（258），并且认为科利之所以走向了错误的解释主要便是由于其对于个别性质的无视。伽雷特的结论是，斯宾诺莎所说的"在……之中"这一关系表达了一种存在论上的依赖关系，并且这种依赖关系的原型即是"'个别性质'与其承载者"（103）。伽雷特与卡里耶罗都将样态看作个别性质，但他们却基本上都将谓述关系当作一种只能存在于普遍（而非个别）性质与拥有这一性质的主体之间的关系。因此他们才会否认样态（作为个别性质）谓述了神。（参考§6）

诺莎的样态既内附于也谓述了实体。

科利进一步又给出了三个试图揭示斯宾诺莎形而上学的荒谬性的论证，这些论证最初都来自贝尔。① 我在这里会给出这些论证的轮廓。我们在第4节中讨论它们的有效性时会进一步地澄清它们。

论证一：如果所有事物都是神的样态或者性质，那么神作为所有事物的主体就会拥有相互矛盾的性质。

根据贝尔对斯宾诺莎的理解，当我们将任何性质归给事物或者人的时候，我们实际上是将这些性质归给了神，因为上述事物或者人就在神之中："[根据斯宾诺莎]以下这句话实际上是错的：'彼得否认这一点、他想要那个、他肯定了如此如此一件事'，因为在斯宾诺莎看来实际上是神在否认、在想要、在肯定。"② 由于在自然中存在着拥有相反性质的事物，因此在贝尔看来，这些相反的性质就应当被归给作为所有事物基底的斯宾诺莎式实体，即神。因而如果拿破仑喜欢蜂蜜但约瑟芬皇后讨厌蜂蜜，并且拿破仑与约瑟芬都是神的样态，那么我们从中就可以得出"神在同一时间既讨厌又喜欢、既否定又肯定同一个东西"这一结论。因此，贝尔认为斯宾诺莎的形而上学违

---

① 关于科利对这些论证的总结以及简要讨论，见《斯宾诺莎的形而上学》，12-13。

② 贝尔，《词典》，309-310/5:212。贝尔的论证很可能来源于马勒伯朗士的一个相似论证，在其中后者认为协同论（concurrentism，即认为神与有限事物在自然世界的因果事件中都发挥了作用的学说——译者）实际上是将同相反行动的协作归给了神。见《对真理的探索》(The Search after Truth)，澄清15，664。

反了矛盾律。①

论证二：如果个别事物是神的样态，那么神便不是不可变的。

在我们眼前呈现的世界充满了不断变化着的个别事物，而斯宾诺莎似乎并没有否认变化与运动的现实性。②这些事物产生而又消亡，其性质也在不断变化。如果这些个别事物是神的样态，那么神便会不断地获得并且失去样态，因而神也就处于运动之中。③但如果神是有变化的，那么贝尔认为他就"完全不是那种至高的完善存在，'对他来说并没有改变，也没有转动的影儿'（《雅各书》，1：17）。"④在贝尔的基础上，科利进一步认为神的不可变并不仅仅是一种传统的神学观点，而且也是斯宾诺莎在E1p20c2所明确赞成的观点。⑤因此，科利认为样态对实体的内附会导致斯宾诺莎系统内部的不自洽。

---

① 贝尔，《词典》，310/5:212："两个相互矛盾的项在神这里都为真，这也就颠覆了形而上学的第一原则。"注意这一论证只对那些认为斯宾诺莎的样态谓述了神的人有效。而接下来我们要讨论的贝尔的另外两个论证则也可以针对样态内附于神但不谓述神这一观点。

② 运动在斯宾诺莎那里的现实性可以从"运动与静止"是广延的直接无限样态（第64封信）这一点中得到支持。

③ "斯宾诺莎的神是一种处于真实的变化之中的本性，它不断地经历着不同的状态，其中每一个状态都与另一个有着内在且现实的不同。"（贝尔，《词典》，308/5:211）

④ 贝尔，《词典》，308/5:211。

⑤ 科利，《斯宾诺莎的形而上学》，13。斯宾诺莎在《形而上学思想》（*Cogitata Metaphysica*）中也做出了相同的论述（I/257/2），尽管在这一早期文本中斯宾诺莎拒绝将样态归给神（I/258/31）。

论证三：如果所有事物都是神的样态的话，那么神对于世上所有的恶就都会负有直接的责任。

传统神学试图解释神何以能够既全知全能，但又不对其所造世界中的恶负有任何责任。在贝尔看来，按斯宾诺莎的观点，如果所有事物都是神的样态的话，那么神与恶的联系就会变得十分紧密，并且神也会成为所有罪恶的真正施加者。

> 有一些伟大的哲学家，由于无法理解至高的完善存在的本性何以能够允许人是如此的邪恶与可悲，便假设了两个原则，一个善的原则、一个恶的原则；而在这里我们所见的是这样一位哲学家，他认为神既是人的所有罪恶与悲惨的施加者，也是这些东西的受害者［le patient］，这对他来说竟并没有什么问题。①

为了避免这些被贝尔如此精巧地指出的荒谬，科利认为我们应当放弃将实体-样态关系解释为一种内附关系，尽管这是一种更为传统且自然的做法。科利提出，当斯宾诺莎使用"实体-样态"这一套术语时，他所想要指出的实际上是样态对于实体的一种非对称的依赖关系。这也就是说，尽管样态依赖于实体及其属性，但实体本身却是完全独立的。这种非对称的依赖关系并不以样态对于实体的内附为前提，②样态是由实体因致的这

---

① 贝尔，《词典》，311/5:213。
② 科利，《斯宾诺莎的形而上学》，37。

第一章 作为内附关系与谓述关系的实体－样态关系

一点已经足以确立这种非对称关系了。因此,在科利看来,拿破仑是神的样态这一论断所说的不过是神是拿破仑的(动力)因而已。①如果我们接受这一解释,那么所有事物都是神的样态这一主张便显得十分无害了(事实上有些过于无害了),因为这样一来斯宾诺莎所持有的观点便不过是神是所有事物的原因这一常见的有神论观点罢了。

但有趣的是,贝尔明确地提到了这种使斯宾诺莎无害化的尝试。在第二版《词典》中贝尔为斯宾诺莎词条附加了一段评论,在其中他回应了那些认为他"完全没有理解斯宾诺莎理论"的人。②具体而言,贝尔回应了那些坚持认为

> 斯宾诺莎只不过拒绝将"实体"这一名称赋予那些在生成、持存以及活动上依赖其他原因的存在物。③他们或许会说,尽管斯宾诺莎保留了事物的全部现实性,但他却避免用"实体"一词来指代它们,因为斯宾诺莎认为一个如此依赖于其原因的存在物不能被称作……"独立自存的存在物",而这恰恰是实体的定义。④

---

① "样态与实体的关系是一种因果的依赖关系,而非对于主体的内附关系。"(科利,《论本内特的解释》,37)。参考《斯宾诺莎的形而上学》,40("样态与实体的关系是一种因果的依赖关系,它与主项与谓项之间的关系不同")以及《几何学方法背后》,31。

② 贝尔,《词典》,329/5:222。

③ 这些论断背后是笛卡尔对于实体的定义。我们将会在下一节讨论它。

④ 贝尔,《词典》,333/5:224 比较《词典》332/5:223。(*"如果[斯宾诺莎]不愿将实体地位归给广延或我们的灵魂,因为他相信实体是这样一个存在,并不依赖于任何原因,我承认我对他的攻击是凭空的,把一个他没持有的观点归给他。")

第一部分 斯宾诺莎关于实体的形而上学

贝尔批判并且拒斥了将斯宾诺莎的样态等同为笛卡尔式的"受造实体"（这些实体在因果上依赖于上帝）而非笛卡尔式的样态的做法。① 在一段具有讽刺意味的总结中，贝尔宣称，如果斯宾诺莎确实认为其样态等同于笛卡尔的"受造实体"，那么他便愿意"承认"他的错误。而如果事实确实如此，贝尔说道，那么斯宾诺莎便确实"是一位不应受到如此驳斥的正统哲学家……他之所以应当被斥责仅仅是由于他竟费了如此大的力气来接受一个人尽皆知的观点。"② 我们之后会回到更重要的这一点。现在让我们先来简要地指出科利解释的另一个组成部分，这样一来我们也就完成了对于科利观点的概述。

如果正如科利所说的那样，神并不是所有事物所内附的主体，那么常见的对斯宾诺莎的泛神论解读便也不过是另一个迷思罢了。科利的神并不等同于整个自然。那神又是什么呢？

> ［斯宾诺莎］拒绝将神当作一个具有人格的创造者，并将神等同为（包含在属性之中的）基本自然法则，这些法则为自然中的所有事件提供了终极解释。这就是说，他将神等同为了自然，但此处的自然却并不是事物之整体，而是由事物所例示的秩序的最一般法则。③

科利的主张，神仅仅是"秩序的最一般法则"这一主张非常令

---

① 贝尔，《词典》，335/5：224。
② 同上。
③ 科利，《几何学方法背后》，42。

人惊讶，因为它似乎将神变成了一种原则或者法（lex），而非存在物（ens）或者事物（res）。由于这一大胆主张的新颖性，科利似乎应当为其提供一些文本上的支持（并具体分析一下斯宾诺莎对自然法则的理解）。科利承认，我们很难在《伦理学》的第1部分（斯宾诺莎在其中给出了其形而上学的基本原则）找到如此一种对于神的理解，但他认为其后的一段文本确实能够支持他的解释：

> 如果读者觉得这一点在《伦理学》的第1部分并不明显，那么我们可以考虑斯宾诺莎在第3部分的前言中所写的如下内容：
> "自然永远是同一个自然，其德性以及行动的力量处处都是同一的，这也就是说，所有事物的发生以及从一个形式到另一个形式的变化所遵循的自然法则与规则，永远且处处都是同一的。因此，理解无论哪类、任何一种事物的本性的方式也是同一的，即通过普遍的自然法则与规则。"①

---

① 科利，《几何学方法背后》，42-43。拉丁文原文如下：[Nihil in natura fit, quod ipsius vitio possit tribui;] est namque natura semper eadem et ubique una eademque eius virtus et agendi potentia, hoc est, naturae leges et regulae, secundum quas omnia fiunt et ex unis formis in alias mutantur, sunt ubique et semper eaedem, atque adeo una eademque etiam debet esse ratio rerum qualiumcumque naturam intelligendi, nempe per leges et regulas naturae universales.

第一部分　斯宾诺莎关于实体的形而上学

如果我对科利的理解是正确的，①科利实际上是将（第一句话中的）"自然"与"自然法则与规则"之间的等价当成了两者的同一。②但这只是解释这一系列术语何以如此并列出现的一种可能方式。另外的解读方式可以是，此处术语的等价仅仅意味着，自然的处处一致性（uniformity）与自然法则和规则的处处一致性是同一的，或者说后者是前者的具体例示；甚至也可以说"自然的德性与行动的力量"的处处一致性与自然法则和规则的处处一致性是同一的，或由后者例示的。③此处的文本证据对于支撑神是最一般的自然法则（或原则）这一大胆提议而言未免显得过于模棱两可了。

这种同一会面临的一系列问题便是，它似乎并不符合斯宾诺莎认为神所具有的特征。比如说不可分性（E1pp12&13）：一个法则不可分是什么意思？令人惊讶的是，科利的大部分批

---

① 我们或许可以用斯宾诺莎认为自然法则"印刻在［固定且永恒的事物之中］"（TdIE §101）这一点来支持将这些法则等同为属性（这假定了——尽管我认为这一假定是错的——"固定且永恒之物"是属性而非无限样态）。"印刻"这一比喻性说法尽管揭示了某物与印刻在其中的东西之间的一种紧密关系，但却并不支持这两者之间的同一（"x印刻在y"中这一关系似乎是非对称的，这与同一关系不同）。

② 在最近的通信中，科利写道："事实上我认为在这段文本中相互同一的是自然法则与自然的德性与行动的力量。"就算我们承认科利所说的这一点，这还是没有证明斯宾诺莎将神（或自然）与自然法则看作同一的。

③ 注意此处讨论的语境是，斯宾诺莎主张人类及其情感并非独立于自然的"国中之国"，相反，统摄着人类以外的自然的恒常性与必然性同样也适用于人类心灵。

第一章 作为内附关系与谓述关系的实体－样态关系

评者并未攻击其解释的这一方面。^①我们很容易理解为什么一位20世纪（或21世纪）的学者会被如此一种解释所吸引。它赋予斯宾诺莎以现代性的表现和哲学上的可敬，但仅就我所见而言（我当然可能是错的），我们很难在《伦理学》中找到这种解释。^②接下来，我会将讨论集中于科利对实体-样态关系之为因果关系的解释，而不去考虑将神与最一般的自然法则同一这一可疑做法，因为前者在我看来并不依赖于后者的有效性。

---

① 不过科利自己却意识到了神的不可分性对其解释的威胁。见《斯宾诺莎的形而上学》，78。科利对神与自然法则的同一也会带来其他一些问题。在TTP第4章，斯宾诺莎将法定义为"从一个事物的本性本身或定义中必然得出的东西"（III/57）。因此神的法（最一般的法）是从神的定义中得出的。但根据E1p29s，从神的本性中得出的东西都属于所生自然（*natura naturata*）（这也就是说仅仅是样态）。更进一步的证据是，在TTP第16章中斯宾诺莎甚至似乎认为法的本性中必然包含某种武断的、非理性的成分，而我们将其称为"法"或"律令"只不过是因为我们不知道它们的原因；一旦我们发现了它们的原因，它们也就不再是法，而是成为了永恒真理（III/192, 264）。

② 在最近的通信中，科利说"如果说我们能引用《神学政治论》中的文本的话，那么我会引用的文本包括TTP iii 7-11, iv 1-4, 以及 vi 1-12，在这些文本中神的力量与自然的力量被等同了，而后者又与自然法则是同一的。"科利所引的文本在我看到是重要且相关的。我们在此并不能详细讨论它们，但仅就我所见，它们与TTP关于神的法并非宗教戒律而是自然法则的著名论断并不冲突。将神法与自然法则看作同一并不是将神（或自然）与其中的任何一类法则同一。斯宾诺莎对于自然法则（甚至物理法则）的看法究竟在何种程度上是现代的仍旧是一个棘手的问题。斯宾诺莎对于数学存在物是什么的看法同样难以理解且出人意料。斯宾诺莎似乎并未分享伽利略（以及笛卡尔）的看法，即"自然之书是用数学符号书写的"；同理，斯宾诺莎是否认为自然法则能够以量化的方式被理解，这至少也是值得怀疑的（参考葛鲁[Martial Gueroult]，《斯宾诺莎的信》(*Spinoza's Letter*)；吉利德[Gilead]，《秩序与连结》(*Order and Connection*)；以及我的《精确科学》(*Exact Science*)）。

科利承认，尽管他的解释"能够解释通［斯宾诺莎］作品中的很大一部分文本，但它却无法以同样顺利的方式处理所有文本。"① 而正由于其解释能够解决我们刚刚讨论过的几个问题，科利也就由此相信，他的解释与斯宾诺莎的其他论述之间的所谓龃龉是一个值得付出的代价。

§2 斯宾诺莎对实体与样态之讨论的亚里士多德主义与笛卡尔主义背景

在我们开始检验科利解释的有效性之前，我们应当对斯宾诺莎实体理论的历史背景做一个简要介绍。这种介绍之所以必要并非仅仅是因为斯宾诺莎的思考也有其时代背景，而且也是因为在当时被广为接受的互相竞争的实体理论——亚里士多德的理论和笛卡尔的理论——分别指向了理解斯宾诺莎自己的实体概念的两种主要方式。很显然，我们在此只能对这些精微的问题给出一个大致轮廓。

亚里士多德对实体的讨论的两处主要文本位于《范畴篇》和《形而上学》。在《范畴篇》中，亚里士多德在论述十种存在范畴时首先便提到了实体（ousia），即其中最重要的范畴。以下是亚里士多德对实体的定义：

> 实体——我指的是那种在最严格、最恰切的意义上被

---

① 科利，《斯宾诺莎的形而上学》，78。

第一章 作为内附关系与谓述关系的实体 – 样态关系

称作实体的东西——既不谓述某个主体、也不在某个主体之中，比如说个别的人或者个别的马。这种首要意义上被称作的实体的东西所处的种被称作第二实体，同时这些种的属也是第二实体。①

对于亚里士多德来说，完全意义上的"实体"仅仅适用于个别事物，比如个别的人或马。如果某物不是个别事物，那么它要么可以谓述某个个别事物，要么在某个个别事物之中。前者包括个别事物所处的种和属（比如"人"、"动物"，等等），后者则包括"红"、"热"等并不构成属或种的描述语。我们大致可以说在某物之中与谓述某物之间的区别是偶性谓述与本质谓述之间的区别。②亚里士多德允许第二实体的存在，而这些第二实体就是谓述了第一实体（但不在第一实体之中）的属和种。因此，除了第一实体以外的东西都必须依赖于第一实体，因为它要么在第一实体之中，要么谓述了第一实体。③

在《形而上学》中，亚里士多德认为，基底（*hypokeimenon*），即"首要地承载着某物的东西被认为是其最真实意义上的实体，"而基底本身又被定义为"被他物谓述，而自身并不谓述

---

① 亚里士多德《范畴篇》，2a12–2a17。
② 在实体之中的东西（比如白）是否可以同时出现在不同实体之中是一个重要的学术争论的话题。阿克瑞［Akrill］（在其对《范畴篇与解释篇》的注释中）以及欧文［Owen］（《内附》（*Inherence*））分别论述了对立的观点。
③ 对亚里士多德来说，y 谓述了 x 这一关系是可传递的，因此谓述了个体所在的种的属也就（由传递性）谓述了个体本身。

第一部分　斯宾诺莎关于实体的形而上学

任何他物的东西。"① 显然，《范畴篇》及《形而上学》中对实体的讨论都强调了实体的独立性；而在两个文本中，独立性又都是通过谓述（即［第一］实体并不依赖于任何谓述了它们的他物）刻画的。我们将对于实体的这种理解称为对实体的谓述定义："A是（第一）实体当且仅当A是被谓述的主体②并且A不谓述任何他物。"③

笛卡尔对于实体的理解又是什么呢？首先，很明显亚里士多德主义的实体定义对于笛卡尔的同时代人来说并不陌生。④ 笛卡尔自己在《沉思》所附的第二组答复中也以与亚里士多德观点颇为相似的方式定义了实体⑤：

实体：如果我们感知到的任何东西像处于一个主体之

---

①　亚里士多德《形而上学》Ⅶ，1028b36。

②　一个我在此并不会讨论的有趣问题是，亚里士多德式的实体是否必须拥有性质。一方面，如果实体没有任何性质的话，那么它就是无法理解的（事实上此时它会很像亚里士多德式的原初质料）。另一方面，如果实体必须拥有性质，那么实体就（虽然是在一种较弱的意义上）依赖于这些性质，而这看起来与实体的独立性相冲突。如果斯宾诺莎要解释神为何必须拥有样态的话，那么他就会遇到与之相似的问题。见本书第2章以及我的文章《为什么斯宾诺莎不是埃利亚派一元论者》。

③　关于对亚里士多德主义以及经院哲学对于实体的理解以及其与斯宾诺莎观点的关系，见卡里耶罗的出色文章，《样态与实体》。

④　参见，比如阿尔诺［Arnauld］与尼可［Nicole］对于实体的刻画："我将所有被构想为独立持存、并且任何关于它的构想都以其为主体的东西称为物。它也可以被称作实体。"（《皇家港逻辑》（*Port-Royal Logic/Logic or the Art of Thinking*），I，2/英译本30页。）

⑤　参考罗兹蒙德［Rozemond］（《笛卡尔的二元论》（*Descartes' Dualism*），7）对于经院哲学与笛卡尔哲学中对实体的看法的连续性的相似论述。

第一章　作为内附关系与谓述关系的实体－样态关系

中那样直接处于某物之中，或者说我们感知到的这个东西依赖于某物方可存在，那么后者就可以被称为实体。"我们感知到的东西"可以是任何我们关于其拥有现实观念的东西，比如任何特性、性质以及属性等。（CSM II 114）

与亚里士多德对于第一实体的刻画不同，笛卡尔并没有规定实体不能谓述任何其他东西。①不过很明显，实体之为实体乃是由于它是性质所谓述的主体。在其实体定义的基础上，笛卡尔将神定义为"被我们理解为是至高完善的实体，在其中我们绝对无法构想出完善性之中蕴含着任何缺陷或局限的东西"（CSM II 114）。这一定义的有趣之处在于，尽管它规定神是至高完善的，但它却没有说神比其他（有限）实体更是实体。而对于神这唯一严格意义上的实体与有限实体的区分，的确出现在了笛卡尔对于这一问题的最著名讨论之中，即《哲学原理》第1部分第51节：

由实体一词我们所理解的不过是那种其存在不依赖于他物的事物。能够被我们理解为不依赖于任何他物的实体只有一个，即神。而在所有其他实体那里，我们都能够看出，它们只有借助神的协同［concurrence, concursus］才能够存在。因此"实体"一词并不像他们在学院中所说的

---

① 事实上，在第六组答复中，笛卡尔似乎允许一个实体谓述另一个实体，尽管仅仅是在一个宽泛的意义上（CSM II 293）。我们在之后讨论对于斯宾诺莎的实体-样态关系的传统解释是否会产生范畴错误时会回到这一文本。

那样，在被用于神与其他事物时是同义的；这也就是说，这一名称在被用于神及其造物的含义并不能被我们分明地理解。<有些受造物的本性使得它们无法在没有他物存在的情况下存在，而有些受造物则只需要神的一般协同就可以存在了。我们通过将后者称为"实体"而将前者称为这些实体的"性质"或者"属性"来明确这一区分。>*（CSM I 210）

有些重要的学者提出，在这段文本中笛卡尔引入了对实体的一个新定义，即实体是一个"独立存在物"。我认为这一点有些不准确，因为实体的独立性也同时为亚里士多德所强调。笛卡尔与亚里士多德不同的地方在于他刻画这种独立性的方式。亚里士多德完全是通过谓述关系来定义（第一）实体的独立性的，而笛卡尔则规定了，完整意义上的实体必须也在因果关系上是独立的。因此，在笛卡尔主义中，一个完整意义上的实体，不仅仅需要是独立持存的，它同时也必须符合实体的因果规定："x 仅在其不是任何东西的结果时是一个（完整意义上的）实体"。这样一来，虽然受造实体是独立持存的，但它们却是一个外在事物即神的结果，因此它们并非完整意义上的实体。

在笛卡尔的实体观中，因果与谓述关系之间有着某种有趣的不对称：尽管笛卡尔愿意将那些在因果上依赖于神的事物

---

* 尖括号中为《哲学原理》法译本添加的部分——译者

第一章　作为内附关系与谓述关系的实体－样态关系

称为"实体",但他却不愿在谓述关系上做出同样的让步。仅仅在谓述关系上依赖于神的东西(即神的属性)在这一文本中(或者就我所知在笛卡尔的任何其他文本中)并未被看作哪怕最弱意义上的实体(即仅仅依赖于神的存在物)。① 这似乎意味着,即使对笛卡尔来说,实体的必要条件仍然是谓述上的独立性(即独立持存),而只有当这一必要条件被满足时,我们才能用因果上的自足来进一步将神即完整意义上的实体与有限的受造实体区分开来。②

笛卡尔式的样态又是什么?在《哲学原理》第1部分第51节给出实体定义之后,笛卡尔将样态定义为"在别处用属性或者性质所指的东西"。不过属性却与样态不同,它们是实体一般且不变的特征(《哲学原理》I 56)。③ 样态此外也非对称地依赖于其实体,这种依赖既是存在上的依赖也是可构想性

---

① 当然,对笛卡尔来说实体与其首要属性(principal attribute)(即构成了实体本质的属性)之间仅仅存在一个理性上的区分(distinction of reason)。但这也并不能使神的属性称为实体(至少不比任何有限实体的属性更是实体)。

② 在第三组答复中,笛卡尔提出现实性(或者说物性)可以具有程度:"实体比样态更具物性,而如果存在现实的性质或者不完整实体的话,它们就比样态更具物性,但却比实体更少物性;最后,如果存在无限且独立的实体的话,它就比有限且不独立的实体更具物性。"(CSM II 130)第三组答复中所说的"有限实体"应该就是《哲学原理》I 51中所说的"受造实体"。这一文本也将谓述上的独立性当作实体的必要条件。

③ 关于属性与样态的区分,见《对一张大字报的评论》(*Comments on a Certain Broadsheet*)(CSM I 297/AT VIIIB 348)。也见加伯《笛卡尔的形而上学物理学》(*Descartes' Metaphysical Physics*),65)关于笛卡尔后期作品中对属性与样态的区分的演变的具有启发性的讨论。参考我的论文《斯宾诺莎形而上学的构成要素》第2节。

第一部分　斯宾诺莎关于实体的形而上学

上的依赖。①

本章之后会讨论关于笛卡尔实体观的其他问题（比如对笛卡尔来说是否仅仅存在一个还是许多个有广延的实体）。但在我们回到我们的主要问题——即斯宾诺莎的实体-样态关系——之前，让我们先思考一下科利的解释如何联系这一亚里士多德主义和笛卡尔主义的背景。从科利的观点看，②笛卡尔是从作为独立持存的实体（亚里士多德主义的实体概念）到作为因果独立物的实体（即科利所认为的斯宾诺莎的实体概念）这一转变的重要中间环节。根据这一历史叙事，斯宾诺莎（通过将独立持存从实体定义中剔除）完成了由笛卡尔所开启的转变（即将因果性概念引入实体）。

---

① 关于样态对其实体在概念上的依赖，见《哲学原理》I 61（CSM I 214/AT VIIIA 29）以及《对一张大字报的评论》（CSM I 298/AT VIIIB 35）。关于样态或偶性对其实体在存在论上的依赖，见笛卡尔的第五组答复（CSM II 251/AT VII 364）。同时参考第六组答复（CSM II 293/AT VII 435）。

② 科利的讨论集中于斯宾诺莎对实体的理解的笛卡尔主义背景。他提出，笛卡尔对于实体与样态的区分"包含了两个元素：独立存在物与非独立存在物的区分和主项与谓项的区分"（《斯宾诺莎的形而上学》，37）。根据科利，斯宾诺莎仅仅采用了笛卡尔所做的第一个区分。但正如我先前所说，我认为独立/非独立的对立是两组对立的共同基础，而这两组对立的区别仅仅在于它们阐释实体之独立与样态之非独立的方式。因此，如果科利用亚里士多德与笛卡尔两者同时来参照斯宾诺莎的话，那么本段所给出的内容就是科利当时应当说的。事实上，在葛鲁的研究中出现了一条非常相似的历史线索，尽管葛鲁并未否认斯宾诺莎式的样态也是实体的性质（葛鲁，《斯宾诺莎》（*Spinoza*），1：63）。

§3 反驳科利解释的几个论证

科利大胆的论题在过去几十年中激起了重要且有趣的批评。在下文中我会从科利的批评者们提出的论证中选出三个进行概括与发展。之后我会追加几个进一步的论证，这些论证就我所知并未有人提出过。

论证一：泛神论

科利解释的一个重要后果是，斯宾诺莎著名的泛神论只不过是一个迷思。① 根据科利的观点，斯宾诺莎并未将神与整个自然直接等同，而是仅仅等同了神与生生自然（Natura naturans），即自然的能动部分，其中包括实体与其属性。所生自然（Natura naturata），即自然的被动部分或样态部分，在科利看来虽然由神所产生，但并不是神。② 这个观点并不能很好地解释斯宾诺莎所说的"神或自然 [Deus sive Natura]"（E4pref，E4p4d），因为这一表达似乎将神与整个自然（而不仅仅是生生自然）等同了。与之类似，神外无物这一说法在科利解释的斯宾诺莎下是无法理解的，而这一说法曾不止一次地

---

① 见科利，《斯宾诺莎的形而上学》，42；《论本内特的解释》，45。
② 科利，《斯宾诺莎的形而上学》，19。

被斯宾诺莎提起过；①同样"我并未像所有我知道的人那样将神与自然相分离"②这种说法也将会没有任何道理。

但科利却认为，在《伦理学》正式引入生生自然与所生自然的区分的重要文本中，斯宾诺莎仅仅将神等同为了前者：③

> 我们必须将生生自然理解为那在自身之中并通过自身而被构想之物，或者说那些表达了永恒且无限本质的实体属性，这就是说（由命题14推论1以及命题17推论2），神，就其被看作一个自由因而言。
>
> 但由所生自然一词我所理解的是所有从神本性的必然性中得出的东西，或者说从神的任一属性中得出的东西，这就是说，[所生自然是]神的属性的所有样态，就它们被看作在神之中并且没有神就无法存在或者被构想的事物而言。（E1p29s）

---

① 例如见KV I 2（I/26/17），KV I 3（I/35/19），以及E1p18d的荷兰语《遗作》版（"神不是任何他之外东西的原因"[C 428n52]）。同样，在第75封信中，当斯宾诺莎回答奥登堡[Henry Oldenburg]对其关于基督的真实看法的反复诘问时，他答案的措辞几乎无法被以泛神论之外的立场解读："我仅仅追加这一点……即神并不在某一处，而是按照其本质而无处不在；物质在每处都是相同的，并且神并不在某个处于世界之外的想象空间中显现自身"（Ep. 75/S 944）。关于对这一文段的细致讨论，见我的论文《根据精神的基督》（*Christus secundum spiritum*）。

② Ep. 6（IV/36/24）。关于斯宾诺莎在《神学政治论》中对泛神论的赞同，见我的论文《〈神学政治论〉中的形而上学》。

③ 科利，《论本内特的解释》，47；参考科利，《几何学方法背后》，37，42—43。

初看之下，生生自然作为"神，就其被看作一个自由因而言"的定义似乎明显地支持了科利的立场；但我认为，如果我们看得更仔细一些的话，这段文本的含义恰恰与之相反。根据这段文本，生生自然并不是直接等于神，而是"神，就其被看作一个自由因而言"(*Deus, quatenus, ut causa libera, consideratur*)。①科利解释下的斯宾诺莎为什么会对神与生生自然的同一做出限定呢？如果生生自然仅仅与"就其被看作一个自由因而言"的神同一，那么，神就至少有可能在另一个方面不与生生自然同一。

在《伦理学》中斯宾诺莎在若干处都提到了"并非就其是无限的而言"的神（比如E4p4d）。②显然，斯宾诺莎在此使用了一种较为迂回的说法，而这主要是因为他并不想用有限或者受迫一类说法来描述神；但毫无疑问的是，在他看来有限样态同样也在某种意义或方面上是神。③有一处这样的文本是E1p29d，在E1p29s（斯宾诺莎引入生生自然与所生自然区分

---

① 德拉·罗卡在他未出版的手稿《谓述与泛神论》(Predication and Pantheism) 中论述了这一点。

② 在《谓述与泛神论》中，德拉·罗卡在这一语境下讨论了E2p9，并且引用了E2p12d，E2p19d以及E2p20d作为进一步的例证。我的论证则依赖于E1p28，尽管其论证目的是相同的。

③ 科利在最近的通信中做出了一个使人有些惊讶的回应："我乐意接受这一说法，只要不将其模糊之处解释为蕴含了有限样态是神的部分这一结论（这一解释我认为已经被IP13S排除了）就可以。"我当然不认为有限样态是神的部分（参见§5结尾对于与整体-部分泛神论相对的实体-样态泛神论的讨论）。因此似乎我与科利立场之间的鸿沟已经被显著地缩小了。

的地方）之前出现的证明：

> 神的本性的样态也是［从神的本性中］必然得出的，而不是偶然得出的（由命题16）——不管是就其被绝对地考量而言的神的本性（由命题21），还是就其活动被看作被决定的而言的神的本性（由命题28）。

在E1p21中，斯宾诺莎讨论了"从神的任一属性的绝对本性中得出"的直接无限样态。这些样态是从"就其被绝对地考量而言"（E1p29d）的神的本性中得出的。那么"就其活动被看作被决定的而言"的神的本性又是什么呢？斯宾诺莎在做出这一论断时援引了E1p28，那么就让我们来看看这一命题。

E1p28试图解释神何以能够被看作有限样态的原因。在E1p21中，斯宾诺莎指出并且证明了直接从神或属性中得出的样态都是无限的。[1]在E1p22中，他又证明了从无限样态中只能得出无限样态。[2]而这会使我们产生这样的疑惑，即神究竟在何种意义上可以被称作有限样态的原因（正如E1p16及其c1

---

[1] E1p21："所有从神的任一属性的绝对本性中得出的东西必须永远存在且是无限的，换句话说，它们经由这一属性而是永恒且无限的。"关于对这一命题及其证明的详细讨论，见本书第4章。

[2] E1p22："所有从神的某个属性，就这一属性被某个通过这一属性而必然存在且无限的样态修饰而言，之中得出的东西同样也必然存在并且是无限的。"关于对这一命题及其证明的详细讨论，见本书第4章。

第一章 作为内附关系与谓述关系的实体–样态关系

和E1p25所宣称的那样）。斯宾诺莎的回答是：

> 所有被决定而存在并产生某结果的东西都是被神如此决定的（由命题26和命题24推论）。但是，有限且其存在有始终的东西不能由神的属性的绝对自然产生，因为任何从神的属性的绝对自然中得出的东西都是永恒且无限的（由命题21）。[①] 因此，它只能从神或神的某个属性，就其被看作被某个样态所修饰而言，之中得出。这是因为，凡存在之物不外乎实体及其样态（由公理1，定义3及定义5），而样态（由命题25推论）不过是神的属性的性状。此外，它也无法从神或神的某个属性，就其被某个永恒且无限的样态修饰而言，之中得出（由命题22）。因此，决定它存在并产生某结果的只能是神或神的某属性，就它被某个有限且其存在有始终的样态修饰而言。（E1p28d，着重为后加）

神，"就它被某个有限且其存在有始终的样态修饰而言"显然不是生生自然，因为后者不是有限的且其存在无始终。因此这段文本毫无疑问地指出，如果某物从神的某个有限样态中得出，那么它也是从神中得出。这实际上也是E1p28的证明的全部要点：既然有限样态只能从有限样态中得出（E1p22），如

[①] "属性的绝对自然"指的即是完全不被修饰的属性，"从神的属性的绝对自然"中得出的东西就是此属性的直接无限样态。

第一部分　斯宾诺莎关于实体的形而上学

果神是包括有限样态在内的所有事物的原因,[①]那么神就必须同时也能够作为有限样态("就其被某个有限的样态修饰而言的神")。因此,我们的结论只能是,就神"被看作一个自由因"而言,他是生生自然;但"就其被某个有限且其存在有始终的样态修饰而言",神就是所生自然。所以,如果泛神论是等同了神与自然(自然的所有方面)的学说的话,那么斯宾诺莎就是一位泛神论者。[②]

论证二:"样态"的定义

科利的解释会使得斯宾诺莎的有些说法变得极具误导性:科利解释下的斯宾诺莎不光在描述实体-样态关系的时候非常不小心,其对于样态的定义也非常随意。这一定义(E1d5)是:"由样态我所理解的是实体的性状,或者说在他物之中并也通过此他物而被构想的东西"(*Per modum intelligo substantiae affectiones, sive id quod in alio est, per quod etiam*

[①] 由于科利认为有限样态是同时从神(即宇宙的最一般性质)与其他有限样态中得出的,对此他或许会回应,神通过产生某些包括了样态的无限样态进而产生了其他有限样态。而E1p28d的论证清楚地表明,斯宾诺莎的观点实际上比这要强得多,即在他看来神就是每一个有限样态的原因,在其个别的、有限的形式中。这之所以能够如此,乃是由于有限样态y的原因有限样态x也是"就其被一个有限样态修饰而言"的神。

[②] 在TTP第4章,斯宾诺莎写道,"因此我们知识的全部,这就是说我们的至高善,并不仅仅依赖于对神的认识——它就是对神的认识[*sed in eadem omnino consistit*](III/60/11-13)。这似乎表明斯宾诺莎在17世纪60年代写作TTP的时候就持有了泛神论观点。

第一章 作为内附关系与谓述关系的实体-样态关系

concipitur)。① 根据科利的解释,这一定义所说的不过是样态在因果关系上依赖于他物。但有趣的是,这一定义(以及实体的定义)并没有提到"原因"(*causa*)一词。对于一位广泛且有力地使用了因果性概念的哲学家来说,在这种(根据科利)它最应出现的地方却没有提到它,这似乎是有些奇怪的。那么科利又是如何从样态的定义中推断出因果关系上的依赖的呢?这应该是通过E1d5里"在他者之中"(*in alio est*)这个说法得出的:科利将其理解为样态对于他者的因果依赖关系。② 但另一个问题又出现了:为何将样态定义为性状?本内特[Jonathan Bennett]正确地指出,拉丁语中*affectio*一词的含义是"性质,或者特性或状态"。③ 即使斯宾诺莎对于*affectio*的理解不同寻

---

① 参考第12封信,IV/54/9:"我将实体的性状称为样态"。

② 对于科利来说,将样态定义中的"通过此他物而被构想"这一说法解释为样态对他者的因果依赖关系并不合理,因为这样的话他就必须面对两个问题:首先,他必须解释"在他者之中"这一说法的含义;其次,他又必须指出样态对于他者在构想关系上的依赖这一点的文本来源为何。

③ 本内特,《研究》,93。参考本内特,《向六位哲学家学习》(*Learning from Six Philosophers*),1:142。参考伽雷特,《斯宾诺莎的努力论证》(*Spinoza's Conatus* Argument),135。我们也可以从《形而上学思想》的下列文本中看出斯宾诺莎确实将"性状"理解为性质:"性状的定义:因此,让我们回到自己的问题。我们说存在物的性状是某些属性,通过这些属性我们理解了每个事物的本质或存在;但[属性]与[存在物]的区分仅仅是理性上的区分。我在这里将会试图对这些属性做出一些解释(我并不想做出全面的解释),并且将它们与名称区分开来,后者并不是任何存在物的性状"。(I/240/15-20,C 306)我并不完全清楚在这一早期文本中"属性"是否指的是某现实存在物的每个性质,还是说它仅仅指的是那些构成了事物本质的性质。属性"与存在物的区分仅仅是理性上的区分"这一说法似乎支持后一种解释。但不管怎样,我认为属性以及性状在此都被当作性质。

第一部分　斯宾诺莎关于实体的形而上学

常,① 这一说法的出现仍旧是多余的,因为样态对于实体的依赖已经被很清楚地表述在了定义的其他部分之中(即样态"在他者之中")。那么,在科利的解释下,斯宾诺莎为何还要加上样态是实体的性状[substantiae affectiones]这一让人误解的描述呢?

---

① 在此我同意本内特的意见,即在科利的解释下,"斯宾诺莎以其可能做到的最引人误解的方式定义了'样态'"(《研究》,93)。科利需要解释很多斯宾诺莎的文本,在这些文本中,affectio 似乎都指向了内附(以及谓述)。以下是三组例子:(1)在《伦理学》第3部分中,斯宾诺莎在讨论身体的性状时所提到的性状概念明显蕴含了内附关系。参见比如E3p32s:"事物的图像即人身体的性状本身,或者说人身体被外部原因所修饰并倾向于这样或那样行动时的样态"。科利是否会否认事物的图像在人身体之中呢?(2)在第12封信中,斯宾诺莎认为"当我们将实体的性状与实体本身分离并将前者分为不同的类别以便我们能够轻易想象它们时,数也就产生了"(IV/57/3-4,黑体为后加)。对于斯宾诺莎来说,数不过是"帮助想象的工具",并且我们对于数的认识属于扭曲了现实的第一种知识(见葛亶,《斯宾诺莎的信》;拉蒙[Ramond],《性质与量》(Qualité et quantité))。如果说我们对于数的(扭曲)认识是通过将性状从实体中分离得来的,那么换句话说,性状本来也就不是与实体相分离的。(3)在同一封信中,斯宾诺莎认为,如果有人认为曾经存在过的属于物质的运动具有一定的数量(这也就是说物质可以在运动开始之前存在),那么"他就是在试图剥夺[privare][我们只能将其构想为]存在着的广延实体的性状,并且使得这个[实体]不再具有其所具有的本性"(IV/60/12-15,黑体为后加)。如果这里所说的性状是实体的非本质性质,那么我们就可以用如下方式来理解这段话:这一论证所说的似乎大致如下,即如果迄今为止的运动的数量是有限的,那么似乎在运动开始的时刻之前实体就会在没有多样的样态的情况下存在(假设多样的样态只能从变化与运动中得来)。斯宾诺莎否认了这种情况的可能性,因为他认为实体不能在没有样态的情况下存在。这种解释遵循了对于样态和性状传统理解,即它们内附于实体。但如果我们接受科利解释的话,那么此处所涉及的究竟是哪种剥离("剥夺……实体的性状"),以及为何将(科利所认为的)实体的结果剥离能够使得实体"不再具有其所具有的本性",这些问题的答案都并不清楚。

论证三：E1p15 与 E1p16

我们已经看到，在科利看来实体-样态关系不过是结果对其原因的非对称依赖。但在E1p15中，斯宾诺莎提出并且证明了所有事物都是神的样态："任何存在之物都在神之中，并且在没有神的情况下无物可以存在或者被构想"（*Quicquid est in Deo est, et nihil sine Deo esse neque concipi potest*）。

在接下来的一个命题中，斯宾诺莎提出并且证明了"从神的本性的必然性中必有无限多事物以无限种方式得出（即所有能够被无限理智所囊括之物）"（E1p16）。从E1p16出发，斯宾诺莎又推出了E1p16c1："从中可以得出，神是所有可被无限理智所囊括之物的动力因"（*Hinc sequitur, Deum omnium rerum, quae sub intellectum infinitum cadere possunt, esse causam efficientem*）。伽雷特［Don Garrett］与卡里耶罗［John Carriero］都令人信服地指出，如果实体-样态关系只不过是因果关系的话，那么斯宾诺莎便已经在E1p15中描述了这种关系，并且又在E1p16c1中（多余地）重复了这一关系，没有任何轻微的暗示E1p16c1（或E1p16）依赖于E1p15，这一点十分奇怪。并且，斯宾诺莎在之后引用这两个命题时似乎并没有将两者视为等价的命题。①

在我看来以上论证十分具有说服力。我希望能够追加以下几点。

---

① 见伽雷特，《实体与样态》，92；卡里耶罗，《样态与实体》，255–256。

论证四：科利的神是否能够认识任何事物？

科利的潜在意图之一即是确立斯宾诺莎的"非人格化神的概念，根据这一概念，神与人之间毫无共同点，但却与哲学家有理由称之为神的神有着足够的共同之处。"① 尽管"哲学家的神"这一说法是否有着统一的含义这一点值得怀疑，但我认为科利的主要意图毫无疑问是正确的。斯宾诺莎的确有意识地试图在他所熟悉的哲学术语以及他自己的哲学术语之间保留下了一定程度的连续性。② 传统上被归给神的属性之一即是全知，而在 E2p3 以及 E2p4 中斯宾诺莎似乎也将全知赋予了神。但当我们仔细审视科利对于实体-样态关系的理解时，我们就会发现这一理解所导致的后果之一是，科利的神不但并不全知，而且是完全无知的。

斯宾诺莎在某种程度上接受了以下两个命题：

1. A 拥有对于 x 的认识，当且仅当 A 拥有关于 x 的观念。③
2. 所有观念都是思想的样态。④

---

① 科利，《论本内特的解释》，40。

② 在《伦理学》第三部分（第20条情感定义）中的一段重要评论中，斯宾诺莎告诉读者，尽管其对于哲学术语的使用并不一定遵循一般用法，但其术语仍旧与一般用法"并不完全对立"。

③ 在 E2p7d 中，斯宾诺莎重述了 E1a4。他用"观念"代替了"认识"（cognitio）（我修改了科利将 cognitio 作为知识的翻译，因为对于斯宾诺莎 cognitio 可能也指称不充分的/错误的观念）。并且在若干处文本中他将（关于某个事物的）"观念或 [sive] 认识"当作等价的术语。参见 E2p19d："神拥有人身体的观念，或者说认识了人的身体"。参考 E2p20d, E2p23d, Ep. 72（S 941）。

④ 见 E2a3 的结尾："即使不存在思想的其他样态，观念也能够存在"（着重为后加）。

第一章 作为内附关系与谓述关系的实体－样态关系

从中我们可以推出：

3. 如果神拥有对于 x 的认识，那么神就必须拥有思想的样态。

现在，"拥有思想的样态"是什么意思？根据对于实体-样态关系的传统理解，它的意思是观念（思想的样态）内附于神。而根据科利，它的意思仅仅是神是某些观念的原因。由于科利认同贝尔的观点，即（在传统的意义上）拥有样态意味着可变，那么他就不得不否认任何观念内附于神。因此科利的神在其自身之中并不拥有观念，也就没有知识。科利的神所做的仅仅是因致或产生观念。而如果说当某人产生了 x 的观念时，他就具有了对于 x 的认识，这似乎是一种过于奇怪的知识标准。因此虽然科利并没有为神赋予任何内在的心智或表象能力，但他却仍认为神可以认识事物。

那么斯宾诺莎是否可以接受一个无知的神呢？在许多处文本中，斯宾诺莎认为神可以思考（*cogitare*）、认识（*cognoscere*）以及理解（*intelligere*）。① 如果神在其自身之内并不拥有任何观念的话，那么我们就很难理解神思考、神认识、神理解这些说法是什么意思。

论证五：第 12 封信中的内附关系

尽管斯宾诺莎并没有很频繁地使用"内附"（*inhaereo*）一词，但在一处非常重要的文本中他却明确地使用了它。在第 12 封信中对不同种类的无限的讨论结尾处，斯宾诺莎写道：

---

① 参见比如 E2p3s 以及 E2p5d。

第一部分　斯宾诺莎关于实体的形而上学

> 从我们所说的所有内容中我们可以很明显地看出，有些事物由其本性而无限并且无法被以任何方式构想为有限，而另一些则是由其所内附的原因［causae cui inhaerent］之效力［而无限］，尽管当它们被抽象地构想时，它们仍能被分成不同的部分并且被当作有限的。（IV/60/16-61/3）

我在此无法展开说明斯宾诺莎对无限的复杂且有趣的分类，但我们并不难看出，这段文本所处理的是属性与无限样态之间的区分。在斯宾诺莎的存在论中，既无限又能拥有一个"其所内附的原因"的只能是无限样态。属性（除了它们自己之外）没有原因，并且它们与实体的联系过于紧密以至于它们并不内附于实体。① 此外属性也是不可分的（E1p12）。

斯宾诺莎在这段文本中主要想说的是，尽管属性与无限样态都是无限的，但它们的无限却属于不同的种类并且拥有对立的性质。属性的无限来自其本性或定义（见E1d4），并且是绝对不可分的。无限样态的无限则与它们的本性或定义无关，它是由无限样态对于无限实体的内附（并由后者所因致）而导致的（或者用斯宾诺莎在E1p22-23中的说法，它从属性中"得出"）。

我们需要强调，这段文本并不是一段可以被随意打发掉的

---

① 对于斯宾诺莎来说，实体与其属性之间的区分是一个理性上的区分，这与笛卡尔那里的情况类似。见我的《斯宾诺莎形而上学的构成要素》一文。

第一章 作为内附关系与谓述关系的实体–样态关系

边缘文本,因为我们知道斯宾诺莎一直不断地将这封重要的信的抄本分发给他的朋友们,甚至在其生涯晚期也是如此。①

论证六:"在神之中运动"(in Deo moveri)

在第71封信中,伦敦皇家学会秘书亨利·奥登堡〔Henry Oldenburg〕请求斯宾诺莎"澄清并调整一下《神学政治论》中那些读者理解起来有些困难的段落。"奥登堡特别关注的是那些"似乎在用一种模糊的方式处理神与自然,以至于很多人因此认为你混淆了两者"的段落。② 对于这一指控,斯宾诺莎在第73封信中如此回应:

> 我所持有的关于神与自然的观点与现代基督徒一般所持的观点十分不同。我认为,神是所有事物的(一般所说的)内持因,而非它们的传递因。所有事物都在神之中并且在神之中运动[in Deo esse & in Deo moveri],在这一点上我与保罗以及或许所有古代哲学家的意见相同,尽管我们的表达方式或许不同;我甚至可以说,从现存的某些传统中来看的话,所有古代希伯来人的意见都是如此,可以从某些传统中推测出来,尽管它们遭到过很多破坏。但是,有些人认为《神学政治论》建立在神与自然的等同之上(他们将自然理解为某种团块或物体性的质料),这些

---

① 见 Ep. 81(S 956)。
② Ep. 71(IV/304/9-11,S 940)。

第一部分　斯宾诺莎关于实体的形而上学

人犯了很大的错误。(S 332；着重为后加)

25　这段话的最后一句乍一看似乎是对泛神论的拒斥，但看得更仔细些的话，这句话的意思实际上恰恰相反。这句话并未拒斥任何将神与自然等同的做法，而是仅仅拒绝将神与被看作"团块或物体性的质料"的自然相等同。后一种等同对于斯宾诺莎来说是错误的，这主要有两个理由：首先，它只赋予神一个属性即广延，但对斯宾诺莎来说思想以及所有其他属性的现实性都完全不逊于广延；其次，即使广延也并不完全与"团块或物体性的质料"相等同。在第81封信中，斯宾诺莎对于笛卡尔的批评正是由于后者将广延看作"惰性的团块"。①

　　这段文本的其余部分看起来也给科利的解释带来了不少挑战。首先，"所有事物在神之中运动"这一说法在科利的解读下似乎难以被理解；其次，根据科利的解读，我们很难弄清斯宾诺莎为何将"古代哲学家"列为其观点的支持者，因为所有事物在神之中这一学说——在科利看来这仅仅意味着所有事物都由神所因致——几乎被斯宾诺莎的所有同时代人所接受。我已经指出，科利对于实体-样态关系的因果解释使得斯宾诺莎非常接近于正统的有神论立场，那么斯宾诺莎为何又会舍近求远，征引爱利亚学派、斯多亚学派以及"古代希伯来人"的神

---

　　① Ep. 81（S 956）。参考亚历山大·马特洪［Alexandre Matheron］，《研究集》(*Études*)，582。当然，斯宾诺莎刻意使得第71封信的这几句话有可能让一个不太了解他的读者误以为他拒斥了泛神论，这在当时的政治背景下是一个合理的做法。

第一章　作为内附关系与谓述关系的实体 – 样态关系

秘传统呢？①

这一文本同样也无法被轻易忽略，因为它出自斯宾诺莎最晚期的信件之一，体现了他的成熟思想。

论证七：内持因

在《伦理学》和其他作品中，斯宾诺莎都在内持因（causa immanens, inblijvende oorzaak）和传递因（causa transiens, overgaande oorzaak）之间做出了一个重要的区分，并且强调"神是所有事物的内持因而非传递因"（E1p18d）。斯宾诺莎对于这一区分的主要讨论出自《短论》，并且，在我看来难以否认的是，在这一文本中神是所有事物的内持因这一说法的意思就是所有事物在神之中。

在《短论》中，斯宾诺莎将内持因刻画为符合如下条件的原因：（1）施加者与受作用者并无不同，②（2）施加者"作用于自身"，③（3）结果"并不在自身之外"，④以及（4）结果是原因

---

① 这些"古代希伯来"传统不过就是卡巴拉传统中的泛神论学说。在前现代希伯来文中，"卡巴拉"（Kabbalah）一词的含义就是"传统"。中世纪的卡巴拉学者非常习惯于将他们的作品伪造成来自古代传统。（这些主张一般是以怀疑态度来对待的，但近年来的一些卡巴拉研究提出，主要卡巴拉作品的某些来源的确能够追溯到中世纪之前。斯宾诺莎关于这些传统并未被完好保存的看法也与一些早期现代犹太哲学家的看法相符，比如所罗门·迈蒙［Salomon Maimon］以及摩西·门德尔松［Moses Mendelssohn］。后两者认为卡巴拉的内核是理性主义的（大体来说是新柏拉图主义的），但这一内核被包裹在了神秘主义的外表之下，并且被后者所侵蚀。
② KV I 2（I/26/19，C 72）。
③ KV I 2（I/26/25，C 72）。
④ KV I 2（I/30/23-25）以及KV I 3（I/35/25）。

第一部分　斯宾诺莎关于实体的形而上学

的一部分。①传递因所具有的特性则与之恰恰相反。斯宾诺莎所给出的内持因的代表性例子是理智与构成它的概念之间的关系。②这些主张都表明，内持因的结果在原因之中。

斯宾诺莎也在第73封信以及《伦理学》中讨论到了内持因。斯宾诺莎这两处更晚期的讨论是否暗示了内持因的结果可以不在原因之中呢？这些文本中并没有对于这种可能性的任何支持。相反，当我们仔细地看第73封信的相关文本（见上引文），我们发现斯宾诺莎自己就解释了，用简短的评论暗示他并没有为内持因的概念赋予任何新的含义："我认为，神是所有事物的一般所说的内持因，而非它们的传递因"（着重为后加）。

《伦理学》中的文本则只是指出所有事物都在神之中，③而这似乎既不支持科利的解释，也不与其冲突。但是，既然我们并没有证据说明斯宾诺莎改变了对其术语的用法（同时，一个非常晚期的文本即第73封信（1675）似乎佐证了斯宾诺莎对这一术语使用的连贯性），我们又为何要假设这样一种改变确

---

① KV I 2（I/30/29-31）。神的不可分性与个别物在神之中的存在之间的张力一直困扰着斯宾诺莎。我之后会指出，成熟期的斯宾诺莎对于这一问题的解决是，个别事物与神的关系并非部分与整体之间的关系，而是样态与其不可分的实体之间的关系。

② KV I 2（I/26/26以及I/30/25）。

③ E1p18："神是所有事物的内持因，而非传递因。证明：所有存在之物都在神之中，并且必须通过神而被构想（由命题15），并且由此（由命题16推论1）神是[NS：所有]在其之中的事物的原因。这是第一点。其次，在神之外不能存在任何实体（由命题14），这即是说（由定义3）在神之外且在自身之中的东西。这是第二点。因此，神是所有事物的内持因而非传递因。证毕。"

实发生了呢？不过，让我们来仔细看看斯宾诺莎在其中证明了神是所有事物的内持因的E1p18。E1p18的证明分为两个阶段。首先，斯宾诺莎指出，根据E1p15，所有事物都在神之中；其次，他又在E1p16c的基础上指出神是所有事物的动力因。因此，内持因就是其结果在原因之中的动力因。传递因就是其结果不在原因之中（或者说在原因之外）的动力因。但对于科利来说是否允许这种观点呢？科利对E1d3及d5的解读是，某物"在x之中"的意思就是由x所因致。而如果真是这样的话，那么传递因的概念最终看来就明显是自相矛盾的：它是这样一个原因，其结果……不是由它所因致的。

论证八：样态的样态

斯宾诺莎式的样态，比如个别的身体或者心灵，是否也拥有样态呢？在E3d3中，斯宾诺莎肯定了这样一种事物的存在："由情感 [*affectum*] 我所理解的是身体的性状 [*corporis affectiones*]，身体行动的力量因这些性状而被增益或削减、帮助或阻碍。"注意斯宾诺莎之前也将样态定义为"实体的性状"（*substantiae affectiones*），因此由于身体本身也是有广延的实体的一个样态，情感便是样态的样态。样态的样态（或者说样态的性状）这一概念也出现于《伦理学》的其他地方。① 我觉得任何人都不会否认诸如快乐、性欲以及愤怒等

---

① 比如参见E3p32s："事物的图像即是人身体的性状本身，或者说人身体被外部原因所影响并倾向于这样或那样行动时的样态。"

都是内附于身体（或者心灵）的状态。因此我认为科利必须承认，在有些地方斯宾诺莎是在传统意义上使用诸如"样态"以及"性状"等术语的。当然，一位作家当然有可能在多种意义上使用某个特定术语，而此时如果这位作家能够指出他对于某术语的使用不同寻常的话，这自然是最理想的情况，但显然作家们并不是完美的存在物。但我认为我们仍旧可以公平地说，斯宾诺莎确实是一位比较谨慎的作家。当他对于诸如"爱"这样的词语的用法不同于习惯用法时，他往往会明确地提示读者。① 这当然并不意味着每当某术语具有歧义时斯宾诺莎都会提醒读者。但是，我们在理解一个文本的时候并不会假设它对于术语的用法是变动不居的（否则我们便似乎没有任何理解这一文本的希望），因此我认为，当某个解释不得不使文本中的关键术语包含歧义时，这显然是这一解释的缺陷。

论证九：莱布尼茨关于他与斯宾诺莎谈话的记录

在1676年11月18日到21日之间，莱布尼茨在海牙拜访了斯宾诺莎。在访问荷兰之前，莱布尼茨曾短暂地居留巴黎，在那里莱布尼茨见到了厄亨弗里德·瓦尔特·冯·契恩豪斯[Ehrenfried Walter von Tschirnhaus]男爵，斯宾诺莎最敏锐的通信者之一。我们知道契恩豪斯与莱布尼茨详细地讨论了

---

① 当在E5p17c中斯宾诺莎说"严格来讲，神不爱任何人"，在这里他应该就是在提示读者，神也能够具有的"爱"与一般意义上的"爱"并不相同。

第一章　作为内附关系与谓述关系的实体－样态关系

斯宾诺莎的观点。①因此莱布尼茨应该对与斯宾诺莎的会面做了充足的准备。莱布尼茨对于他与斯宾诺莎的讨论的记述如下：

> 我在过境荷兰的时候见了［斯宾诺莎］，我与他长谈了几次。他有一种奇怪的形而上学，其中充满了悖谬。其中值得一提的是他认为世界与神在实体上是同一个东西，并且神是所有事物的实体，而所有受造物不过是样态或偶性［Il a une étrange Metaphysique, pleine de paradoxes. Entre autres il croit, que le monde et Dieu n'est que une même chose en substance, que Dieu est la substance de toutes choses, et que les creatures ne sont que des Modes ou accidents］。但我注意到他向我展示的一些所谓证明并不完全正确。在形而上学中给出真正的证明，这并不像人们认为的那样简单。②

显然在莱布尼茨的理解中，斯宾诺莎是一位泛神论者（"世界与神在实体上是同一个东西"），并且他也将有限物看作神的偶

---

① 见史蒂芬·纳德勒［Steve Nadler］，《斯宾诺莎》（Spinoza），300-302，241。关于斯宾诺莎-契恩豪斯-莱布尼茨之间的关系，见拉尔克［Laerke］，《作为斯宾诺莎读者的莱布尼茨》（Leibniz lecteur de Spinoza），362-373。

② 纳德勒的英语翻译见《斯宾诺莎》，341，强调为加。法语原文则可参见《莱布尼茨哲学作品集》（Die Philosophischen Schriften von Gottfried Wilhelm Leibniz）第1卷第118页。

性。更值得注意的是，莱布尼茨认为这种观点是"奇怪的"并且充满了悖谬。但是，神是所有事物的原因（如科利所解释的实体-样态关系）这一观点没有什么奇怪或悖谬之处。那么难道说莱布尼茨误解了斯宾诺莎吗？这不太可能，因为两个人"长谈了几次"，而且莱布尼茨对斯宾诺莎把上帝视为所有造物的实体很感兴趣。按科利的解释，实体样态关系并不是特别难把握，而斯宾诺莎应该并不用花多长时间就能把这个问题解释清楚。斯宾诺莎也有可能刻意地隐藏了他对于实体-样态关系的真实理解吗？不。但他为何要这么做呢？（科利的）斯宾诺莎为什么要隐藏他十分无害且正统的对神与造物之间关系的理解，并让莱布尼茨误以为他持有这种奇怪且离经叛道的观点，即所有造物只不过是在神之中的偶性呢？

论证十：性质或偶性

在寄给亨利·奥登堡的第4封信中，我们可以找到关于《伦理学》的早期草稿（1661）的非常珍贵的信息：

> 请注意我对于实体与偶性的定义……
> 1. 由实体我所理解的是那通过自身而被构想且在自身之中的东西，这即是说，那种其概念不包含另一物的概念的东西；
> 2. 而由性质或偶性［我所理解的是］在他物之中并通过其所在之物而被构想的东西［*per modificationem autem, sive per Accidens id, quod in alio est, & per id, in quo est,*

第一章 作为内附关系与谓述关系的实体 – 样态关系

concipitur]。

由此，我们可以清楚地得出，

3.实体在本性上先于其偶性，因为没有实体，偶性既不能存在也不能被构想。

4.除了实体与偶性，在现实中或者说在理智之外没有东西存在。①

这四条命题毫无疑问就是《伦理学》刊印本中E1d3，E1d5，E1p1以及E1p4d的早期形式。两个文本的主要区别在于，在第4封信中斯宾诺莎将性质与偶性相等同（即2），并且之后一直在使用"偶性"一词而不是"样态"。我们一般认为，偶性既内附于其主体也谓述其主体，②因此第4封信能够有力地支持斯宾诺莎的样态或偶性就是实体的性质这一解释。③当然科利可以回应说，斯宾诺莎放弃将样态与偶性等同这一点恰恰说明了。至少在《伦理学》中样态并没有被理解为属性。幸运的是，斯宾诺莎向我们解释了他为什么没有继续使用"偶性"一词（"偶性"在斯宾诺莎的晚期作品中很少出现）。这一文本来自《形而上学思想》，即斯宾诺莎出版于1663年的《笛卡尔哲学原理》的附录：

---

① IV/13/30-14/6。编号为作者所加。
② 见范·克莱夫［Van Cleve］，《本质/偶性》（Essence/Accident），136。
③ 注意莱布尼茨也同样将造物就是神的"样态或偶性"这一观点归给了斯宾诺莎（见上文所引的莱布尼茨对其与斯宾诺莎讨论的记录）。

第一部分　斯宾诺莎关于实体的形而上学

> ［关于存在物的划分］我仅仅希望读者能够注意以下这一点：我们说存在物可分为实体与样态，而不是实体与偶性，这一点是特意为之。这是因为偶性只不过是思想的样态而已［*nam Accidens nihil est praeter modum cogitandi*］，即它仅仅指向一个方面。比如说，当我说三角形被移动时，运动并不是三角形的样态，而是被移动的物体的样态。因此，就三角形的方面而言，运动被称为偶性；而就物体的方面而言，它是现实的存在。这是因为运动无法在没有物体的情况下被构想，但在没有三角形的情况下却可以。（I/236/31-237/5；(303；强调为后加)①

这段文本并不好理解，但看起来斯宾诺莎对于偶性与样态的区分与它们对其主体的依赖（或者说依赖的缺失）有关。样态不能独立于其实体而被构想，但偶性却可以。② 由于运动可以独立于三角形而被构想，但却不能独立于物体而被构想，运动是

---

① 三角形的运动这一例子来自笛卡尔的《哲学原理》I 61（CSM I 214）。但与笛卡尔不同，斯宾诺莎应该会否认形状也是物体的样态之一。对于斯宾诺莎来说，几何形状不过是抽象物或者说理性存在物（*entia rationis*）。参见 Ep. 12（IV/57/7）以及 Ep. 83（"……或者在包括形状在内的理性存在物［*entia rationis*］那里是这样，但在现实存在物那里却并不如此"）。

② 见葛鷇（《斯宾诺莎》, 1: 65n193）对于此区分的类似解释。参考德善［Des Chene］，《自然哲学》(*Physiologia*)，132。斯宾诺莎在此所想的偶性应该是当时被称为"现实偶性"（即可能独立于其实体存在的偶性）的东西。关于斯宾诺莎对于作为理性存在物的几何形状的看法，见 Ep. 83。

第一章 作为内附关系与谓述关系的实体 – 样态关系

物体的样态，而只是三角形的偶性。① 不管我们对于这段解释是否满意，斯宾诺莎显然在这段文本中将"样态"理解为实体的状态（"运动……是被移动的三角形的样态"）。对"偶性"一词的放弃似乎与谓述无关，因为哪怕我们不将"样态"与"偶性"看作同义词之后，斯宾诺莎也是将样态理解为事物的状态而显然不是其结果。

论证十一：样态与分词

斯宾诺莎的《希伯来语法纲要》写于其生命尾声。遗憾的是，这个作品很大程度上被斯宾诺莎学者所忽略。这之所以是遗憾的，是因为我们可以轻易地在这一文本的字里行间找到斯宾诺莎的一些最重要的形而上学学说。一个这样的例子是斯宾诺莎在词类——包括名词（或实体名词）、形容词、分词与它们所意指的形而上学概念（包括实体、属性以及样态）之间所

---

① 根据贝尔，"样态"一词在圣体变换论战之后就取代"偶性"一词而被广泛使用了。官方天主教学说认为，在圣餐礼中，在对面包与酒祝圣之后，面包与酒的偶性仍会留存，但它们的实体却会变成基督的血与肉。诸如"笛卡尔、伽森狄以及一般来说所有放弃了经院哲学的哲学家都否认一个偶性能够在与其主体分离之后仍旧留存"，这些哲学家便开始使用"样态"这一更少见的术语来表明他们所处理的性质与其实体不可分（《词典》，331–332/5:224）。关于对圣体变换的几种笛卡尔主义解释，见施马茨，《激进笛卡尔主义》（*Radical Cartesianism*），27–74。贝尔的解释与斯宾诺莎在《形而上学思想》中对偶性与样态的区分是一贯的。《王港逻辑》对于样态偶性区分的解释则稍显不同。偶性是与"实体的模糊且不定的观念"相联系的关于样态的分明观念（《逻辑》，44）。不过对于尼克与阿尔诺来说，样态与偶性两者都既谓述也内附于实体，这一点是非常清楚的。关于早期现代对样态与偶性讨论的中世纪背景，见罗伯特·帕斯瑙［Robert Pasnau］，《形而上学主题》（*Metaphysical Themes*）第10、13章。

第一部分 斯宾诺莎关于实体的形而上学

做的类比。①这一类比的一个片段首先出现于这本书的第5章："名词 Ish 是人［vir］；hacham［有学问的，doctus］，gadol［大的，magnus］等等是人的属性；holech［行走的，ambulans］，yodea［认识的，sciens］则是样态。"（I/303/20，GLE 28）Ish（人）是名词这一点似乎没有什么疑问，但斯宾诺莎是如何区分gadol（大的）与holech（行走的）的呢？是什么使得前者（指的）是属性，而后者则仅仅（指的）是样态呢？斯宾诺莎在这本书的第33章也就是最后一章中明确地回答了这个问题：

> 我将这些词语称作分词，因为它们指的是一个事物因之而被看作存在于当下的样态［modun significaut］。但它们［即分词］本身时常会被变成意指事物属性的纯粹的形容词；比如说，"sofer"是一个分词，它的意思是计数的人［hominem numerantem］，即正在进行计数活动的人［qui jam in numerando est occupatus］，但它却也经常被用作一个与时间完全没有关系的属性并意指要承担计数工作的人［qui officium habet numerandi］，即书记员［scribam］……因此被动分词"nivhar"［被选中的，electus］，也就是说当下被选中的［quae jam actu eligitur］人或物，时常也被赋予杰出之物，也就是说超越他者而被选中之物。强调分词以及其他分词都时常以这种方式变

---

① 这段重要文本是沃伦·泽夫·哈维［Warren Zev Harvey］向我指出的。哈维在他的文章《斯宾诺莎的形而上学希伯来主义》（Spinoza's Metaphysical Hebraism）中讨论了这一文本，尽管他并未涉及科利对斯宾诺莎解读。

第一章 作为内附关系与谓述关系的实体 – 样态关系

成属性,这即是说变成与时间之类的没有关系的形容词。(I/396/20,B 150)①

正如引文中的两个例子所指出的那样,形容词与分词之间的区别在于它们的一般性。分词所反映的仅仅是特定时间内的性质(比如当下被选中的),而形容词则意指与时间无关的本质性质(比如"是被选中之人"或者"被选中的人民")。② 这一文本毫无疑问地说明了斯宾诺莎是通过相同的方式理解样态与属性(它们分别与分词和形容词对应)的区分的:样态是特定位置或时间内的性质,而属性则是与时间无关的本质性质。这一文本在我看来再清晰不过地说明了样态就是局部的性质。

论证十二:E1p4

在E1p4中,斯宾诺莎给出并且证明了他自己版本的不可分辨者的同一律。③ 这一命题如下:"命题4:两个或更多不同的东西要么是通过实体属性的差异而被区分,要么是通过其性状的差异而被区分。"这一命题所提出的个体化原则(The individuation principle)规定,"(1)如果$x \neq y$,那么就有某个(本质的或偶性的)性质属于一者却不属于另一者。"这一命题的证明相对比较简单:

---

① 斜体字在原文中,强调的字体为作者所加。
② 属性与形容词的类比也出现在了KV I 1中(I/18/32,C 64)。而关于斯宾诺莎对犹太人之为选民是暂时性的还是永恒的这一问题的讨论,见TTP第3章。
③ 见德拉·罗卡,《表象》(*Representation*),131-132。

第一部分　斯宾诺莎关于实体的形而上学

> E1p4d：任何存在之物要么在自身之中要么在他物之中（由公理1），这即是说（由定义3与定义5），在理智之外只存在实体及其性状。因此，在理智之外的事物只能通过实体，或者说与之等价的（由定义4）它们的属性，及其性状而被相互区分。证毕。

这一对于E1p4的解读所依赖的是，样态（这段文本中的"性状"以及"在他物之中"的东西）应当被理解为内附于实体的非本质性质。显然，科利不可以如此解读这一命题。[①] 对科利来说，样态（"性状"）是实体的结果而非性质。"在自身之中"的东西是自因的，而"在他物之中"的东西则另有他物作为原因。因此，根据科利的观点，这一命题应当用如下方式解读：

> E1p4（根据科利）：两个或更多不同的东西要么是通过实体属性的差异而被区分，要么是通过其［结果］的差异而被区分。
>
> 证明：任何存在之物要么［是自因的］要么［由他物因致的］（由公理1），这即是说（由定义3与定义5），在理智之外只存在实体及其［结果］。因此，在理智之外的

---

① 在《几何学方法背后》，12-15，科利详细地讨论了E1p4。但他的讨论只集中于实体与其属性的关系，而并未对E1p4中涉及样态的内容进行解释。在下文中我所考虑的对这些内容的解释，是我认为科利在其对样态定义的基础上或许会提出的一种解释。

第一章　作为内附关系与谓述关系的实体－样态关系

事物只能通过实体，或者说与之等价的（由定义4）它们的属性，及其［结果］而被相互区分。证毕。

显然根据科利对于这一文本的解读，它其中并不包含不可分辨者的同一律，因为两物也可以通过它们的结果区分（而不是仅仅由它们的内在性质所区分）。但这本身似乎并不是一个问题。但如果我们仔细审视科利的解读所蕴含的原则的话，我们就会发现其中的问题。这一原则所说的是，"（2）如果 x ≠ y，那么要么有某属性属于一者却不属于另一者，要么其中一者产生某结果但另一者却不产生此结果。"根据这一原则，事物既可以被属性也可以被结果所区分（individuated），因此属性被视为与结果属于同一范畴，而这是有些奇怪的。属性似乎更应与（传统意义上的）样态属于同一范畴。当然，或许（2）的确正给出一种全新且出人意料的个体化原则。[①] 但我并不认为事实即是如此。（2）忽略了一种可能性，即两物可以被它们的原因所区分。如果正如（2）所说，两物可以被其结果所区分，那么它们为什么不能被其原因所区分呢？而如果事物确实可以被其原因所区分（即如果它们同时具有完全一致的内在性质及结果的话），那么E1p4的证明显然就是无效的。特别是如果我们注意到斯宾诺莎E1a4中的主张，即结果的解释力依赖于其原因的解释力，这一质疑就会具备

---

① 参考莱布尼茨在《论事物之大全》（*De Summa Rerum*）中的一个类似想法，即事物的个体化原则或许"在事物之外，即在其原因之中"（A VI 3, 491）。

更大的效力。因为对于斯宾诺莎来说，如果因果关系对于个体化过程有任何影响的话，原因在其中的作用应该要远大于结果。

论证十三：斯宾诺莎是否证明了他的实体定义？

我之前提到，科利认为实体定义（E1d3）中"在自身之中"这一说法的意思就是因果上的自足。根据科利的看法，"实体根据定义就是在因果上自足的东西，而样态根据定义就是在因果上依赖于他者并最终依赖于实体的东西。"① 而如果因果上的自足（正如科利所想）是实体定义的一部分的话，那么斯宾诺莎对于实体的因果自足性的证明在方法论上就十分可疑了。如果因果自足性属于实体的定义的话，那么对这一性质的证明既多余又循环。但毫无疑问，斯宾诺莎确实认为实体的因果自足性是可以被证明的。在E1p15s中，斯宾诺莎写道，"我已经足够清楚地证明了［*Ego saltem satis clare demonstravi*］——至少在我看来是这样——没有实体能够被另一个实体所产生或创造。"（强调为作者所加）确实，在E1p6中斯宾诺莎陈述并证明了"一个实体不能被另一个实体所产生［*non potest produci*］。"而斯宾诺莎对于这一命题给出了两个详细的证明：

> 证明：在自然中不存在两个属性相同的实体（由命题

---

① 科利，《论本内特的解释》，48。强调为后加。

第一章　作为内附关系与谓述关系的实体－样态关系

5），这就是说，（由命题2），拥有共同之处的实体。因此（由命题3）一个实体不能是另一个实体的原因，也不能为另一个所产生。证毕。……

别证：这一命题能够通过归谬而被更轻松地证明。如果一个实体能够被另一个实体产生，那么对前者的认识就会依赖于对其原因的认识（由公理4）。因此（由定义3）它也就不是一个实体。

如果科利的解释正确的话，那么这两个证明就是多余的。既然实体的定义中就包含这一特征，那为其提供一个证明又有什么意义呢？①

此外，我们注意到E1p6d的第一个证明并未提到实体定义（E1d3）。而虽然第二个证明确实依赖于实体定义，但它也是仅仅依赖于E1d3中的"通过自身而被构想"而不是"在自身之中"。"通过自身而被构想"与E1a4一起引出了E1p6之否命题的荒谬性。如果E1d3中的"在自身之中"一句指的是（像科利声称的那样）因果自足性，那么斯宾诺莎在E1p6中的做法就非常奇怪了，因为他不仅仅证明了本不需证明的东西，而且没有引用（在科利看来）能够直接证明其命题的那

---

①　在《短论》之中斯宾诺莎也详细地证明了一个实体不能被另一个实体产生。见KV I 2（I/20/34）。

第一部分　斯宾诺莎关于实体的形而上学

句话。①

我认为，目前为止我们所讨论过的论证已经为反驳科利对实体-样态关系的解读提供了充足的支持。接下来仍需完成的工作就是回答科利与贝尔所提出的反驳。下一节的任务即在于此。

§4 对贝尔论证的回应

论证一：神是否拥有相反的性质？

矛盾律的传统形式所说的是，同一主体无法在同一时间、同一方面拥有两个相反的性质。确实，在贝尔本人论证斯宾诺莎式的样态违反了矛盾律时，他也将"同一方面"这个限定语加到了他所表达的矛盾律之中。②显然，对斯宾诺莎来说，神

---

① 我想在这一语境中在做出最后一点评论。如果（正如对实体-样态关系的传统解释所认为的那样）实体定义（E1d3）说的是实体不内附于他物并不通过他物而被构想，那么斯宾诺莎在 E1p6 的论证策略就十分合理了。假设斯宾诺莎所设想的听众主要是笛卡尔主义者，那么对他来说，从其听众也可以接受的实体定义出发，并随后揭示一些能够从中必然推出的结论，这就是一种合理的做法。正如我们先前所见，笛卡尔主义者们从未抛弃对实体的谓述式定义，并且对笛卡尔自己来说，实体之为实体的必要条件之一就是实体是谓述的主体。因此斯宾诺莎在 E1p6 所试图完成的事情就是证明，在给定一些在他看来笛卡尔主义者也必须持有的前提的情况下，实体就必须是在因果上自足的。如果斯宾诺莎已经在定义中规定了实体的因果自足性的话，那么笛卡尔主义者就能够通过拒绝这一定义从而轻松地捍卫他们自己的观点。

② 贝尔，《词典》，309/5：212。

并不在同一方面既爱蜂蜜又恨蜂蜜。神，就其为拿破仑的身份而言，爱蜂蜜，但就其为约瑟芬身份而言，神恨蜂蜜。斯宾诺莎将这种对于方面的分析发展为一门成熟的技艺。在很多地方他都会说，某物就其为（quatenus）X 而言拥有某个性质，就其为 Y 而言则拥有一个不同（甚至相反）的性质。因此，就我作为一个有广延的物体而言，我与某个物体，比如说一只火烈鸟，具有某种因果关系；但就我作为一个心灵而言，我不与任何物体（而只与物体的观念）具有因果关系。我与火烈鸟具有因果关系以及没有因果关系，这并不是同一个方面的事情。

如果贝尔的思路就是科利所总结的那样的话，那么以上就足够驳倒贝尔的论证了。但贝尔自己本来的论证要更微妙一些。这一论证的重要前提是斯宾诺莎所说的神的不可分性。因为神没有部分，贝尔说道，神的每一个性质就都必须属于神之全部（这也就是说，如果拿破仑是神的一个样态的话，那么整个神，而不仅仅是神的一部分，都必须是拿破仑）。① 尽管或许我们可以再次借助斯宾诺莎对不同方面的分析来逃避这一论证（即在某个方面，神完全是拿破仑；在另一个方面，神完全不是拿破仑），但我认为我们不应该这么做，因为斯宾诺莎永远都不会同意"神完全是拿破仑"。② 为了充分地回应贝尔的反驳，

---

① "这就是斯宾诺莎对于神的描绘；他具有将自己变成或者修饰为土地、月亮、海洋、树木等的能力，并且他是绝对为一且不由任何部分组成的。因而我们也就可以说……神完全是土地，神完全是月亮。"（《词典》，336/5：225）

② 因为这实际上是将拿破仑变成了一个无限样态。见我在第 4 章对于无限样态的讨论。

我们首先需要澄清神的不可分性的确切含义及范围。在此我们无法做到这一点，①但我可以大致勾勒一下这一解释的轮廓。有限样态是一些被斯宾诺莎称为"无限样态"的无限全体的部分。与实体及属性不同，这些无限样态是可分的。②拿破仑既不是神的一个部分，也不是神之整体。拿破仑（以及任何有限样态）不过是某个完全属于神的性质，即无限样态的一部分。在这个例子里，拿破仑的身体是全部物体的一部分，而全部物体则是广延的一个无限样态，③属于神之整体的只是这个无限样态。与之相似，拿破仑的心灵也是无限理智——全部观念——的一部分，而后者即是思想的一个无限样态；无限理智是属于神之整体的一个性质。不管怎样，即使在修正了科利对贝尔论证的重述之后，这一论证看起来也能够通过无限样态的可分性（贝尔显然没有意识到这一点）而被轻松地反驳掉。④

论证二：斯宾诺莎的极端神义论

有一种说法是，由于斯宾诺莎的神是大多数可怕恶行的直接施加者，因此神对这些恶行是有责任的，这在我看来是一个没什么力度的反驳。事实上，我敢说斯宾诺莎对于将恶行归给神并没有什么意见。对于斯宾诺莎来说，善与恶不过

---

① 关于对生生自然的不可分性及所生自然的可分性的讨论，见第4章。

② 见KV I/26/8-16（C 72），Ep. 12（IV/56/10-14）。参考斯宾诺莎在E2p11c中人的心灵（一个有限样态）是神的无限理智（一个无限样态）的部分这一说法。

③ 见第64封信。

④ 绝大多数18世纪及早期19世纪的作者都与贝尔一样几乎完全没有注意到斯宾诺莎的无限样态。

是残缺的人类建构物而已。"所有在我们看来非道德的、可怕的、不义的、可耻的东西，都是由于我们以扭曲、残缺、模糊的方式构想事物本身才出现的"（E4p73s）。① 在《伦理学》第一部分附录中，斯宾诺莎将"善与恶"（*Bonus et Malus*②）包括在了"来自于想象而非理性的存在物 [*entia, non rationis, sed imaginationis*]"之中。③ 如果人生来就是自由的，那么他们就不会形成任何关于善与恶的概念（E4p68）。④ 在其唯名论基础上，斯宾诺莎提出了一种引人入胜的关于恶在认知中的生成过程的理论。我们将一些事物和我们认为与之相似的事物相比较，然后我们便会断定，前者其实可以变得远比现在更好，如此一来，我们便会认为它们是恶的。在做这种比较时，我们依赖于共相。比如说，当我们想到陀思妥耶夫斯基笔

---

① 参考TTP，第16章（III/191）。

② 科利在一段富有价值的编者注中如此说道："*Malus*可以被译成坏或者恶。我曾经有一段时间更倾向于将其译为坏，因为恶有一些似乎不太与斯宾诺莎的哲学相称的意涵。我现在觉得保持恶的原文并将斯宾诺莎对恶的定义看作是一种弱化定义才是最好的选择。正如尼采的哲学一样，斯宾诺莎的哲学在某种意义上也超越了善恶"（C 636）。

③ E1app（II/81/30, 82/17, 83/15）。类似的论述也出现于CM II 7（I/262/2-21）（"善与恶并不存在于事物本身之中，而仅仅存在于将事物互相比较的人类心灵之中"），Ep. 32（S 848），Ep. 54（S 899）以及TTP第16章（III/190-191）以及17章（III/203）。关于斯宾诺莎观点的迈蒙尼德主义背景，见哈维在《作为迈蒙尼德主义者的斯宾诺莎》（Spinoza as a Maimonidean）一文中的详细分析（158-160）。哈维正确地观察到了迈蒙尼德观点的重要影响，根据这种观点，"通过理智我们能够分辨的是真与假，[但]善与恶则属于大众所接受的概念"（《迷途指津》，1：2）。

④ 参考E4p64c："如果人的心灵只拥有充分观念的话，那么它就不会形成恶的概念。"

下的拉斯科尔尼科夫谋杀了他的女房东时，我们就通过运用普遍的"人"将他与其他人进行了比较。我们注意到，大多数属于这一共相的个别物都具有怜悯心并且不会谋杀老妪。因此，我们就得出拉斯科尔尼科夫的行为是恶的这一结论，因为它比我们关于"人"的概念（这一普遍物本身仅仅是我们所感知的个别物的抽象产物）要更不完善（这即是说缺乏某种一般而言属于它的完善性）。以类似的方式我们也可以得出里斯本地震是恶的这一结论，因为地壳的其他部分并不会引起如此灾厄。但对于斯宾诺莎来说，这一切只不过是来自于自我中心的拟人论（anthropomorphism）幻象。而当我们进一步认为神也会具有某物为恶的信念时，或者说神，"像他的受造物们一样也对某些东西抱有同情而对另一些东西具有反感"（Ep. 19，IV/90/30；着重为作者所加），我们就是犯了更大的错误。从神的客观、真实的视角来看，恶并不存在。①神知道每一个事物之特殊，而不必借助于共相："神并不抽象地认识事物，也不会给出这样的普遍定义。"（Ep. 19，IV/92/1）里斯本的地震并没有什么恶的地方，因为这片土地并不缺乏任何神或自然能

---

① 在当代学术界中，存在着某种将斯宾诺莎的善恶观与尼采的相对主义视角论相联系的做法。这种比较只在某种程度上是有效的。斯宾诺莎的确认为善与恶是相对于个体的（见E3p51d以及CM I 4, I/247/24）。此时，善、恶便与有利、有害是同义词（E1app [II/81/35]，E3p39s，E4d1&2，E4p29d，E4p30d）。但当我们从客观的视角看时——与尼采不同，对斯宾诺莎来说确实存在一种客观的视角（即神的视角，以及生而自由 [E4p68] 并且具有充分观念 [E4p64] 的人的视角）——善与恶是完全无意义的。在这一背景下值得指出的是，斯宾诺莎在《神学政治论》中提出（第4章，III/64），用"正义"来形容神是拟人化的。

够赋予它的完善性；它与地球上的任何其他事件一样完善。从斯宾诺莎的同时代基督徒的观点看，斯宾诺莎对于恶之存在问题的"解决"或许是令人惊讶，甚至是震惊，但这是斯宾诺莎思想主线的一个直接结果。斯宾诺莎一直在对抗拟人论并且试图敦促人们遵循"做哲学的正确次序"，即首先考虑神的本性，然后再试图从神的角度来试图理解个别事物（E2p10s2，Ⅱ/93）。①从神的客观视角看，没有什么是不完善的或者恶的。②

论证三：斯宾诺莎对神的不可变性的弱化解释

表面看来，神的不可变性问题对于斯宾诺莎似乎是一个难

---

① 参考TTP，第2章（Ⅲ/30）。对斯宾诺莎关于"做哲学的正确次序"的讨论，见我对艾耶斯编辑的《理性主义、柏拉图主义与神》（*Rationalism, Platonism, and God*）一书的评论，以及我的论文《〈神学政治论〉中的形而上学》。科利实际上是对于斯宾诺莎思想中的这一条重要线索最为注重的当代评论者（见他的《人与自然》（Man and Nature），21，以及《论本内特的解释》，40）。科利同时也是最漂亮地分析了斯宾诺莎的非道德主义的学者，见其《基辛格、斯宾诺莎与成吉思汗》（Kissinger, Spinoza and Genghis Khan）。有鉴于此，他竟会认为贝尔关于"恶"的有些大众化的反驳具有任何重要性，这有些令人惊讶。

② 我们应该注意斯宾诺莎对于恶的问题的"解决"要远比莱布尼茨的激进。斯宾诺莎的观点与莱布尼茨的神义论在局部的恶的问题上有着剧烈的冲突（两者另外一个重要的不同点是对莱布尼茨来说"善"可以被真正归给神，但斯宾诺莎却否认了这一点。对莱布尼茨来说，世界的某些部分可能会看起来是恶的（如果我们忽略这些部分对于总体的善的贡献的话），但对斯宾诺莎来说，哪怕是世界最微小的，甚至被孤立看待的部分都不能是恶。在这一问题上我并不同意卡里耶罗对贝尔论证的反驳。这一反驳认为，"既然我们无法对局部的恶与完善做出评估，那么我们也就不可能将对局部恶的责任归给神"（《样态与实体》，272—273；着重为后加）。与这一莱布尼茨式的辩护不同，我并不认为恶的局部性是问题的答案。

以解决的困境：要么神是一个简单的、不可变的存在物，要么神具有样态并由此处于变动之中。斯宾诺莎早期似乎认为这一困境确实存在。在《形而上学思想》中，斯宾诺莎写道："在神之中不存在任何不同样态的组合，这一点可从神之中没有样态这一事实中得到充分的证明。因为样态是从实体的变动之中产生的（《哲学原理》I 56）"（着重为后加；I/258/30，C 324）。①这段话的最后一句所依据的是笛卡尔的主张，即"严格来讲，我们并不会说神之中有样态或性质，而只是说其中有属性，这是因为，在神这里任何变化都是不可理解的"（《哲学原理》I 56，AT VIIIA 26，CSM I 211）。对于笛卡尔以及早期斯宾诺莎来说，由于样态是实体中变化的产物，而神是不可变的，因此神不能拥有样态。②在《伦理学》中斯宾诺莎认为，神之中存在样态，这一点是清楚的。而我已经论证了斯宾诺莎对于样态的理解与笛卡尔相似（即样态是内附于实体的非本质性质）。因此，似乎神就是会变化的。但斯宾诺莎难道没有在《伦理学》中公开地否认了神之中存在任何变化吗？根据科

---

① 这一文本可以为反驳科利解释提供另一论证。当斯宾诺莎说神不由样态组合而成时，他显然是将样态看作内附于实体而非实体的结果。我并没有在列举对科利论证的反驳时讨论这一文本，因为它来自斯宾诺莎的早期作品，因此它究竟在多大程度上反映了斯宾诺莎的成熟立场，这是值得商榷的。

② 在其生涯早期（及晚期），斯宾诺莎似乎都认同以下这一双条件句，"x是不可变的当且仅当x是简单的"。斯宾诺莎在DPP 1p18（I/178/3—7）提出了这一双条件句的右至左方向。而上文中的引文则依赖神的不可变性为了证明神的简单性，这也就是说，这段引文所说的是上述双条件句的左至右方向。

利，斯宾诺莎在E1p20c2中就提出了这一点①："神，或者说神的所有属性，都是不可变的"（*Deum, sive omnia Dei attributa esse immutabilia*）。让我们仔细看看这段文本。首先，注意在此斯宾诺莎用属性的不可变解释了神的不可变。他为何会做出如此限定呢（而不是简单地说"神是不可变的"，仅此而已）？其次，我们可以将E1p20c与斯宾诺莎在《形而上学思想》对同一问题的处理相对比："由变化我们这里所理解的是，在主体本质保持完好的情况下，任何可以出现在这一主体之中的变动"（CM II 4，I/255/25）。最后一句话开启了题为"论神的不可变性"的一章。在这一章中，斯宾诺莎证明了，在神之中不能出现任何变化。E1p20c2所说的似乎与出自《形而上学思想》的引文所说的并不一致。两段文本都认为神是不可变的，但两段文本对于神的不可变性的理解却截然不同。E1p20c2将神的不可变等同于在神的本质（即属性）中没有变化。而《形而上学思想》的主张却更强，即神之中甚至没有任何非本质的变动。神之中没有任何非本质变动这一点，并未出现在E1p20c2中，也没有（就我所知②）出现在《伦理学》任何其他地方。那么斯宾诺莎为何在《伦理学》中只提出了对神的不可变性的弱

---

① "很明显，斯宾诺莎不会允许神可以变化（E1p20c2）"（科利，《几何学方法背后》，34）。

② 斯宾诺莎仅仅在《伦理学》的另外两处使用到了"不可变"一词（*immutabilis*）。在E1p21d中，斯宾诺莎认为"由于我们认为思想是神的一个属性，它就必须必然存在且是不可变的"（II/66/6）。在《伦理学》的第五部分，不可变性也在斯宾诺莎对于幸福的论述中起到了作用，即幸福能够"产生对于不可变且无恒之物的爱"（E520s，II/294/12）。在这两处它都被用来描述生生自然。

化解释呢？最后，斯宾诺莎看起来仍旧是在笛卡尔主义框架下工作，而在这一框架中E1p20c2似乎只不过是一个平凡的重言式。对笛卡尔来说，所有本质属性都是不可变的。①哪怕耗子的本质（本质属性）都并不比神的本质更可变；因此，如果说所有拥有本质之物的本质都是不可变的，那么为何还要为描述神本质的不可变性如此大费周章呢？

我对于这些问题的答案是，在《伦理学》之中（斯宾诺莎早期仅仅是在重述笛卡尔的观点，即神没有样态并且在真正意义上是不可变的）斯宾诺莎认为神之中存在变化与运动。②就我所知任何晚期文本都并没有否认这一点。③斯宾诺莎在E1p20c2中只不过是在根据他自己的观点来重新定义神的不可变性，这是斯宾诺莎在《伦理学》中经常会做的事。④的确，

---

① "我们必须注意不将"属性"一词简单地理解为"样态"，因为"属性"所命名的是任何在我们看来可以被自然地归给某物的东西，不管它是可以变化的样态，还是此物的绝对不可变的本质"（《对一张大字报的评论》，AT VIIIB 348, CSM I 297；黑体为后加）。

② 事实上，斯宾诺莎似乎认为哪怕是部分的变化（而不仅仅是样态的变化）都不一定会导致其整体本性的变化。见E2p13L4-5。

③ 卡里耶罗得出了类似的结论，尽管他将斯宾诺莎的神的可变性当作"一个不可避免的代价"（《样态与实体》，266）。我不认为神的可变性对于斯宾诺莎来说是一个不理想的结果。本内特提出的"场形而上学"（field metaphysic）也支持了神的可变性。

④ 比如斯宾诺莎在E1p19（E1p20c2即由之推出）中对于神的永恒性的再定义："神，或者说神的所有属性，是永恒的。"（*Deus, sive omnia Dei attributa, sunt aeterna*）注意E1p19的拉丁语结构与E1p20c2的相似性。对于斯宾诺莎来说，永恒性或许主要属于生生自然。参考我的文章，《斯宾诺莎对存在的神化》（Spinoza's Deification of Existence）。

第一章 作为内附关系与谓述关系的实体－样态关系

本质属性的不可变性并不仅仅是神所特有的。E1p20c2 所提供的是对于神的不可变性的弱化定义。①

最后，我们来考虑一下科利的另一个观点，即使神之中存在变化有违西方思想中的主流哲学与神学传统。当然我们或许可以说，在这一问题上并不存在共识，②但这一反驳并不在点上。让我们假设确实存在这种共识，斯宾诺莎为什么不能在这一问题上进行创新呢？（特别是当我们已经有了足够证据证明，斯宾诺莎在他的同时代人看来是反传统的，并且他自己也对这一点有着充分认识。）事实上，神的不可变性问题似乎与斯宾诺莎是否持有泛神论这一问题同起同落。我们一般认为（不管这是否正确③）西方主流思想（不管是否存在这么一种东西）拒绝将神与自然相等同，而我已经论证了，文本上的证据恰恰明确指出斯宾诺莎持有泛神论观点。即使斯宾诺莎的泛神论使其有违于主流，这也不应当被算作反对将泛神论归于他的证据，因为我们有着大量证据证明这确实就是他在他自己和他同时代

---

① 一个类似观点认为，斯宾诺莎的样态是变化的、非本质的特征，而属性则是本质的、不可变的特征。见坎贝尔［Campbell］，《形而上学》（*Metaphysics*），79-81。

② 事实上，在我看来，受到希腊哲学（这一传统通常将变化与不完善相联系）影响较少的宗教思想确实会将变化归给神。通常塔木德传统、拉比传统与卡巴拉传统都会认为神会衡量、回应甚至后悔其对其造物的行为；更不用说神曾在历史中道成肉身这一基督教信仰了。

③ 在传统犹太文献中，泛神论很少被认为是异端。它在卡巴拉文献中非常常见，并且我们也能在斯宾诺莎在阿姆斯特丹的犹太社区中的老师的作品中找到对泛神论的公开论述。参见扫罗·摩特拉［Saul Mortera］的 *Givat Shaul* 以及莫纳舍·本·以色列［Menashe ben Israel］的 *Nishmat Hayyim*。

人眼中的形象。这对于神的不可变性问题同样适用。

§5 "错误的逻辑类别"、善意解释及斯宾诺莎论部分与整体

在本章开始处我们就已经看过了科利的主要论证，即将山、动物以及其他物体看作（传统意义上的）样态的这种做法犯了范畴上的错误："首先，斯宾诺莎的样态-实体关系与笛卡尔的样态-实体关系不能是同一种关系，因为斯宾诺莎的样态属于另一种逻辑类别，即它们是个别事物（E1p25c）而非性质。"①科利并没有在用以上评论来批评斯宾诺莎，而是在说明斯宾诺莎对于实体-样态的理解不能被等同为笛卡尔对于这一关系的理解，因为这会使斯宾诺莎的观点显得非常不可信，甚至像是胡扯。以上主张显然依赖于一种善意原则。我们用一种能够使得作者免于范畴错误的方式来解释这位作者，这似乎是更为善意的解释。在一个著名例子中，蒯因认为，如果某人明确地断言了一个自相矛盾的语句，比如"现在正在下雨且没有正在下雨"，那么我们就应当"将我们的逻辑施加于［说话者］"并且避免将这一语句的字面的、无逻辑的意义归给他（比如将这句话解释为"现在在下毛毛雨"）。②尽管我们可以在普遍意义上质疑这一原则的基础与用处，我在此想说的却要

---

① 科利，《斯宾诺莎的形而上学》，18。
② 蒯因，《语词和对象》，58。

第一章 作为内附关系与谓述关系的实体 – 样态关系

比这更平和得多。我想要说明,在我们处理基础性的理论思考时,我们只能以一种非常有限且谨慎的方式运用善意原则(科利对于斯宾诺莎样态的解释恰恰没有做到这一点)。为了阐明这一点,以下是对于这一原则的两种成问题的使用。

第一个例子我们一看就能发现它的荒谬。在《政治学》中亚里士多德做出了一个著名论断,即奴隶制是自然的,并且有些人是奴隶另一些人是主人这件事也是正当且自然的。[①]现在假设某位学者认为,由于将支持奴隶制这种观点归给一位伟大如亚里士多德的道德哲学家并不善意,因此我们应该将比如"奴隶"、"主人"这类词语以不同于一般的方式解释(假定它们分别指雇员与雇主)。这位学者还可以说,虽然或许他的解释并不符合所有相关的亚里士多德文本,但由于在这一解释下亚里士多德的立场显得极为有吸引力,那么将这些文本歪曲以便远离之前那种不合理立场的做法就是值得的。[②]一个可能的回应是,善意解释原则在道德论述中的应用要远比其在其他领域,比如逻辑或形而上学中的应用更有可能得出荒谬的结果。对于这一点,我们可以考虑接下来的这个例子。

---

① 亚里士多德,《政治学》,1255b7-10。

② 不像奴隶制,亚里士多德的绝大部分同时代人都赞同,斯宾诺莎的同时代人大都不认为个别事物是内附于神的性质。这一不同在我看来并不会让这一类比失效。我认为,由于我们拥有清楚的证据证明,斯宾诺莎关于个别事物与神的关系的看法在他的同时代人看来是十分不同寻常的,这一类比仍然有效。因此,在这两个例子之中(即亚里士多德的自然奴隶制以及斯宾诺莎的样态观),具体的历史语境都支持将这两位哲学家的主张以与我们所谓的常识不一致的方式进行解释。

第一部分　斯宾诺莎关于实体的形而上学

在《心灵的概念》[The Concept of Mind]（1949）中，吉尔伯特·赖尔［Gilbert Ryle］认为，主张心灵与物体都存在的笛卡尔式二元论犯了一个范畴上的错误，即它预设了有一个同时包括心灵与物体的逻辑类别，并且这两种东西因而可以在同一种意义上存在。①现在假设赖尔并没有在批评笛卡尔的立场，而是在指出我们应该对笛卡尔进行重新解释以便使其摆脱二元论所蕴含的所谓范畴错误。此时我们还可以说，这种修正的解释或许并不符合所有文本，但如果歪曲一些文本能够使得伟大如笛卡尔的哲学家避免犯下这个范畴错误，这样做也是值得的。

我认为在两个例子中，只要这一所谓更善意的解释与作者的很大一部分文本相冲突，那么我们就不能仅仅因为这一解释能够使得作者的观点更有吸引力而采取这一解释。如果我们接受了这些善意的解释的话，我们就不仅仅陷入历史上时代错乱的做法，而且更重要的是，会错失用那些过往先贤持有的观念挑战我们自己的基础观念的机会。当我们所面对的是处理基础性问题的文本中的所谓范畴错误时，这一点更是至关重要，因为很多哲学与科学上的突破都来自范畴错误（从旧系统的观点看）：牛顿框架下的或者中世纪的物理理论家很有可能会将相对论中的时间概念看作这样一种错误。当然，这并不意味着每一个范畴错误都会导致理论突破，而是说我们必须对于以下这种可能性持开放心态，即我们之所见可能是一种理解事物的全

---

① 赖尔，《心灵的概念》，16–22。

第一章 作为内附关系与谓述关系的实体－样态关系

新方式。

当我们在哲学史研究中遇到一个乍一看似乎是范畴错误的主张时，我们应当听从尼采的教诲，即一位哲学家必须学会如何对思想进行反刍。我们应当问我们自己如下这类问题：这一主张对于那位哲学家的更广的系统而言有多核心？这位哲学家在何种程度上意识到了这一主张的创新性？这一主张是否与其系统的其他部分自洽？这些问题能够帮助我们判断，这一主张是否只是一个笔误，还是充分地代表了这位哲学家的成熟思想。在下一阶段中，我们应当以我们的直觉为参照来正式地考虑这一观点的可信度。如果我们发现，这位哲学家的文本能够有力地支持这一所谓的范畴错误，并且同时我们仍确信这一主张是没有道理的，我们就应该得出结论说这位作家/哲学家是错的。

当我们将这些方法论上的考量应用到斯宾诺莎的实体-样态关系这一问题上时，我们就会发现，斯宾诺莎的文本很难与科利的解读相吻合（这至少是我到目前为止所试图揭示的）。既然如此，要么我们可以将斯宾诺莎的立场（即诸如山之类的个别事物是样态）当作一个范畴错误拒绝掉，要么我们就应当重新考虑我们自己的观点。

在本节的剩余部分，我会试图使得斯宾诺莎的观点，即诸如拉什莫尔山之类的个别事物是内附于神的样态，变得可以理解（我们将会在下一节中讨论谓述问题）。我将会以两种方式完成这一目标：首先，我会说明，尽管斯宾诺莎的形而上学对于他的同时代人来说毫无疑问是全新的，但事物能够被看作其

89

他事物的样态这一特定主张在17世纪却并非无人问津。其次，我会试图解释是什么使得斯宾诺莎将个别事物看作神的样态，以及这一主张与泛神论和神的不可分性的关系是什么。不过在我开始进行这些工作之前，让我对善意的解释再说一点。

我们可以指出，我认为也应当指出，对善意的某些考量恰恰与科利的立场相悖。如果斯宾诺莎正如科利所提出的那样将样态看作实体的结果，那么（正如我已经提到的那样）斯宾诺莎最终也就与古早的有神论并无太大的区别。①对于很多人来说，这种做法令人失望地将斯宾诺莎远比这更激进且有趣的立场扁平化了。②我们的确使得斯宾诺莎与我们更加相似了，但我们为此付出的代价却是，斯宾诺莎似乎不再拥有吸引我们的理由（即使没有斯宾诺莎，如今在我们之中以及在17世纪中也并不缺乏其他有神论者）。

现在，我会以斯宾诺莎的同时代人为背景来考察他关于实体-样态关系的观点。首先，将事物看作样态似乎并非是一个在斯宾诺莎的同时代人中无处可寻的特殊观点。很多哲学家都明确赞同属于心灵的事物可以内附于另外一个事物（心灵或者物理的均可）。③这一点在我们考虑将心灵看作单纯实体的观点

---

① 或者是科利所说的"忠实的笛卡尔主义者"（《几何学方法背后》，12）。
② 见卡里耶罗，《样态与实体》，254。
③ 笛卡尔认为观点与心灵的官能都是心灵的样态，见AT VII 40-41以及AT VII 78。在《谓述与泛神论》中，德拉·罗卡正确地指出，只要我们考虑的是思想属性（即思想的样态与思想实体之间的关系），那么将样态看作内附于实体就并不成问题。换句话说，科利的问题似乎并不是关于斯宾诺莎式的样态（一般而言）何以能够内附于并且谓述实体，而是物体何以能够内附于并且谓述任何东西。

时最为明显。此时，在心灵之中的东西不能是心灵的部分，因此一个解释心灵的变化与内在活动的自然的方式就是将内在于心灵的东西看作心灵的质性或样态（而非部分）。这种观点的一个例子就是莱布尼茨的主张，即单子中的感知都是单子的性状（阿里尤 [Roger Ariew] 与加伯 [Daniel Garber] 将其翻译为"性质"）。① 但就算我们考虑的是物体，某物体是否能被看作另一物的样态这一点也并不清楚。在莱布尼茨与阿尔诺的通信中，莱布尼茨提出，经由聚合形成之物（*entia per aggregationem*）（即物体）只不过是构成了它们的实体的状态或样态。②

一个更生动的例子是出自阿尔诺与尼可的《皇家港逻辑》的以下两个段落。第一段给出了对于样态种类的三重区分，其中第一种是实体的样态：

> 我们应当注意，有些样态可以被称作是实体的 [*substanciels*]，因为它们向我们表象的是作为样态与方

---

① 见《单子论》第13节（"在单纯实体中必须存在着若干性质 [*affections*] 以及关系，尽管它并没有任何部分"）以及第17节（"……这便是我们可以在单纯实体中可以找到的所有东西——这即是说，感知及其变化"）（莱布尼茨，《哲学论文集》（*Philosophical Essays*），214-215）。莱布尼茨对于 *affections* 一词的使用很可能遵循了斯宾诺莎对于样态的定义（E1d5）。另外一个例子是，笛卡尔在第二沉思中的主张，即想象的官能以及感觉知觉都是内附于思想实体的样态（AT VII 78, CSM II 54）。

② "经由聚合形成之物的本质只不过是构成了它的存在物的一个存在状态。"（《莱布尼茨与阿尔诺通信集》（*Leibniz-Arnauld Correspondence*），121）。见卢瑟福 [Rutherford]，《莱布尼茨的分析》（*Leibniz's Analysis*），531。

式而被应用到其他实体之上的真正实体［parcequ'ils nous represent de veritables substances appliquées à d'autres substances, comme des modes et des manieres］。穿着衣服的［habillé］以及穿着铠甲的［armé］都是这类样态。

另外一些样态可以被简单地称为真的。这些是真正的样态，它们并不是实体，而是实体的方式。

最后，有些样态可以被称为否定的，因为它们通过对某真样态或者实体样态的否定而表象实体。（I 2）

当两个实体被一起考虑时，其中一个可以被看作是另一个的样态［quand on considere deux substances ensemble, on peut en considerer une comme mode de l'autre］。因此一个穿着衣服的人可以被看作是由人和衣服组成的整体。但相对于人而言，穿着衣服的只不过是一种存在的样态或方式，我们通过它来考虑这个人，尽管衣服也是实体。（I 7）

这两段文本的背景是笛卡尔在第六组答复中相似的（尽管不尽相同）主张：

> 我的确承认，一个实体可以被归给另一个实体；但当这件事发生时，具有偶性形式的东西却并非是实体本身，而仅仅是它被归给另一实体的方式。因此当衣服是人的属性时，此时偶性并不是衣服本身，而仅仅是"穿着衣服的"。（AT VIII 435，CSM II 293）

第一章　作为内附关系与谓述关系的实体－样态关系

对笛卡尔来说，"衣服是某人 x 的一个样态或偶性"这个说法只不过是"x 穿着衣服"的不严格表述而已。阿尔诺与尼可对这一问题的讨论却似乎并不是这样。与笛卡尔不同，他们并没有否认，在某些方面（"……可以被看作是"），衣服（而不仅仅是"穿着衣服的"）就是这个人的样态。他们似乎承认"实体的样态"（即表象了"作为样态与方式而被应用到其他实体之上的真正实体"的样态）这一合法类别的存在。①

最后，我们应该考虑一下笛卡尔在《沉思》的内容提要中所说的，"一般意义上的物体是一个实体，因此它永远不会毁灭"。与这种"一般意义上的物体"不同，人的身体（以及其他个别物体）只不过"由肢体的某种构型以及其他此类偶性组成"（*ex certa membrorum configuratione aliisque eiusmodi*

---

①　某个实体能否是另一实体的样态，这取决于实体的定义。正如我们已经在第 2 节中见到的那样，阿尔诺与尼可在对实体的定义中将其与"物"等同。实体"被构想为独立持存"，但这并未杜绝实体在某些场合可以是另外一个实体的样态的可能性（《皇家港逻辑》，I 2）。在《短论》中，斯宾诺莎自己提出，思想实体与有广延的实体都是神的样态（即实体可以被看作另外一个实体的样态）。在《短论》的第一个对话中，理性（*Reden*），即通常代表了作者观点的对话角色，认为"如果你想将物体与思想相对于依赖它们的样态而称作实体，那么你必须也将它们相对于它们所依赖的实体而称作样态。因为你并没有将它们构想成是通过自身而存在的。就像你将意愿、感觉、理解、爱等称作那所谓思想实体（你将所有思想实体都追溯到其中一个，由此使这一个成为所有）的样态，同理我也借助你的证明做出推论，无限广延与思想以及其他无限属性（或者如你所言的实体）只不过是那经由自身存在的独一、永恒、无限之存在物的样态"（I/29/24-34）。我不想过于强调这一段落，因为很明显，在斯宾诺莎的成熟时期他并未持有这一立场。《伦理学》中的实体定义显然不能允许一个实体依赖于另外一个实体。但请注意，这只是实体性的标准的变化（而非物性的标准的变化）；我们没有证据能够说明，在斯宾诺莎的成熟时期事物（*res*）不能是实体的样态。

accidentibus constare)(AT VII 14，CSM II 10)。这一段落将整个物理世界看成了一个不可毁灭的实体，[1]并且它也可以被解读为将个别物体以及它们的部分看成是这一唯一的有广延实体的偶性。尽管有些学者否认在这段文本中笛卡尔将有限物体看作样态或偶性，[2]科利却以令人印象深刻的直白将这段文本的主张看成是斯宾诺莎的先行者。很显然，科利很为这一先例所困扰，[3]但他指出，在很多其他文本中，笛卡尔都将个别物体称作独立实体而非样态，因此提要中的那段文本（以及《哲学原理》中的一段类似文本[4]）并不反映笛卡尔的成熟观点。尽管在笛卡尔的成熟观点这个问题上，我倾向于同意科利，但我仍然认为，笛卡尔曾认真地考虑过这一斯宾诺莎式的观点这个事实本身就说明，这个观点并不是一个毫无意义的范畴错误。

让我们回到斯宾诺莎。在读到以上这种文本之后，[5]他可能

---

[1] 参考葛扈，《斯宾诺莎》，1：63。
[2] 参考伍尔豪斯，《实体的概念》(*Concept of Substance*)，53n36。
[3] 科利几乎在他所有对于实体-样态关系的讨论中引用了这段文本。见《论本内特的解释》，50n10；《几何学方法背后》，32-33，142n9；C 646。
[4] 《哲学原理》，II 23。参考科利，《几何学方法背后》，142n9。
[5] 显然斯宾诺莎非常熟悉笛卡尔的作品，但斯宾诺莎与《皇家港逻辑》的关系却是一个尚未被充分研究过的有趣问题。《逻辑》的前三版在斯宾诺莎生前就出现了（第一版出版于1662年），并且马上就变得很有影响力。斯宾诺莎私人图书馆的目录中包含了《皇家港逻辑》的法语原版。不过就我所知，斯宾诺莎并不会法语。这个故事非常值得我们注意，因为《皇家港逻辑》是斯宾诺莎图书馆中的唯一一本法语书（事实上是唯一一本用斯宾诺莎不会的语言写成的书）。我怀疑斯宾诺莎是因为他朋友的转述产生了对这本书的兴趣，而当他研究这本书时，他所依赖的是他对于其他罗曼语的广泛知识。他也有可能借助了他朋友对于这本书的翻译和研究。

第一章　作为内附关系与谓述关系的实体－样态关系

因而产生了继续这一有趣思路的想法，特别是当这一思路有可能解决他在发展他的系统时所遇到的主要问题之一时。在下文中，我会勾勒一种可能促使斯宾诺莎将个别事物看作样态的推理过程。这一推理过程与斯宾诺莎在《伦理学》中的论证过程很相似，但并不完全一样。在某种意义上，我试图解释的是斯宾诺莎如此定义实体与样态的动机是什么。我们对于斯宾诺莎论证的考虑分为两个阶段。

第一阶段：从神的绝对无限到泛神论

让我们从神的定义（E1d6）开始——这或许是整本书中最重要的段落——，神是"一个绝对无限的存在物，这即是说，一个由无限多属性构成的实体，其中每一个属性都表达了永恒且无限的本质"。对斯宾诺莎来说，无限意味着没有界限（见E1d2与E1d6e）。如果神是绝对没有界限的，那么他就必须无处不在（这即是说他必须拥有广延属性并且不能外在于，或者说受限于，任何有广延之物）。[①] 换句话说，仅仅是神的绝对无

[①] 根据E1d6e，神是绝对无限的，而属性则只是自类无限的。后一种无限的特别之处在于，关于每一个属性我们都可以"否认无限多属性"（即所有其他属性）；而对于绝对的神，我们则不可能否认任何属性。因此任何属性之下没有任何事物能限制神。参考第36封信，在其中斯宾诺莎并未使用他通常在神的绝对无限与属性的自类无限之间做出的区分，而是认为神是绝对不定的，而属性则是自类不定的。

限就会使斯宾诺莎走向泛神论。①如果像科利所建议的,即神等同于生生自然而不是所生自然,那么神就应该为所生自然所限,因而就不是无限的。②

第二阶段:从神的优先性到对整体-部分泛神论的拒斥

如果神与自然或者一般而言的存在相等同,③那么由此产生的问题是,有限事物与神的关系是什么。一个自然的想法是,个别事物是神的部分。我将这种观点称为"整体-部分泛神论"。但斯宾诺莎并不能接受整体-部分泛神论,这是出于如下理由:斯宾诺莎对于整体-部分关系的理解是十分传统的,

---

① 在此一个可能的反驳是,很多其他哲学家都认为神是无限的,但他们却没有因此而认同泛神论。斯宾诺莎的观点与他们不同。对斯宾诺莎来说,神的绝对无限意味着他必须拥有所有属性(包括广延),并且在每个属性之中,神都必须在这一类中无限(即完全没有界限)。或许我们可能会说,界限并不应被理解为互斥。笛卡尔式的神与其他思想实体并不同一,但笛卡尔显然会试图拒绝从中得出神被其他思想实体所限的结论。笛卡尔或许会提出,x被y所限,当且仅当x≠y且x是y所因致的。但很显然,斯宾诺莎是用互斥来定义限制的(见E1d2),并且限制也不能通过因果关系来定义。不同属性在因果上互相独立,但在Ep. 36中,斯宾诺莎强烈地暗示了属性也互相限制(在这封信中神被认为是绝对不受限的,但思想与广延则仅仅在它们的类别中不受限)。(思想与广延之所以是绝对不受限的或许是因为它们互为彼此所限)。

② 斯宾诺莎在证明所有事物在神之中(E1p15)时并没有使用这个较短的论证。这或许是因为E1p15所试图证明的并不仅仅是泛神论,还包括所有事物都是神的样态这一结论。

③ 我避免将泛神论定义为神与所有事物的全体(或者存在着的事物的全体)相等同这一主张,因为全体这一概念有可能蕴含着积累或聚合之意,而神(就其为生生自然而言)是不可分的。

即部分在本性及认识上都先于整体。① 在E1p12d中，斯宾诺莎指出，"整体可以在没有部分的情况下存在并且被设想"这一点是荒谬的。同样，在第35封信中，斯宾诺莎认为包含了必然存在这一性质的存在物（即神）"是单纯的并且不由部分组成。因为就它们的本性和我们对于它们的认识来说，组成整体的部分应当先于由它们所组成的整体"（S 856；着重为后加）。② 既然斯宾诺莎为部分赋予了存在论及认识论上的优先性，那么如果他接受整体-部分泛神论的话，他就只能认为神的部分，比如有限事物，都（既在本性上也在认识上）先于神。但后一点与斯宾诺莎哲学中最重要的信条，即无限相对于有限的严格优先性，有着剧烈的冲突。③ 对于这一信条的清晰表述出现于E2p10s2，在其中斯宾诺莎激烈地批评了他的哲学前辈们，因为他们

---

① 一些20世纪哲学家也认为部分先于整体，参见摩尔［G. E. Moore］，《哲学研究》（*Philosophical Studies*），287—288；麦克塔加特［McTaggart］，《宗教的一些信条》（*Some Dogmas of Religion*），108。参考齐硕姆［Chisholm］，《部分》（Parts），582—583。

② 在早期的《形而上学思想》I 5（I/258/15, C 324）中，斯宾诺莎的论断要略微更为温和一些，即"组成整体的部分至少在本性上先于它们所组成的整体"。

③ 在他最近的一篇文章《一元论》（Monism）中，乔纳森·谢弗［Jonathan Schaffer］将斯宾诺莎包括在了认为实体先于部分的"伟大的一元论者"名单中（32）。尽管我同意谢弗关于斯宾诺莎是一位一元论者的看法，并且实体要先于所有其他事物，但我认为谢弗所说的"部分"的含义与斯宾诺莎所说的有着很大不同。换句话说，对于斯宾诺莎而言，神的优先性是实体对于样态的优先性，而非整体对于部分的优先性。

第一部分 斯宾诺莎关于实体的形而上学

没有能够遵循做哲学的［正确］次序。因为他们相信，那个应当在所有事物之前被考虑的神的本性（这是因为它在认识上以及在本性上都是在先的）反而在认识的次序中是最后一项，同时那些被称作是感觉对象的事物却先于所有事物。（E2p10s2；着重为后加）

显然，如果神（在认识和本性上都）先于有限事物，并且部分（在认识和本性上）先于其整体，那么有限事物就不能是神的部分。但如果说神即是所有存在之物，那么有限事物就不能外在于神。在这种情况下，有限事物又能是什么呢？①

那让我们看看。有限事物在神之中，但却不是神的部分（因为神是不可分的）。这种关系 Rxy（定义为 x 在 y 之中但却不是 y 的部分）在哲学史中有一个清晰的先例。② 亚里士多德恰恰就是如此定义"在主体之中"这一关系的，即偶性与其所内附的主体之间的关系："由'在主体之中'我所指的是在某物之中，但却并不是它的部分，并且无法在脱离所在物的情况下

---

① 我在下一章中会考虑另外一个解决办法，即对斯宾诺莎来说有限事物只不过是幻象。这即是对斯宾诺莎的所谓无世界论解读。这种解读在德国唯心论以及19世纪晚期的一些英国学者中非常普遍。

② 关于"作为 x 的部分"与"作为 x 的样态"之间的区分，见笛卡尔在第六组答复中所说的"样态不能是实体的部分"（CSM II 292，AT VII 433）。尽管样态不是实体的部分这一规定并没有字面地出现在17世纪对于这一术语的定义之中，但它却蕴含在样态不能在没有实体的情况下存在或被构想这一标准规定之中（加上部分先于整体这一普遍观点）。比如见《皇家港逻辑》关于样态"无法在没有［其实体］的情况下持存"的规定（I 2, 30）。参考 DPP I 64，AT VIIIA 31，CSM I 216。

第一章　作为内附关系与谓述关系的实体 – 样态关系

存在"(《范畴篇》，1a20)。偶性，而非实体，在他物之中①在这一语境下的一个传统例子即是关于语法的知识与灵魂之间的关系：前者在灵魂之中，但却不是灵魂的部分。在上文中，我们已经知道在早期现代，很多哲学家开始用"样态"替代"偶性"的说法以便表明这种东西无法独立于其主体存在。②在这种情况下，实体-样态关系即是对个别事物与绝对无限且不可分的神/自然之间的关系问题的完美解决：个别事物在神之中，但却不是神的部分；它们是神的样态。

的确，贝尔，斯宾诺莎最仔细的读者之一，清楚地看到了这一点："[斯宾诺莎]并没有认为两棵树是广延的两个部分，而是两个样态……[斯宾诺莎系统]的柱石之一即是"部分"一词与"样态"一词之间的所谓区别。"③

§6 样态、个别性质及其他

我目前为止已经论证了，斯宾诺莎的泛神论与其对于神的不可分性的辩护或许能够解释他为何将个别事物（比如拉什莫尔山）看作以样态内附于实体的方式在神之中。换句话说，斯宾诺莎是一位泛神论者这个看法虽然是对的，但我们仍需澄清，斯宾诺莎所秉持的是实体-样态泛神论而非整体-部分泛神论。

---

① 见卡里耶罗，《样态与实体》，247，256。
② 见§4，论证十。
③ 贝尔，《词典》，306/5:211。

第一部分　斯宾诺莎关于实体的形而上学

此时，我们应当考虑一个进一步的问题：斯宾诺莎的样态是否谓述神，或者说是神的性质①呢？到目前为止我论证了，对斯宾诺莎来说样态内附于神。笛卡尔式的样态此外也谓述它们的实体，但有些学者却提出了一个有趣的看法，即斯宾诺莎将内附（以及作为某物的性质）与谓述分离开来，因此科利关于"一个事物何以谓述另一个"②的质疑并不在点子上，因为斯宾诺莎认为个别事物内附于实体（并且是实体的性质），但却并不谓述实体。③

---

① 在下文中，我会将"谓述 x"与"是 x 的性质"大体看作同义的说法。性质一般被认为是形而上学存在物，而谓词则是一种语词，尽管有时候它也被看作语词所指的存在物。谓词所指的是性质还是其他存在物（比如可能世界中的集合或者对象之间的关系）是一个有争议的问题。拉姆齐 [Ramsey]（《共相》(Universals)，60）曾经指出主词与谓词相对调的句子也可以表达同一个内容（比如"苏格拉底是智慧的"以及"智慧是苏格拉底的一个特征"）。所有这些我们都不会涉及，因为科利的质疑并不关乎"拉什莫尔山"这个语词；他质疑的是将比如这座山之类的物体当作神的样态，这是不是一个范畴错误。我们将会看到，在 E3p55c2d 中，斯宾诺莎将看作谓述了其所属的主体（身体或心灵）（这即是说他所说的谓述是形而上学意义上的，而非语言意义上的）。最后，我同意伽雷特的看法，即将样态与实体的关系说成是"形容词式的"有些过于语言化了，因而无法"与斯宾诺莎的首要形而上学关切相符"（《斯宾诺莎的努力论证》，156n16）。我对于 E1p16d 的解读受惠于伽雷特对于这一关键文本的解读，也与它十分相近（参考他的《斯宾诺莎的必然主义》(Spinoza's Necessitarianism) 和《斯宾诺莎的努力论证》）。

② 科利，《斯宾诺莎的形而上学》，18。

③ "我的结论是，……样态因其属于'错误的逻辑类别'而不能是个别物，这一反驳预设了内附与谓述的等同，以及与之有着紧密联系的对于个别偶性的拒斥"（卡里耶罗，《样态与实体》，256-259）。关于一个相似的观点，见加雷特，《实体与样态》，85。卡里耶罗与加雷特都不愿将非普遍的性质与其主体的关系称为"谓述"（见§1注8）。我将会在本节中讨论个别偶性（个别性质）的问题。

第一章 作为内附关系与谓述关系的实体 – 样态关系

在下文中，我要论证一个比这更强的主张，即对斯宾诺莎来说样态并不仅仅内附于神，它们同时也是谓述了神的性质。首先，我会给出斯宾诺莎作品中能够支持这一主张的文本证据；然后我会论证，拉什莫尔山是神的性质这一论断并不包含范畴错误。科利预设了事物与性质的清晰二分，但这却并不为斯宾诺莎的同时代人所普遍接受，并且在当代形而上学中也不乏挑战者。

首先我会给出文本。一个重要的证据是 E1p16：

> 命题16：从神的本性的必然性中必有无限多事物以无限种方式得出（即所有能够被无限理智所囊括之物）[*Ex necessitate divinae naturae infinita infinitis modis (hoc est, omnia, quae sub intellectum infinitum cadere possunt) sequi debent*]。①
>
> 证明：这一命题对于任何人都应该是显然的，只要他注意到，理智会从任何事物的给定定义中推出若干确实从中（即从事物的本质本身）必然得出的性质 [*plures proprietates*]；并且此物的定义所表达的现实越多，这也就是说被定义物的本质所包含的现实越多，理智所推出的性质就越多。（着重为后加）

---

① 参考 Ep. 43（IV/233/6），在其中斯宾诺莎提出样态从神的本性中溢出（*emanare*）。

我们在此所要探究的主要问题是，在这一证明中理智从任意事物的定义中推出的性质到底是什么，以及理智的这种推导与无限多事物之以无限种方式从神的本质中得出的关系到底是什么。但在我开始回答这些问题之前，我想首先简要澄清一下这一命题本身。这一命题的有些解读者倾向于认为，"以无限种方式"从神的本性的必然性中得出的"无限多事物"是无限种属性（其中每一个都有无限多样态）。但事实却似乎并不如此。根据E1p29s，从"神的本性的必然性中得出"的东西是所生自然（即样态），但实体及属性却是生生自然（即神的本质）。属性并不从神的本性或本质中得出，它们就是神的本性。因此E1p16所说的应当是无限种无限多的样态从神的本质中得出（因为只有样态是从神的本质或本性中得出的）。

现在我会开始探究在E1p16d从中"任何事物的给定定义"中得出的"性质"到底是什么。为了理解这一证明，我们首先必须澄清斯宾诺莎所认为的定义为真的标准。对于这一问题的细致探讨出现于《理智改进论》，在其中斯宾诺莎如此规定："只有当定义解释了事物的最内在本质［intimam essentiam rei］，并且注意没有用某些本己性质［propria］取代本质时，它才可被称作是完善的"（TdIE §95，II/34/29-31）。确实，在若干地方斯宾诺莎都强调了，一个确切的定义必须仅仅描述被定义之物的本质，[①]在有些地方他甚至将事物的"本质"、"本

---

① 见Ep. 8（IV/42/30），Ep. 34（S 201）。

性"以及"定义"当成了可以互换的同义词。①但斯宾诺莎提醒我们不要将其与事物本质混淆的本己性质是什么呢？在此斯宾诺莎遵循了经院哲学对于性质的一种常见的三重区分，即使得事物是其所是的性质（这些性质就是事物的本质）、必然从事物本质中得出但并不构成本质本身的性质（这些就是本己性质）以及至少部分地由外部原因所产生并被称为"偶性"（或"外在偶性"）②的性质。尽管事物必然拥有本质和本己性质，③只有第一种性质能够为我们提供对于事物本性的解释，因而只有它应当被包括在定义中。斯宾诺莎认为，定义之所以应当刻画事物本质而非其本己性质乃是"因为事物的性质［*proprietates rerum*］在它们的本质没有被认识的情况下不能被理解"（TdIE §95，II/35/6-7）。④注意在这段文本中，*proprietates*一词指的即是本己性质而非一般而言的性质。事实上，在《理智改进论》95-97节对定义的讨论中，斯宾诺莎只在一处明确地

---

① 比如见 Ep. 12（IV/53/3-5）。

② "外在偶性"是阿奎纳用来指代这些性质的术语（见卡里耶罗，《必然性》(Necessity)，69）。伽雷特则将其简单地称为"偶性"（见他的《斯宾诺莎的必然主义》，201）。

③ 事实上，甚至有些偶性都是无法与其基底相分离的，尽管这些偶性并不能从事物本质中得出。一个此类偶性的常见例子就是乌鸦的黑（见波斐利，《范畴导论》(*Isagoge*)，12-13）。不过在不可分偶性的例子中，基底仍能在没有偶性的情况下被构想（同上）。本己性质与偶性之间的另一个重要区别是，偶性能够具有程度之别，但本己性质却不能（这即是说乌鸦的黑能够具有程度，但笑的能力（或者理性）却被所有具有它的特别物所平等具有。见《导论》，9/18以及22/10）。

④ 见KV I 3注释a（I/34/30）对于神的本己性质的相似论断。

使用了"本己性质"（*propria*）一词（II/34/30）。在其他各处（35/4，35/6，35/18和36/1）他用的都是*proprietates*，但是狭义的propria，而非一般的性质。

在规定了完善的定义需要解释被定义之物的本质而非本己性质之后，斯宾诺莎给出了本质与本己性质区别的一个例子。① 斯宾诺莎接下来区分了受造物定义完善的标准与非受造物定义完善的标准。不过在这两种情况下，斯宾诺莎都认为"事物的所有性质"（*omnes proprietates rei*）必须被从定义中推出（*concludatur*），因为定义刻画了事物的本质。②

现在让我们回到E1p16及其证明。由于事物的定义刻画了事物的本质或本性，因此很清楚，在E1p16中从神的本质中得出的东西就是在E1p16d中理智从神的定义中推出（*concludit*）的东西。E1p16d中的"性质"不能是神的属性，因为后者构成了神的本质因而并不能从中得出。从神的本质中得出的，或者说理智从神的定义中推出的东西只能是属于所生自然的东西（即样态），斯宾诺莎在E1p16d中明确地将它们称为"性质"（*proprietates*）。必然从事物本质中得出的性质只能是严格意义上的本己性质。③的确，样态与神本质的关系正如事物本己性

---

① "如果比如说圆被定义为中心到圆周所画线长度相等的形状，所有人都会发现，这样的一个定义完全没有阐明圆的本质，而仅仅阐明了它的一个性质[*proprietatem*]"（TdIE §95，II/35/1-3）。关于笛卡尔对于实体与其本己性质关系的观点，见加伯［Garber］，《笛卡尔的形而上学物理学》，68-69。

② TdIE §96（II/35/19）以及§97（II/36/1）。

③ 换句话说，非本己的性质（比如偶性）并不从事物的本质中得出。

第一章　作为内附关系与谓述关系的实体－样态关系

质与事物本质之间的关系：它们不能在没有神本质的情况下被理解（E1d5），并且根据E1p16，所有样态都从神的本质中得出（或者被演绎出）。换句话说，斯宾诺莎的样态就是神的本己性质。①

E1p16是《伦理学》的核心命题之一，很多之后的命题都以它为前提。如果省略这一命题的话，那么这本书的剩余部分也无法保持完整。而就在这样的一个命题中，斯宾诺莎明确地将样态看作神的性质，这一点有力地说明了样态不仅仅内附于神，同时也是神的性质。当然还有一些其他文本也可以支持这一结论。首先，在我们试图证明样态内附于神时，我们引用了一些文本，其中一些也清楚地支持了样态是神的性质这一结论。在出自《希伯来语法纲要》的那一段文本中，斯宾诺莎指出分词与形容词的关系正如样态与属性的关系，这显然意味着样态就是（非本质的）性质。② 同理，在莱布尼茨对他与斯宾

---

① 斯宾诺莎在《伦理学》中至少三次是在严格的本己性质的意义上使用"性质"一词的（E1app II/77/22，E3defAff6e II/192/24，以及E3defAff22e），此外在TTP第4章（III/60/9）以及 Ep. 60 中也有这样的例子。E2d4中的"性质"也很有可能是在这一严格意义上使用的。在《伦理学》的现代译本中，雅各布·克拉茨金［Jakob Klatzkin］的杰出的希伯来语译本（1923）系统地发现且明确论证了 *proprietates* 的这一技术性含义。克拉茨金对E1p16d（以及上述其他文本）中的 *proprietates* 的翻译是 *segulot*，即中世纪希伯来文中的 *propria* 一词的对应物（我要感谢哈维，他向我指出了这一点）。关于中世纪希伯来传统中对于这一概念的使用，见克拉茨金的《词典》（*Thesaurus*），91-92。同时也参考科利在其译本中对于 *proprium* 一词的梳理（C 652）以及伽雷特，《斯宾诺莎的努力论证》，156-157n24。

② 见§3论证十一。

诺莎对话的记录中，他认为斯宾诺莎持有一种"悖谬"的观点，即所有事物只不过是神的"样态或偶性"，这意味着莱布尼茨也认为斯宾诺莎的样态就是谓述了神的性质（因为对莱布尼茨来说，偶性就是谓述了主体的性质①）。最后，我们已经指出，神与其性状（即样态）之间的关系正如身体与身体的性状（*corporis affectiones*）（即样态与修饰它们的样态的样态）之间的关系。②在E3p55d中，斯宾诺莎将情感③，比如身体或心灵的力量，看作谓述了（*praedicare*）人。④而如果说诸如这些力量一类的性状谓述了身体，那么神的样态与神之间的关系也应

---

① 见§3论证九（参考论证十）。在《论至高之物》中（574），莱布尼茨将"事物的偶性"定义为偶然的谓词（*praedicatum contingens*）。与之类似，在《普遍算术样本附录》（*Addenda to the Specimen of the Universal Calculus*）中，莱布尼茨将"偶性"定义为"个别肯定命题中名词主项的形容词谓项"（《逻辑学论文》（*Logical Papers*），46）。

② 见§3论证八。

③ "情感（*affectus*）即是身体或心灵的性状（*affectio*，即样态），它会增益或削减身体或心灵的行动的力量"（E3d3）。

④ "如果有任何行动的力量，或者（这是同一个东西）德性，是另一个人本性所特有的且不属于某人自己的本性，那么没有人会想要让它谓述自己[*praedicari cupiet*]"（E3p55c2d）。这里所讨论的是嫉妒，因此想让某些力量谓述自己的欲望并不是对拥有这些力量的名声的欲望，而是对确实拥有这些力量的欲望。谓述是这些力量本身的谓述，而非拥有这些力量的名声（即他人知道或将其描述为拥有这些力量）。的确，在TTP第1章（III/274），斯宾诺莎认为情感是从人的本性中得出的性质。

第一章 作为内附关系与谓述关系的实体－样态关系

当与之相同。①

---

① 我想给出的最后一个证据是E3p5，这一命题在努力（conatus）学说的发展中十分重要。我并不想在此详细地讨论这一文本，因为这会迫使我们考虑斯宾诺莎的逻辑观——一个吸引人但却困难的问题。

命题5：就一个事物能够摧毁另一个而言，它们具有相反的本性，这即是说，无法在同一主体中共存。[Res eatenus contrariae sunt naturae, hoc est, eatenus in eodem subiecto esse nequeunt, quatenus una alteram potest destruere]。

证明：因为，如果它们能够适宜彼此，或者说在同一主体中同时共存的话，那么在同一个主体之中就能够存在某种可以摧毁它的东西，而这（由命题4）是荒谬的。因此，原命题得证。

关于这一文本我们可以提出两个问题：首先，"在同一主体中存在"这一关系的意思是什么？显然，它的意思不能是在同一整体中无法存在相互冲突的部分，因为斯宾诺莎明确地讨论过，一些相互冲突的力量可以是同一整体的部分（比如一个国家中的敌对党羽）。其次，斯宾诺莎为何用了 subjectum 这一逻辑术语来描述一个事物在另一个事物之中这个事实？我们可以说，"事物"似乎并非属于可以在一个逻辑主项中存在的逻辑类别（因为在主项之中的应该是性质）。如果我对斯宾诺莎的理解正确的话，这一命题所处理的事实上就是逻辑主项，而他在此所说的实际上是一个主项不能具有相反的性质或样态，因为（这是我所理解的 quatenus 一词的作用）这对导致主项被从内部摧毁。样态"在主体之中"，当两个相反的东西同时内在于某第三物时，它们就不能是后者的样态，而只能是其部分（正如敌对党羽在其国家中的关系那样）。如果主体拥有两个相反的样态的话，那么逻辑矛盾就产生了，因为主项此时就会拥有两个相反的性质（注意斯宾诺莎对于"同时"[simul] 这一限定语的使用，它似乎来自对矛盾律的一般表述）。E3p5d中最吸引人的一点是，仅仅是某事态（此处即一主体拥有相反样态）构成矛盾这一事实本身似乎并不足以使得这一事态无法发生。使得某矛盾事态不具有可能性的必须是主体的内在毁灭（斯宾诺莎在E3p4中证明了这种内在毁灭不可能发生）。因此我怀疑，对斯宾诺莎来说，矛盾律实际上是更为基本的努力原则（E3p4）的后果。这一大胆的观点需要被仔细检查与澄清，而在此我们无法完成这一任务。不过，即使是对E3p5的初步讨论都似乎清楚地说明了，对斯宾诺莎来说，事物（就像性质一样）可以在一个主体/主项中存在，并且如果同一主体拥有相反事物的话，这就会（像同一主项拥有相反性质那样）导致矛盾。换句话说，斯宾诺莎似乎并没有排除事物（至少在某些语境下）是其他事物的性质这种可能性。关于对努力学说的极具启发性的全面探讨，见伽雷特的文章《斯宾诺莎的努力论证》。我认为我在这一脚注中所提出的几点与他的解释是一致的。具体而言，我认为伽雷特用技术性含义解读E3p6中的"在自身之中"[in se] 一句的做法是正确的。

第一部分　斯宾诺莎关于实体的形而上学

54　　关于这一问题我再说一点。斯宾诺莎通常被认为将因果过程与概念推演合而为一了。①如果我们意识到，对斯宾诺莎来说个别事物就是性质的话，那么这一做法背后的谜团也就在很大程度上消散了，因为将性质之间（比如本质与本己性质之间）的因果关系解释为概念推演，这比将事物之间的因果关系看作概念推演要容易得多。②

既然我们已经得出对于斯宾诺莎来说样态就是性质这一结论，我们也就能够回答这一立场是否蕴含范畴错误这个问题了。读者或许已经能够从我目前为止的论证过程判断出，我并不认为斯宾诺莎犯了范畴错误。他所持有的个别事物即是神的本己性质这一观点固然是激进、新颖、反常识的（所有这些都完全可以是好的哲学的特征，当然这取决于我们在哲学中寻求的是什么），但就我所见，其中并不包含任何范畴错误。如果个别事物不与性质属于同一个逻辑类别并因而无法作为性质的话，那么至少性质与事物就应当是两个泾渭分明、无法相互还原的范畴。③尽管这一区分在我们的日常语言中确实存在，但它在早期现代哲学家那里以及在当代关于性质的形而上学讨论

---

① 比如见科利，《论本内特的解释》，48；德拉·罗卡，《斯宾诺莎》，7-8；以及纽兰兹［Newlands］，《另一种斯宾诺莎式的一元论》（Another Kind of Spinozistic Monism）。

② 的确，斯宾诺莎从E1p16d所说的所有个别事物都从神的本质中作为本己性质得出这一点中推出的第一个结论即是，神是所有事物的动力因（E1p16c1）。

③ 如果比如拉什莫尔山一类的事物可以还原为某些性质，那么拉什莫尔山是一个性质这种说法也就不存在任何问题了。

第一章 作为内附关系与谓述关系的实体-样态关系

中却被彻底地挑战与颠覆了。

我们可以从笛卡尔开始。他认为不同存在物拥有不同程度的现实性或者物性,并且"现实性质或者说不完整实体"(如果存在任何这种东西的话)比样态更现实,但比完整实体更不现实:

> 我还很清楚地说明了,现实性是怎样具有程度高低的。实体比样态更具物性,而如果存在现实性质或者不完整实体的话,它们就比样态更具物性,但却比实体更少物性;最后,如果存在无限且独立的实体的话,它就比有限且不独立的实体更具物性。所有这些都完全是自明的。(第三组答复,AT VII 185,CSM II 130)

笛卡尔并没有明确地表达这一点,但这段文本背后的逻辑是,实体越完整,它就越现实并且更是一物(res)。因此,性质与事物之间似乎仅仅是程度之别,而非不可弥合的对立。与之相似,阿尔诺与尼可关于"实体的"样态[①]的说法也明确地拒斥了实体与样态间的清晰区分(这种区分会禁止将一种东西当成另一种)。早期现代最为著名的对于事物与性质区分的攻击是休谟对于实体概念的批判。根据休谟,实体只不过是性质的集束,而任何假设了这些性质的某种单纯基底的理论只不过是在

---

① 见§5。

第一部分　斯宾诺莎关于实体的形而上学

摆弄无理由的虚构而已。[1]最后，笛卡尔[2]与莱布尼茨[3]的一些文本似乎也表明，至少在他们哲学发展的某一时期，他们都认为实体与其本质性质的全体相等同。

在20世纪中，若干主要学者都论证了事物即是性质集束的观点。在其《意义与真理的探究》(*Inquiry into Meaning and Truth*)中，罗素认为"通常被称为'事物'的东西不过是诸如红、硬等等共存性质的集束。"[4]在当代诸个别性质理论中，[5]有

---

[1]　"因此，除了个别性质的集合以外，我们不拥有任何关于实体的观念，同时在我们谈论实体或对其做出推理时，我们也没有任何别的意思"(《人性论》，第1卷第1部分第6节)。参考第1卷第4部分第6节。

[2]　见笛卡尔的《与布尔曼的谈话》§22："属性确实与实体相同，但这仅是就它们的全体而言，而非就它们被个别地、一个个地考虑时而言。"但在同一篇谈话中，笛卡尔似乎做出了相反的论断（即"在描述了实体的属性之外，我们必须考虑到实体本身，即属性的基底"）(§25)。在其编者评论中，约翰·康廷翰[John Cottingham]认为，"笛卡尔并未真的认为在可观察性质背后现实地存在着某种'赤裸的隐蔽实体'"，并且对于笛卡尔来说，"当你创造了事物的所有属性时，你同时也就创造了实体"(78-79)。

[3]　根据一些解释，莱布尼茨的"概念中的谓词"学说（见《形而上学论纲》(*Discourse on Metaphysics*) §8）使得实体成为"它们谓词的全体"（见哈金[Hacking]，《个别实体》(Individual Substance), 138）。参考毕格罗[Bigelow]关于莱布尼茨式单子作为"可共有之性质的不可共有之集合"的观点（《个别物》(Particulars), 18），尽管显然并不是任意谓词的聚合都构成了实体。这一思路被莱布尼茨在18世纪的继承者沃尔夫与鲍姆加登所采用。

[4]　罗素，《意义与真理》，97。

[5]　个别性质（粗略来说）即是不普遍的性质或者说其主体所独有的性质（比如说"这堵墙的白"或者"帝国大厦的高"）。"个别性质"这个术语是威廉姆斯[Williams]创造的（见《存在的元素I》(Elements of Being: I), 115）。其他一些用来代指这些东西的术语是："环节"(momeut)、"抽象个别物"、"个别的性质"(properties)，和"个别的性质"(qualities)。

第一章 作为内附关系与谓述关系的实体 – 样态关系

一些更为激进（同时或许更为有趣①）的理论认为普遍物与个体都由个别性质构成。②普遍物即是相互之间完全相似的个别性质集束，而个体则是同时存在（或同时发生）的个别性质的集束。③因此谓词 φ 谓述个体 a 的意思不过是，φ 是 a 同时存在的个别性质集束之中的一部分。④

如果个体就是性质（个别或者普遍性质）的集束，那么事物（个体）与性质之间的这道所谓清晰的分界线就被彻底抹消了。⑤斯宾诺莎显然会拒斥我们方才所提到的很多观

---

① 个别性质理论的主要动机（至少在当代讨论中）是存在论上的经济性。这即是说，由于将个体与普遍物都还原为个别性质（或许还有"同时存在"与"确切相似"两种关系）的理论是最经济的，因此它有着巨大的优势（如果假设这种还原能够成功的话）。关于反对同时设定普遍物与个别性质作为原初概念的一个类似论证，见阿姆斯特朗［Armstrong］,《性质》(Properties)，168。

② 见威廉姆斯，《存在的元素I》，参考培根［Bacon］,《个别性质》(Tropes)。坎贝尔（《抽象个别物》(Abstract Particulars)）赞成威廉姆斯个体即个别性质的集束的观点，尽管他并不认为个别性质理论可以很好地解释普遍物的问题（133—135）。

③ 在很多个别性质理论中，"确切相似"与"同时存在"这两种关系是通过二阶语言定义的（尽管威廉姆斯（《存在的元素I》，120）拒绝了这一提议）。

④ 威廉姆斯，《存在的元素I》，113，117—119。

⑤ 梅罗［Mellor］与奥利弗［Oliver］认为个别性质理论"同意个别物与普遍物有着种类上的不同"（《性质》(Properties)，17）。至少对将个别性看作其所构成的个体之部分的个别性质理论来说，这并不如此。威廉姆斯在这一问题上非常明确："逻辑'类别'上的不同究竟意味着什么，特别是在个别性质哲学中，这一点还远不清楚；但所有人都同意，一个总和与其各项是同一类别，整体与其部分是同一类别，人与其手或腿是同一类别"（《存在的元素I》，117）。几行之后，威廉姆斯论证了个别性质与普遍物的关系正如部分与整体的关系（117—118），尽管他并未回答这种关系是部分-整体关系还是集合成员与其集合的关系。威廉姆斯大体持有对逻辑类型理论的批评态度。参见他对"如果 y '谓述了' x 或 '内附于'或 '刻画了' x，或者 x 是 y 的 '一个具体事例'，那么 x 与 y 之间就隔着一道独特的逻辑与存在论上的鸿沟"这种观点的批评（119）。在坎贝尔的理论中，这一点相比之下不那么清楚。坎贝尔有时似乎将"抽象"与"具体"之间的区分当作泾渭分明的，尽管他仍然坚持认为具体的个别物（个体）不过是抽象个别物或个别性质的总和（见《抽象个别物》，128）。

第一部分　斯宾诺莎关于实体的形而上学

点。① 具体来说，斯宾诺莎会强烈地反对不可分实体（就其为事物而言）是性质集束这种提议。② 不过这些都无关宏旨。我之所以会讨论这些理论，并不是因为它们可以"支持"斯宾诺莎的观点，而是因为它们可以说明将事物——比如拉什莫尔山——看作性质的观点远非胡扯或者范畴错误。如果科利想要进一步充实他的主张，那么他首先就需要对事物与性质属于两个不可相互还原的范畴或类型这一观点给出细致的辩护；然后他还需要证明斯宾诺莎也认为在事物与性质之间存在一道清晰的分界线。不过就我所知，我们有清楚的证据说明斯宾诺莎也拒斥了这种区分。

斯宾诺莎与我们刚刚讨论过的理论的一个重要共同点是他们都否认了赤裸个体的存在。如果个别事物不能被还原为它们的性质，那么（由于剩下的那个不可被还原的东西没有任何性质）我们似乎就不得不接受臭名昭著的"赤裸基底"的存在。但这种其本质与存在都无法被解释（因为它没有性质）的存在物，对于斯宾诺莎这种顽固的理性主义者来说是不可容忍的。③

---

① 对斯宾诺莎来说，每一个日常对象（比如椅子、猩猩、法国国王）都是神的性质（而非性质集束），但这种观点与当代集束理论的不同并不会削弱我的主要论点，即将事物看作性质并无范畴错误。

② 坎贝尔指出将个体事物看作"能够独立存在的最小单位"的这种观点是一种"历史悠久且根深蒂固的偏见"（《抽象个别物》，127）。显然，斯宾诺莎也同时持有这种认为个别性质不可独立持存的"偏见"，因为样态仍然依赖于实体。斯宾诺莎观点与个别性质理论的另一种可能冲突在于完全相似的个别性质，因为斯宾诺莎会基于不可分辨者的同一性（E1p4）拒斥这一观点。

③ 在这一点上我受惠于与迈克尔德拉·罗卡的几次讨论，特别是他对于斯宾诺莎式的理性主义的解释。

第一章 作为内附关系与谓述关系的实体 – 样态关系

的确,当斯宾诺莎谈到亚里士多德式的原初质料时——这是赤裸基底家族的最老成员——他对其只有冷嘲热讽。对他来说,"没有广延的有广延物"这一类说法,就像"没有任何思想的有思想物"(即意志)一样,只不过是一种字面矛盾罢了。①

在我们结束讨论之前,让我再简要处理一下另外两位辩护了传统样态观的学者的观点。查尔斯·加雷特[Charles Jarrett]与约翰·卡里耶罗(分别独立)提出,斯宾诺莎的样态是内附于实体的个别性质。②我同意斯宾诺莎的样态是实体的性质,并且斯宾诺莎也不认为普遍物具有现实性。对斯宾诺莎来说,普遍物只不过是一种心灵抽象物,它能让我们的想象借助一个模糊的表象表征很多事物进而补偿我们有限的想象力(E2p40s1)。③如果样态是性质并且不是普遍物,那么似乎它们显然就是个别性质。但问题要比这更为复杂。我先前指出,由

---

① 参考 CM II 12(I/280/18-32)。关于对赤裸个体的当代批评,可参考塞拉斯的论断(《科学,认知与实体》(*Science, Perception and Redity*),282-283),即赤裸个体的支持者赞同的是这样一种矛盾的观点,即拥有属性的事物实际上并无属性。

② 见加雷特,《实体与样态》,86,与卡里耶罗,《样态与实体》,256-259。正如上文所言,加雷特与卡里耶罗(分别独立)提出,科利错误地等同了内附与谓述,并且(如果我的理解正确的话)样态内附于实体但却并不谓述实体。他们应该是区分了"谓述x"与"是x的性质"(或许他们认为只有普遍物才能谓述事物)。但在我看来,既然斯宾诺莎在 E3p55c2d 中明确地使用了 *praedicare* 一词,我们就不应该认为在斯宾诺莎那里存在这种区分。本内特一开始认为个别性质这一概念是"胡扯"(《研究》,94),同时也拒绝将这一学说归给斯宾诺莎。最近他显然改变了他的观点,并既接受了个别性质理论也将其归给了斯宾诺莎(《向六位哲学家学习》,1:145)。

③ 参考 Ep. 2(IV/9/12-15),Ep. 19(IV/91-92),CM I 1(I/235/14-15),CM II 7(I/263/8),TdIE §99(II/36/18)。

第一部分　斯宾诺莎关于实体的形而上学

于斯宾诺莎显然不认为实体就是样态或个别性质的集束，那么他就无法接受现代的个别性质理论。但就算我们考虑的是经院哲学中对于个别偶性的理解（这一点被加雷特与卡里耶罗用来解释斯宾诺莎的样态），①仍有一些问题需要我们回答。这是因为对于斯宾诺莎来说，谓述的最终实体只有一个（即神），因此我们对个别性质与普遍性质的区分是否能够在这一理论中找到它的位置，这是值得考虑的。普遍性质与个别性质的区分一般被认为是可重复性质与不可重复性质的区分，但显然，一个斯宾诺莎式的样态并不会在第二个实体那里重复自己，因为实体只有一个，②但，如果存在多于一个实体的话，它或许就是可重复的。③

一种考虑这一问题的方式是看看对斯宾诺莎来说，样态的样态是否可重复（即神的两个样态可否分有同一个样态的样态）。尽管我倾向于认为，对斯宾诺莎来说，两个物体无法拥有同一个性状，我却并不知道有任何明确的文本可以排除掉这

---

①　亚里士多德式的非实体性个别物是不是个别性质，这一点历来为学者所争论。关于在这一问题上的不同观点，见阿克里尔（《范畴篇与解释篇》）、欧文（《内附》）以及弗雷德［Frede］（《论文集》（*Essays*））。

②　同样，我们不能说神的同一个样态在两个时间位置上重复自己，因为在这种情况下，这两个所谓的样态事例仅仅通过它们的时间索引词而被区分，但斯宾诺莎却否认了时间与时长（以及数字）属于任何事物的本质（E1p8s2以及E3p4d），并且认为事物只能通过本质区分彼此（E1p5）。

③　在这种情况下，样态就似乎是普遍物，并且斯宾诺莎对于普遍物的批判也不适用于它，因为它并不是用来帮助我们的有限记忆的抽象物。

第一章　作为内附关系与谓述关系的实体-样态关系

种可能性。①另一种解决这一问题的方式是，我们可以更仔细地思考一下实体A与实体B分有同一样态m的这种情形。让我们假设样态m发生了某种变化。这一变化的原因可以来自两个实体中的任意一个。但如果A是m中变化的原因的话，那么A就是实体B中变化的原因（因为m同时也是B的样态），但斯宾诺莎却明确地否认了实体之间有任何因果互动（E1p6d）。由此我们得出结论，样态无法被两个实体所分有，因而它是一种无法重复的性质。

不过，在我们得出样态就是个别性质的结论之前，我们应该首先澄清我们对于"个别性质"概念与事物-性质区分之间关系的理解。如果我们认为个别性质在事物与性质的明确区分中属于性质一方，那么我们似乎就不应该将斯宾诺莎的样态描述为个别性质，因为我们拥有的所有证据都说明斯宾诺莎认为样态既是事物也是性质（这也就是说他有意识地瓦解了事

---

① E3p57s似乎是在这一语境下的重要段落，但它的意思却模棱两可。一方面，斯宾诺莎谈到了属于一类事物的情感，比如"人的性欲"以及"马的性欲"（这似乎使得同一种性欲能够在同一物种中重复自己），但另一方面，他却认为"一个［个体］的本质与另一个的本质有多不同，他的快乐与另一个的快乐就有多不同"，这一论断似乎使得每个情感都是仅属于其个体的个别物。我倾向于将斯宾诺莎所说的"马的性欲"当作一种不严格的说法（或者他仅将"马的性欲"当作是从我们在马中发现的各种性欲中抽象出的抽象物），但我并不想仅在这一文本的基础上就对样态的样态是否可重复这一问题下最终判断。如果我的理解正确的话，这里的部分问题在于，斯宾诺莎并没有清楚地区分那些属于身体的本己性质的样态（这些应当是不可重复的）以及那些身体仅仅是其部分原因的样态。在后一种情况中，我们可以将《伦理学》第二部分中对物理学的简短讨论提出的第一条公理（II/99）解释为允许（非本己性质的）样态的样态在多于一个主体中存在。

物与性质之间的区分）。但如果我们将个别性质看作某种跨越甚至是抹消了事物与性质之间区分的存在物的话（正如D. C. Williams对于个别性质的看法一样[①]），那么样态就可与个别性质相等同。

因此我们的结论是，在对于个别性质理解适当的情况下，样态可以被等同为个别性质。

另外一个试图辩护样态谓述实体这一观点的有趣路径是本内特的场形而上学。本内特试图解释物体如何能够被合理地看作谓述了实体。他提出，有广延的样态是位置-时间的连续序列。正如暴风雨的运动只不过是拥有某些性质的空间区域在时间中的连续序列，拿破仑与拉什莫尔山也只不过是具有某些性质的空间区域在时间中展开的序列而已。[②] 现在，我认为斯宾诺莎对于有广延的样态作为实体性质的看法应该与之类似。[③] 此外我也同意本内特关于他的场形而上学与样态是个别性质这

[①] 见第105页注释注②。

[②] 见本内特，《研究》，89-90以及《向六位哲学家学习》，1：142-144。

[③] 我并不同意本内特将有广延实体等同为空间的做法。空间，就其具有区域而言，是可分的；而本内特关于空间的不可分性的解释（《研究》，85-88）看起来比斯宾诺莎关于实体的不可分性的看法要弱得多。就我所知，广延既没有现实部分，也没有潜在部分，但空间区域却似乎是空间的潜在部分。如果我对斯宾诺莎的理解正确，空间只不过是广延的一个（直接或者间接）无限样态。因此，尽管我同意用场形而上学解释有广延的样态的这一基本路径，但我认为它仅仅应当被应用于广延的无限样态，而让广延属性本身保持完全不可分。在这一解释下，空间的区域（比如物体）只不过是一个性质的部分（即广延的一个无限样态的部分）。关于本内特的一个相似批评，见施马茨，《斯宾诺莎论真空》。

一点相吻合的说法。①但本内特的场形而上学仅仅解释了样态如何能够相对于实体的无限多属性之一（即广延）而被看作性质。我们仍然需要对这一问题进行更一般的解释。我希望，通过我们目前为止所做的工作，我们已经向最终给出这一解释迈出了重要的一步。②

结论

我们对一系列重要文本的细致考量说明，斯宾诺莎将个别事物，比如拉什莫尔山和拿破仑，看作内附于神的样态，并且斯宾诺莎是一位泛神论者。我提出，贝尔对斯宾诺莎所持有的个别事物是神的样态这一观点的三个反驳实际上来自于他对斯宾诺莎的某些误解，比如恶与神的不可变性问题上的传统观点归给斯宾诺莎，尽管他实际上拒绝了这些观点。我还论证了斯宾诺莎将样态（比如拉什莫尔山）不仅仅看作内附于神，还认为它们是神的性质。具体而言，我提出，对斯宾诺莎来说拉什莫尔山以及所有其他有限样态都是神的本己性质。最后，我指出，斯宾诺莎所持有的拉什莫尔山内附于神并且是神的性质这一观点并没有犯下任何范畴错误。它毫无疑问是一个大胆且

---

① 见本内特，《向六位哲学家学习》，1：145。
② 我不同意本内特的另一点是，他认为"斯宾诺莎的'样态'属于事物与性质区分中的性质这一边"（《研究》，92）。正如我先前所说，我并不认为我们有任何理解相信斯宾诺莎在事物与性质之间做出了清晰区分，并且他从未在将样态称为"事物"（res）时犹豫过。

有趣的观点,但它远非胡扯。即便斯宾诺莎的形而上学是狂野的,我认为观察这匹野兽也远比驯服它要更有趣且有益。

科利对于斯宾诺莎实体-样态关系的大胆解释在历史与哲学上的意义是难以掩盖的。这一解释之所以重要,不仅仅是因为它让斯宾诺莎在分析哲学内部也成为了一位可尊敬的哲学家,并且为学术写作的清晰与精确奠定了严格的标准,最重要的是,它所具有的力度可以迫使人们仔细思考——而非复述——斯宾诺莎。正如读者所见,我的解释与他的解释有着很大不同,但正如最基本的公平原则要求我们承认我们所受的帮助,此处我借用最初被陀思妥耶夫斯基用来形容伟大的俄罗斯作家果戈理的说法也似乎并无不妥,即"我们都是从他的《外套》中走出来的"。

第二章　内持因、无世界论及"神的样态"与"属性的样态"之间的区分

在第一章中我确立了样态对于实体的内附关系，而在这一章中我要澄清与斯宾诺莎对实体-样态关系的看法相关的另外三个重要问题：内持因的概念、德国唯心论者所提出的一种认为斯宾诺莎否认了有限物的现实性并且复兴了爱利亚学派的激进一元论的解读，以及属于个别属性的样态与属于所有属性的样态之间的区分。

§1 内持因

在之前一章中，我们讨论了科利的"错误的逻辑类别"论证以及引自贝尔的三个论证。除了这些论证之外，科利还提出，在斯宾诺莎认为神是所有事物的原因（E1p16c1）这一前提下，将个别事物看作神的性质将会导致一个奇怪的结论。如果样态是神的性质并且神是所有样态的原因，那么神就是他所

有性质的原因。但科利问道，"一个主体何以能够因致自身使其具有其所具有的性质？性质与其主体之间的内附关系怎么能够和结果与其原因之间的关系有任何相似之处呢？"①我们或许会说，主体有能力产生其所具有的性质，这没什么神秘的。比如我按一下我的鼻子，然后因致我的性质之一发生变化。②但是，如果我对于科利的意图理解正确的话，问题并不在于两种关系间的偶然重叠，而是实体-样态关系与（某种类型的）因果性之间在斯宾诺莎那里的系统性重叠。当然，我们可以说神既是所有样态内附的主体，也是所有样态的原因，但这样一来这两种角色就被完全地分离开了。③尽管此种巧合对于斯宾诺莎这样的严格理性主义者来说或许有些不同寻常（因为这一所谓的巧合需要被解释），它却不应被马上拒斥掉。

伽雷特给出了一个合理的建议，即"斯宾诺莎称为'内持因果'的关系蕴涵了内附关系，而他所说的'传递因果'则没有。"④因此，根据伽雷特，对科利问题的回答其实比较简

---

① 科利，《几何学方法背后》，36。

② 在《论本内特的解释》中，科利用一种略微不同的方式提出了相同的疑问："如果实体根据定义是因果上自足的某物，而样态根据定义是因果上依赖于他物并最终依赖于实体的某物，那么我们就需要对实体何以能够是其样态的原因做出一些解释……每一个斯宾诺莎的解释者都同意，斯宾诺莎将因果关系与逻辑推论关系结合了起来，而事物的性质何以能够从仅仅被看作谓述主体的事物自身中得出，解释清这一点并不容易"（48）。如果斯宾诺莎的实体仅是一种无形的赤裸基底的话，这一更强版本的问题（"事物的性质何以能够从仅仅被看作谓述主体的事物自身中得出"）就会很难回答了。但正如我会在本章第1节中论证的那样，斯宾诺莎的实体无法与其属性相分离，因为那样一来它就会变得无法理解。

③ 见卡里耶罗，《样态与实体》，260。

④ 见伽雷特，《斯宾诺莎的努力论证》，157n31。

第二章 内持因、无世界论及"神的样态"与"属性的样态"之间的区分

单:内持因果就是统一了内附与因果的关系。伽雷特的观点可以从《伦理学》对内持因与传递(transiens)因的区分中得到支持:①

> E1P18:神是所有事物的内持因,而非传递因。
> 证明:所有存在之物都在神之中,并且必须通过神而被构想(由命题15),并且由此(由命题16推论1)神是[NS:所有]在其之中的事物的原因。这是第一点[需要证明的东西]。其次,在神之外不能存在任何实体(由命题14),这即是说(由定义3)在神之外且在自身之中的东西。这是第二点。因此,神是所有事物的内持因而非传递因。证毕。②

"第一点需要证明的东西"(即神是所有事物的内持因)以两个之前的结论为前提:所有事物都在神之中(即内附于神)(E1p15),以及神是所有事物的动力因(E1p16c1)。因此内持

---

① 拉丁语causa transiens被科利翻译为transitive cause。伽雷特稍有不同地将之译为transient cause。

② 在OP之中,这一证明的部分仅见于书后的勘误表中。而在之后的版本中,这些都被加进了正文中。由于这一文本与KV中对于内持因的讨论是吻合的,并且在没有它的情况下E1p18d几乎无法理解,我认为我们没有理由怀疑其真实性。感谢拉尔克、皮特·斯坦贝克斯[Piet Steenbakkers]以及莫侯[P.-F. Moreau]对于这一问题的澄清。(OP指的是斯宾诺莎死后出版的拉丁文版《遗作》,NS指的是同时代出版的荷兰语版《遗作》,后者大部分为依据当时在斯宾诺莎朋友圈里流传的手稿的翻译——译者)。

第一部分　斯宾诺莎关于实体的形而上学

因似乎就是内附与动力因的结合。^①与之类似，在《短论》中斯宾诺莎也给出了对动力因种类的八重分类，这种分类在其时代很常见。^②其中之一即是内持因与传递因之间的区分。^③因此，如此看来内持因毫无疑问就是动力因的一种。但在此我们却遇到了一个难题。正如卡里耶罗所指出的，样态（或偶性）对其实体的内附在传统上与质料的因果有关。^④比如苏亚雷斯就提出，"神使偶性依附于主体，尽管［偶性对于主体的依附］是质料因的一种。"^⑤的确，斯宾诺莎在17世纪晚期及18世纪的一些读者都因为斯宾诺莎的神是所有事物内附的主体而认为他持有一种臭名昭著的异端观点，即神是世界的质料因。贝尔

---

① 同样，在Ep. 12结尾我们也能发现斯宾诺莎关于"通过其所内附［inhaerent］的原因之效力"而无限之物的说法（IV/61/2-3）。这里他也将内附与因果合而为一了。

② KV I 7（I/35/20）。这一区分也见于伯格斯戴克［Burgersdijk］流行于当时的手册《逻辑学教学纲要》（*Institutionum Logicarum Synopsis*）。见沃尔夫［Wolf］，《斯宾诺莎的〈短论〉》（*Spinoza's Short Treatise*），190-191。《皇家港逻辑》（III 18）给出了一个与伯格斯戴克的分类部分重叠的对动力因的分类，虽然与后者不同，它没有包含传递因与内持因之间的区分。根据威斯诺夫斯基［Wisnovsky］的很有说服力的文章《阿维森纳的区分》（Avicenna's Distinction），内持因与超越的动力因之间的区分在亚里士多德《论动物的生成》（724a31-35）中就已经出现了，并且这一区分的不同形式（尽管并不一直被当作动力因内部的区分）也曾被新柏拉图主义的评论者所广泛探讨。以上应当使我们认识到对这一区分的历史的更广范围研究的重要性，特别是对伯格斯戴克所依赖的思想资源。

③ KV I 3（I/35/20）。

④ 卡里耶罗，《样态与实体》，254，260。

⑤ 苏亚雷斯，《形而上学论辩集》，XV，119。关于对阿奎纳的相似观点的讨论，见卡里耶罗，《样态与实体》，254n18，260，以及约翰·威普尔［John F. Wippel］，《形而上学》（Metaphysics），109。

第二章　内持因、无世界论及"神的样态"与"属性的样态"之间的区分

写道，"根据斯宾诺莎，受造物在神之中的方式要么就像结果在其质料因中那样，要么［ou］就像偶性在其内附的主体中那样，要么［ou］就像烛台的形式在组成它的锡中那样"。[①] 相似地，所罗门·迈蒙［Salomon Maimon］（1753—1800）——一位不那么有名但却同样吸引人的哲学家——提出斯宾诺莎就像卡巴拉学者那样将神看作所有事物的质料因，因为斯宾诺莎认为神是"所有事物的……最终主体。"[②] 有趣的是，我们能在斯宾诺莎的作品中找到这一观点的一些痕迹。在早期的《短论》中，斯宾诺莎提出，样态与其属性的关系正如与其属的

[①] 贝尔，《词典》，336/5:225。注意此处的连接词"要么"（ou）并不是表示不同的选项，而是同一个意思的不同表达方式。在斯宾诺莎词条的评论A中，贝尔指出斯宾诺莎所持有的神是所有事物内附的主体这一观点并不是新的，并且将其追溯到了几位将神看作所有事物的"质料"的哲学家那里。在这些哲学家中，贝尔提到了伊壁鸠鲁主义者亚历山大［Alexander Epicureus］、塞奥弗拉斯图的徒弟斯特拉托［Strato of Lampsacus］以及迪南的大卫［David of Dinant］（这三位哲学家中均未有著作传世，贝尔所依据的是大阿尔伯特及阿奎纳对他们的转述）。乔达诺·布鲁诺在这一耀眼名单中的确实是引人注目的。（评论A并未被波普金包括在其译本中——译者）。

[②] 迈蒙，《自传》（Lebensgeschichte），84（英译本105）。迈蒙自己在其早期的卡巴拉手稿《所罗门的欲望》（Hesheq Shelomo）以及1791年对迈蒙尼德《迷途指津》的评论中赞同神是世界的质料因这一观点。见我的文章《所罗门·迈蒙》（Salomon Maimon），79—88。在1676年，莱布尼茨也提到了"那些认为神自己是所有事物的质料"的观点（A VI 3，392；亚当斯［Adams］，《莱布尼茨》（Leibniz），124）。莱布尼茨当时所想到的是斯宾诺莎还是其他哲学家（比如斯多亚主义者），这并不清楚。在现代学者中，加雷特的观点非常接近于将斯宾诺莎的神看作质料因。他认为"毫无疑问，斯宾诺莎的唯一实体就是物质"，并且也推测道，或许"思想是由属于心灵的某种东西，或者能量所组成，正如物理对象由物质所组成"（《实体与样态》，102）。

第一部分　斯宾诺莎关于实体的形而上学

关系。①而对于亚里士多德来说，"属是被归于其下之物的质料"，②这种观点似乎在早期现代非常流行。③但斯宾诺莎从未说过实体（或者属性）是样态的质料因（或者质料）。事实上，斯宾诺莎甚至从未明确地使用过质料因（causa materialis）这个词。④

通过将内附与动力因——通过内持因的概念——合而为一，斯宾诺莎似乎背离了亚里士多德主义传统。亚里士多德主义者将动力因与目的因都看作外在原因，而质料因与形式因则是内在原因。⑤与之相对，斯宾诺莎则认为，"在我看来动力因既可以是内在的，也可以是外在的。"⑥斯宾诺莎对动

---

① 在他讨论定义时，斯宾诺莎区分了属性的定义和"那些并不通过自身存在而仅仅通过它们是其样态的属性存在、并且只能通过这些属性——如同通过它们的属一样——而被理解的事物"的定义（KV I 7, I/47/4-6；黑体为后加）。
② 《形而上学》，1058a22-23；同样见波斐利，《导论》15.7："属就像质料，而种差就像形式"。参考11.15-17。
③ 见苟克勒涅［Goclenius］，《哲学词典》（Lexicon Philosophicum），669（"质料在类比的意义上是逻辑上的属"）。同样，在《纯粹理性批判》中，康德写道，"逻辑学家之前将普遍称为质料，而将种差称为形式。"（A266/B322）。
④ 在CM II 7，斯宾诺莎对比了"不得不在自身之外寻求质料"的建造者以及"不在自身之外寻求质料"的神；而后者之所以如此，乃是由于"事物的本质和存在都由他的理智或意志中造出"（I/262/13-15）。后一句可以被解读为将神的理智或意志当成了世界由其所成的质料。阿尔诺与尼可对"质料因"的定义将其作为"事物由其所成的东西"（《皇家港逻辑》III 18）。因此《形而上学思想》中的这段文本似乎是斯宾诺莎作品中与神是世界的质料因这一观点最为近似的一处。
⑤ 比如见苏亚雷斯，《形而上学论辩集》，XVII, 3。
⑥ Ep. 60（S 913）。进一步，在同一封信中，斯宾诺莎还认为神的定义必须表达他的动力因。这显然意味着神也有动力因。而既然无物在神之外，那么神的动力因也必须是内持因（即神自身）。因此斯宾诺莎版本的自因就是一种内持的动力因。

第二章　内持因、无世界论及"神的样态"与"属性的样态"之间的区分

力因概念进行如此拓展的原因并不十分清楚。[①]这或许是因为他要使神成为（内在于神的）样态的动力因。但正如卡里耶罗所指出的，阿奎纳以及其他中世纪亚里士多德主义者都认为实体"对其偶性的外在性足以使［实体］是偶性的动力因这一点变得可以理解。"[②]斯宾诺莎似乎拒斥了这种外在性的弱的标准，并且由此使得动力的因果性可以成为内在的因果性。

我们或许还会疑惑，为何斯宾诺莎并未提到在传统上与内附关系相联系的质料因果性。我怀疑或许对斯宾诺莎来说，质料因这一术语和亚里士多德主义中的原初质料概念联系过于紧密了，而后者恰恰为斯宾诺莎所鄙夷并被他讥讽为某种虚构的、自相矛盾的"无广延的有广延物"（CM II 12, I/280/19、

[①] 在我另一篇尚未出版的文章《斯宾诺莎的怪物因》（Spinoza's Monster Cause）中，我论证了对斯宾诺莎来说几乎所有因果性都是动力因意义上的因果性，尽管他在很大程度上拓展了动力因概念以便能够使其囊括其他几种亚里士多德主义的原因的功能。最近几位学者提出，斯宾诺莎的原因概念主要是亚里士多德主义的形式因概念（见卡侯［Carraud］，《原因或理由》（Causa sive ratio）以及维亚南［Viljanen］，《斯宾诺莎的力量几何学》（Spinoza's Geometry of Power））。这一提议背后有很多问题，比如斯宾诺莎几乎从未提到过这一概念，并且当斯宾诺莎讨论实体形式概念时，他对其只有奚落（见Ep. 13, IV/64/31以及CM II 1, I/249）。我无法在此充分地讨论这一问题，但就我所知而言，斯宾诺莎将传统上属于形式因的功能还原为了本质与其本己性质之间的动力因（这正如他将目的因果性还原为了努力（conatus）的动力因果性）。关于对卡侯说法的讨论，见我对他的书的评论。

[②] 见卡里耶罗，《样态与实体》，259–260。

32）。① 如果斯宾诺莎说神是世界的质料因的话，我们就有可能将这一主张理解为神是某种赤裸的、无形的基底（就像原初质料一样）。这是对斯宾诺莎观点的很大误解。的确，正如我们将在下节所见，常见于德国唯心论者中的这种解释，它将斯宾诺莎的神看作没有任何规定性的。不过在我们开始澄清这一"错误"之前，让我们先总结一下在此节中我们学到了什么。

斯宾诺莎的内持因是一种动力因，并且将后者与内附关系相结合。我们需要注意到，动力因果关系并不一定伴随着内附关系，因为斯宾诺莎也承认另一种动力因果性——传递因——的存在，这种原因的结果并不在原因之中（或者至少不完全在原因之中）。② 因此动力因果性并不一定蕴涵内附关系。现在让我们考虑其逆命题：内附关系是否蕴涵动力因果关系呢？我们已经看到，根据E1p16，样态是从神的本质中得出的本己性质。在E1p16c1中，斯宾诺莎从这一点中推出了神是其样态的动力因。因此，似乎对于斯宾诺莎来说，x从y中得出就蕴涵

---

① 参考CM II 10（I/270/13）。另外一种可能是，如果斯宾诺莎将神作为世界的质料因的话，那么由于质料在传统上被认为是被动的，神便会失去一切主动性。但如果我们仔细考察16世纪关于质料的讨论的话，我们就会发现质料越来越被认为是主动的。这一点不光在比如布鲁诺这样的异端的著作中是如此（他将质料看作属神的，并且是形式的生成者），即便是在主流作品中也是如此（比如苏亚雷斯的作品）。关于布鲁诺对质料的讨论，见《论原因、本原与太一》中的第四个对话。关于苏亚雷斯论质料的因果力，见《形而上学论辩集》，XV，54-55。

② 在KV中，斯宾诺莎似乎将内持与传递这一对原因概念的区别看作一种程度上的区别（见II 26，I/111/29-30："……它们与内在结果最为相近"）。

第二章　内持因、无世界论及"神的样态"与"属性的样态"之间的区分

着x与y之间的动力因果。① 因此，对任何事物x来说，x的本质都是其本己性质的动力因。不过除了神之外，所有事物都拥有并不是仅仅从其本质中得出的性质（它们是从外在原因中得出的）。而这些仅仅部分地由其本质② 因致的性质，也只能内附于它们的主体。因此，似乎内附关系蕴涵了动力因果关系，但其逆命题却并不成立。

现在让我们回到科利一开始的问题。我们对其的总结性回答可以是，内附关系与内持因果关系中结果与原因的关系有部分重叠；的确，神必须是内持因，而非传递因，"因为他所做的任何事都是在其自身之中、而非在其自身之外完成的，因为在他之外不存在任何东西。"③

§2 样态的现实性：对于斯宾诺莎的无世界论解读，以及它为什么是错的

（一）爱利亚的本尼迪克特

在斯宾诺莎死后不久，有几位作者就已经提出，斯宾诺莎的哲学复兴了古代爱利亚学派的一元论，这种一元论拒斥了变化以及多样化的现实性。贝尔在其词典的若干段落中明确地提

---

① 这一点也意味着，对于斯宾诺莎来说，动力因（比如说神的本质）并不一定要比其结果（在时间上）在先。
② 见E3d2，斯宾诺莎说，即使在我们被作用时，我们的本性（或本质）仍然是部分的原因。
③ KV I 3（I/35/20）。

127

第一部分　斯宾诺莎关于实体的形而上学

出了这种联系,①而莱布尼茨则（在反驳马勒伯朗士时）认为,"所有事物只是那所谓唯一恒定实体的某种流逝或流动的样态或想象"这种观点是"最具恶名的学说,一位着实机智但却渎神的作者在最近几年将这一学说强加给了世界,或者至少将其复兴了。"②没有什么疑问的是,这位"着实机智但渎神"的作者就是斯宾诺莎;并且,这种被复兴的学说很有可能就是爱利亚学派的学说。

在近一个世纪之后,当德国唯心论出现时,斯宾诺莎所持有的就是爱利亚学派一元论这种观点已经成为标准观点。③比

---

① 见"色诺芬尼"及"爱利亚的芝诺"（评论K）词条。斯宾诺莎自己在第73封信中所说的他"与所有古代哲学家"（cum omnibus antiquis Philosophis）在所有事物都在神之中这一点上一致这种说法或许会使读者以为,斯宾诺莎自己将其观点与爱利亚派学者相联系。但是斯宾诺莎对于芝诺反运动现实性论证的讨论是极具批判性的（DPP 2p6s, I/192-196）并且清楚地捍卫了运动与变化的现实性。

② 《论自然本身,或受造物内附的力和行动》（De Ipsa Natura）（《莱布尼茨哲学作品集》第4卷第508页;罗姆克［Loemker］英译本第502页;黑体为后加）。参考亚当斯,《莱布尼茨》,132。莱布尼茨在其他一些文本中也将斯宾诺莎也爱利亚学派哲学联系了起来,见其对奥登堡于1676年10月的信的注脚（Gerhardt VI-3, 370）,以及《论中国人的自然神学》（Discours sur la théologie naturelle des Chinois）（1716）。感谢拉尔克提供的后一个出处。

③ 比如参见迈蒙的《哲学漫步》（Streifereien）, 40-41（《全集》（Gesammelte Werke》第4卷62-63）:"斯宾诺莎追随了巴门尼德认为'只有被理智所把握的现实才是存在的,而与这种现实通过某种有限方式相连的仅仅是一种对于现实的限制与否定,它无法拥有任何存在。'"同样,叔本华也反复声称"斯宾诺莎不过是爱利亚学派的复兴者"（《附录与补遗》I, 71、76-77）。在这一语境中的一步有趣作品是卡尔·海因里希·海登来希［Karl Heinrich Heydenreich］的《斯宾诺莎论自然与神》（Natur und Gott nach Spinoza）（1789）。这本书通过巴门尼德与色诺芬尼对话的形式详细探讨了斯宾诺莎的哲学及其在当时的解释。我不知道在这一时期（大约从1790年到1840年）中有任何主要讨论没有指出这种联系。

第二章　内持因、无世界论及"神的样态"与"属性的样态"之间的区分

如黑格尔就多次明确指出这一点：

> 巴门尼德将存在与真理的反面看作幻象与意见；同样，斯宾诺莎也将其看作属性、样态、广延、运动、理智、意志，等等。①
>
> 这总体而言就是斯宾诺莎式的观念，它与爱利亚学派那里的"存在者"是同一个东西[*Dies ist im ganzen die Spinozistiche Idee. Es ist dasselbe, was bei den Eleaten das ón*]……斯宾诺莎对于这种统一性的证明远不如古代人所做的那样有说服力；但斯宾诺莎的思考方式的伟大之处就在于，他能够弃绝所有有规定的、个别的东西，并使自己的注意力仅仅聚焦在这唯一的存在者之上。②

这一观点被广泛接受的一个重要契机在于当时对斯宾诺莎的一种新理解，即他是一位激进的宗教思想家，他的立场与无神论立场恰恰相反。根据这种理解——这是由迈蒙在1792年首先提出的③——斯宾诺莎并未否认神的现实性，而仅仅否认了有

---

①　黑格尔《逻辑学》，98；参考84。
②　黑格尔，《哲学史讲演录》，3：257—258；参考1：244以及《宗教哲学》，1：376。
③　认为斯宾诺莎消灭了个别事物的观点首先有雅可比在《论斯宾诺莎的学说》(*Über die Lehre des Spinoza*)(1785，1789)中提出。尽管迈蒙毫无疑问曾阅读过雅可比对斯宾诺莎的讨论（并且黑格尔显然受到雅可比关于斯宾诺莎的论著的强烈影响），但雅可比是否跟迈蒙和黑格尔一样将无世界论立场归给斯宾诺莎，这一点并不清楚。雅可比只在很少几处提出，对斯宾诺莎来说与有限事物并不现

第一部分　斯宾诺莎关于实体的形而上学

限物及多样化的世界（"宇宙"）的现实性：①

在斯宾诺莎的系统中，一是现实而多则仅仅是虚幻。在无神论系统中恰恰相反，即多是现实并且根植于事物本性，而我们在自然的秩序及规律中观察到的一则仅仅是偶然；通过这种一，我们确立自己武断的系统，以便求得知识。

无论如何我们都无法将斯宾诺莎的系统变为无神论系统，因为这两个系统彼此正相反。无神论否认神的存在，而斯宾诺莎则否认世界的存在。斯宾诺莎主义应当被称为"无世界论"。②

实（即是非存在者）(《哲学作品集》(*Philosophical Writings*)，220-221 §§xii 和 xix；《全集》I，1，100，102)，并且这一问题在其对斯宾诺莎的解读中远不如它在迈蒙和黑格尔那里重要。此外，雅可比认为斯宾诺莎的严格且融贯的理性主义会导致无限者及有限者的消灭（即它会导致虚无主义及无神论）。迈蒙或许想到了雅可比的观点，但却使它偏离了雅可比的本意；迈蒙认为，斯宾诺莎是一位激进的宗教思想家，即他否认了除神之外的所有事物的现实性。关于对雅可比论斯宾诺莎系统中有限物的现实性的讨论，见弗兰克斯［Franks］，《全体或无》(*All or Nothing*)，10，95，170。

① 迈蒙在他移民德国之前第一次读到斯宾诺莎作品时所写的（主要在1778年）希伯来语手稿中赞同了这种观点（"无世界论"）："除了神——愿他得到祝福——的存在之外不可能设想任何其他存在，不管是实体的还是偶性的存在。并且这就是先前提到的统一性［即神在所有四种方面——形式、质料、动力、目的——的意义上都是世界的原因］的秘密所在，即，只有神——愿他得到祝福——存在，并且除他之外没有任何东西具有任何存在"(《所罗门的欲望》，139；强调为后加)。参考我的文章《所罗门·迈蒙》，79-80。

② "Es ist unbegreiflich, wie man das spinozistische System zum atheistischen machen konnte, da sie doch einander gerade entgegengesetzt sind. In diesem wird das Dasein Gottes, in jenem aber das Dascin der Welt geleugnet. Es wüβte also eher das akosmische System heiβen"(《自传》，217；着重为后加)。这一段像其他的理论段落一样，在默里（Murray）的译本中被省略了。当前的译文是作者翻译的。《自传》，217。

第二章　内持因、无世界论及"神的样态"与"属性的样态"之间的区分

有趣的是，迈蒙不仅将斯宾诺莎的观点与无神论相对比，还将其与莱布尼茨的观点相对比。后者被认为不过是斯宾诺莎主义与无神论之间的折中，即它同时承认神和多样化的世界的现实性。[①]（毫无疑问，没有哪个莱布尼茨主义者会乐意被描述为比斯宾诺莎更偏向无神论。）迈蒙的这些观点使得斯宾诺莎的形象发生了剧烈的变化，并且在接下来的四十年中，我们会一次又一次地看到这些观点的后继者。[②]在整个18世纪被言之凿凿地谴责为无论神者的斯宾诺莎现在却成了一个"醉心于神的人"，[③]他的系统中"神太多了"（zu viel Gott）。[④]黑格尔对于无世界论解释的认同对斯宾诺莎在19世纪及20世纪初欧陆及英

[①] 迈蒙，《自传》217。

[②] 黑格尔，《宗教哲学》1：432："对斯宾诺莎来说，绝对者就是实体，而没有存在归于有限者；他的立场因此就是唯神论及无世界论。因此在严格意义上只有神存在，而世界并不存在；在这种立场中有限者没有真正的现实性。"关于黑格尔的相似主张，见1：377；《哲学史讲演录》，3：382；《小逻辑》，10，97，226-227。关于黑格尔对于同时肯定神以及有限物的世界的现实性的"流行"观点的批判，见《哲学史讲演录》，3：280-281："理性无法满足于这种'以及'，无法满足于这种两可态度"（Die Vernunft kann bei solchen auch, solcher Gleichgültigkeit nicht stehenbleiben）。

[③] 诺瓦利斯，《文集》（Schriften），3：651。

[④] 黑格尔，《哲学史讲演录》，3：282；参考卡尔德［Calder］，《斯宾诺莎》，53-54。沃尔夫森［Wolfson］是20世纪中这一解释的著名支持者（见《斯宾诺莎的哲学》（The Philosophy of Spinoza），1：146）。关于对沃尔夫森解释的批评以及其中几个正确论点的评估，见我的《斯宾诺莎形而上学的构成要素》，§2。

第一部分 斯宾诺莎关于实体的形而上学

国的形象有着巨大且持久的影响。[①]

将斯宾诺莎与爱利亚一元论相等同的前提之一是消除斯宾诺莎文本中任何多样化的成分,而这正是德国唯心论者所做的事情。[②]属性的多样被看作仅仅主观的,它仅来自人的理智并且不具有任何现实基础。[③]时间、过程(becoming)及变动都被排除了(部分是由于它们被认为与斯宾诺莎所赞同的无物生于无(ex nihilo nihil fit)这一原则相矛盾),[④]并且最终——这也是与我们的话题最为相关的一点——斯宾诺莎的样态被仅仅

---

① 在英国唯心论者那里存在一种在某些方面削弱无世界论解释的倾向(比如约阿希姆有时就说样态仅"部分是幻象"[《研究》, 112]),但这种解释的总体框架是卡尔德及约阿希姆所接受的。关于卡尔德及约阿希姆对斯宾诺莎的黑格尔主义解读,见帕金森[Parkinson],《斯宾诺莎与英国唯心论》(Spinoza and British Idealism)。将斯宾诺莎与爱利亚学派等同的做法在科耶夫[Alexandre Kojève]对"巴门尼德-斯宾诺莎的无世界论"的讨论中到达了顶峰(《黑格尔哲学导论》, 106n3, 123-135)。

② 在下文中我会集中于黑格尔对斯宾诺莎的讨论,因为它最细致且最有影响。但黑格尔与他的同时代唯心论者在这个问题上存在少数几个分歧。关于对斯宾诺莎在德国唯心论形成过程中所扮演的角色的哲学性探讨,见弗兰克斯,《全体或无》, 84-145。关于对黑格尔与斯宾诺莎关系的有益概览,见施密茨[Schmitz],《黑格尔对斯宾诺莎的评估》(Hegel's Assessment of Spinoza)。同时也见马舍雷[Macherey]的《黑格尔或斯宾诺莎》(Hegel ou Spinoza),它站在斯宾诺莎的立场上对黑格尔的批判做了有趣且全面的回应。关于对斯宾诺莎与德国唯心论之间的哲学对话的细致讨论,见福斯特[Förster]与我编辑的《斯宾诺莎与德国唯心论》(Spinoza and German Idealism)。参考沃尔特[Walther]编辑的《斯宾诺莎与德国唯心论》(Spinoza und der deutsche Idealismus)。

③ 见黑格尔,《哲学史讲演录》, 3:269;《逻辑学》, 98, 538。

④ 黑格尔,《逻辑学》, 84关于斯宾诺莎哲学中时间的"单纯显现",见黑格尔,《信仰与知识》(Faith and knowledge), 105-106。参见约阿希姆,《研究》, 121。

第二章　内持因、无世界论及"神的样态"与"属性的样态"之间的区分

看作虚构物。

如果我们检查一下黑格尔将斯宾诺莎式的样态看作幻象的理由的话，似乎他所给出的主要辩护如下：① 黑格尔反复强调，对斯宾诺莎来说样态没有独立的存在或现实性。② 黑格尔的这一观点显然是对的。根据黑格尔，样态对于实体的依赖关系的一个明显特征是，如果样态是现实的，那么它们的存在就必须是从实体中推出的（这一主张同样没有错）。但黑格尔认为，斯宾诺莎并未成功地从实体中推出样态（以及属性）。斯

---

① 另一个可以被解读为支持无世界论解释的斯宾诺莎文本是出自论无限的信（Ep.12）的如下段落。就我所知，黑格尔并未讨论这一段落，尽管他显然对这封信有着浓厚兴趣且曾讨论过它的其他部分（《哲学史讲演录》，3:261-263；《信仰与知识》，106-111，以及《小逻辑》，166〔§104A2〕）。"如果你问我们为何会由自然的冲动而如此倾向于分割那个广延的实体，我的回答是，我们构想量的方式有两种：要么是抽象地、表面地，就像我们借助感觉的帮助在想象中构想它那样；要么就是将其作为实体构想，而这仅由理智完成。所以，如果我们注意的是在想象中的量的话——这是最常见且最容易的事——我们就会发现它是可分的、有限的、由部分组成的并且只是众多量中的一个。但如果我们注意的是理智中的量的话，我们就会发现它是无限的、不可分的并且是唯一的，正如我在此前已向你充分证明的那样"（IV/56/5-15；着重为后加）。由于理智仅将量构想为实体，我们或许会将这一文本看作承认了样态只能被想象所构想，因而不能是现实的。但是，在同一封信的另外两处，斯宾诺莎指出样态可以被理智（当我们将样态相对于实体考虑时）或者被想象（当我们将样态从实体分离时）所构想（IV/53/9, IV/57/3-6）。因此，似乎先前所引文段应当以另一种方式解读。或许，当斯宾诺莎讨论理智将量构想为实体时，这一构想也包括了实体的样态（这可以解释斯宾诺莎谈论理智对样态的构想的两处文本）。的确，在这封信中（54/10）斯宾诺莎也说样态在某种意义上被实体的定义本身所定义。

② 见《信仰与知识》，106（"……神之外的事物在其自身中是无"），以及《哲学史讲演录》，3:281："斯宾诺莎认为并不存在一般被认为是世界的东西；它只不过是神的一种形式，并且在其自身中、对其自身而言是无"（着重为后加）。

第一部分　斯宾诺莎关于实体的形而上学

宾诺莎仅仅简单且武断地断言了样态存在，却并未说明它们是如何从实体中推出的。① 以其对斯宾诺莎的实体、属性及样态等定义的解释为基础，黑格尔说道，"斯宾诺莎不应将这最后三个环节［实体、属性、样态］仅仅以这种方式确立为概念，而是应当对它们进行演绎。"② 几页之后，他又说："斯宾诺莎允许绝对实体、属性、样态作为定义而被逐一给出，他将它们看作现成的，而属性却并非从实体发展而来，样态也不是从属性发展而来。"③ 我们在第1章第6节中看到，在E1p16d中，斯宾诺莎将样态看作神的本己性质，它们必然地从神的本质中得出。对斯宾诺莎来说，从神的本质或本性得出的东西是样态（E1p29s），而在E1p16d中，斯宾诺莎清楚地表明，样态从神的本质（或定义）中得出的方式正如性质（*proprietates*）从被定义物（在这里即神）的定义中得出的方式。这种方式显然与黑格尔所认为的那种实体通过辩证的自我否定而得出作为相反环节的样态的方式不同。④ 但如果我们采用黑格尔自己对于在哲学上驳倒对立系统所给出的标准的话——"要真正驳倒［一

---

① 关于一个类似的观点，见约阿希姆，《研究》，111-112。

② "*Diese drei Momente hätte Spinoza nicht nur so als Begriffe hinstellen, sondern sie deduzieren müssen*"（《哲学史讲演录》，3:260；着重为后加）。

③ 《哲学史讲演录》，3:269。参考3:273，在这里黑格尔抱怨，在斯宾诺莎系统中，个体性"不是被演绎出的，而是被发现的。"黑格尔在另外一些文本中也做出了相似的批评，见《哲学史演讲录》，3:264、273、285、288；《逻辑学》，327、537-538。

④ "*Bei Parmenides wie bei Spinoza soll von dem sein oder der absoluten Substanz nicht fortgegangen werden zn dem Nagation, Endlichen*"（黑格尔，作品集［*Werke*］，5:98，《逻辑学》）参考《哲学史演讲录》，3:286-287。

第二章 内持因、无世界论及"神的样态"与"属性的样态"之间的区分

个哲学系统],就必须深入到对手的要塞之中,并在他自己的场地上与他针锋相对"①——,似乎黑格尔并没有能在斯宾诺莎自己的场地上与后者针锋相对。根据黑格尔:

> 唯一一种驳倒斯宾诺莎主义的可能方式是,首先要将其立场看作本质的、必然的,然后将那种立场通过其内在的辩证扬弃为一个更高的立场。简单的、仅就其自身内在本性而言的实体关系会走向它的反面,即走向概念[Begriff]。②

我在此无法为黑格尔与斯宾诺莎在自我否定是否可能这一问题上的分歧给出一个完整的解释,而这一问题是两位哲学家其他所有分歧的基础。不过虽然这种解释会使我们离题太远,我还是可以简要地谈谈这个问题。③ 从上引文本中可知,黑格尔将某种"内在的辩证"赋予了斯宾诺莎。确实,黑格尔认为是斯宾诺莎首先通过所有规定都是否定这一学说发现了否定的重要性,并且在他看来斯宾诺莎并未成功地认出和应用这一发现,这使他十分失望。④ 不过斯宾诺莎不大可能会同意黑格尔的自我否定的辩证法,因为后者与努力学说及斯宾诺莎对于"任何

---

① 黑格尔,《逻辑学》,581。
② 同上。
③ 关于对这一问题的细致讨论,见我的《所有规定都是否定》(Omnis determinatio est negatio)。
④ 见《小逻辑》,145;《逻辑学》,536;《宗教哲学》,1:377;《哲学史讲演录》,1:252,3:267、285-286。

事物的定义都肯定而非否定这个事物的本质"(E3p4d)这一点的坚持有着强烈的冲突。① 但黑格尔却没有在其对斯宾诺莎系统的长篇讨论中提及努力学说。这是因为,对于黑格尔来说,这种自我否定的辩证是无限到有限转换的主要方式,由此我们也就理解了他为何会抱怨斯宾诺莎没有从实体中推出样态。在黑格尔看来,斯宾诺莎没有将他的洞见("规定即否定")运用到通过辩证否定从无限实体中推出有限或有规定物上去。但斯宾诺莎一开始就不会接受黑格尔的辩证法,因为它与至关重要的努力学说是冲突的。因此,黑格尔关于样态无法从实体中推出的抱怨看起来是站不住脚的——因为斯宾诺莎从实体本质中推出了作为实体本己性质的样态——同时,由于这一抱怨是黑格尔将样态看作非现实的主要理由,他的整个解释也就随之瓦解了。② 不过,在斯宾诺莎系统中存在着另一条或许能够支持无世界论解释的进路(黑格尔并非对此毫无察觉),③ 即斯宾诺莎对于个体性的界定非常弱且只是功能性的。接下来让我们来

---

① 此外也见E3p5("就事物能够相互摧毁而言,它们具有相反的本性,这即是说,无法在同一主体中共存"),这一命题显然拒斥了矛盾的可能性。

② 我们可以进一步追问斯宾诺莎,样态为什么会从神的本质中得出。这是神为何创造了世界这一传统神学问题的斯宾诺莎版本,而它对斯宾诺莎来说分外棘手。由于样态对于实体的依赖是非对称的(E1p1),这也就排除了将无性质的实体看作不充分的或缺少什么东西的回答;而充足理由律(PSR)(E1a2及E1p11d)使斯宾诺莎不得不回答这一问题。斯宾诺莎或许可以使用神的定义(E1d6)来论证神的绝对无限要求其样态的例示。对于这一重要问题的详细讨论并不在本书范围内。见我的文章《为什么斯宾诺莎不是埃利亚派一元论者》。

③ 见黑格尔,《哲学史讲演录》,3:272-275。

第二章 内持因、无世界论及"神的样态"与"属性的样态"之间的区分

考虑这个问题。

（二）斯宾诺莎系统中的弱个体性

在我们的日常经验中，我们将世界"分解"为我们所认为的自然单元，比如椅子、窗户、斑马、首相、豪猪、云，等等。同样，我们也将时间分解为年、月、周、日、时、分、秒，等等。尽管在日常生活中我们很少会意识到我们测量与分解时间的方式，但很显然，这些时间单位都只是武断设定的。一天可以被分为10小时而非24小时、一小时可以包含503分钟而不是60分钟，等等。的确，在有些其他文化（甚至在西方文化早期）之中，我们能够轻易发现其他划分时间的方式。[①]除了我们对于时间的武断划分之外，我们还会将某些时段指定为"特殊"时期（比如节日、生日、忌日，等等）。[②]当我们忽略这些日期对于以人为中心的视角的重要性时（正如斯宾诺莎所做的那样），[③]那么所有这些对时间的划分与指定就都会变得没有根基（这即是说它们并不以时间的真正本性为

[①] 一个有趣的例子就是法国共和历，这一历法在在大革命之后被采用，并且在1793年到1805年间是法国的官方历法。在这种历法中，每月由三星期加十天组成，每天又被分为十小时，一小时分为一百分钟。

[②] 当我们在自己的节日或者所在国的节日期间居留外国时，我们会真切地体会到与我们所习惯的建构时间方式之间的疏离感。

[③] 关于斯宾诺莎对于人类中心的思维方式的尖锐批判，见TTP第17章（III/191），Ep. 2（IV/8/33），E1app（II/78/15，79/4、10，82/10）& E4pref（II/206）。

第一部分　斯宾诺莎关于实体的形而上学

基础）。①

同样的问题也会产生于我们对于空间的划分方式中。②我们的习俗、法律以及道德直觉都将空间的某些区域看作其真正的单元（比如城市、国家、家庭、人、猫）。显然，对我们来说，一个人和一根由那个人做成的火腿并不是同一个单元或个体（就算构成两者的原子完全相同）。但如果我们问问狮子的意见的话，它或许并不会在意前者拥有自我意识而后者没有这一事实。从狮子的视角看，活人、尸体、人肉火腿或许都是同一个个体。当然也有可能从这一视角看，三个半活人和一只猴子构成了一个个体（三个西红柿和半个洋葱对我们来说不也是一道沙拉吗？）。

这一考量的后果是十分明显的。如果现实不能被客观地划分，并且如果任何对于个体的指定都依赖于指定者的视角（当然还有度量能力），那么或许现实就其自身而言就只不过是一

---

①　有种框架或许会允许非武断的时间单位，即那些将时间关系还原为其他更基本关系的理论。比如，如果时间上的承继关系被还原为了因果关系，那么我们就可以构造一种理论，在其中两个具有因果关系的时间点被看作构成了一个非武断的时间单位。不过读者需要注意，我所说的时间单位与延留论（perdurantism，当代形而上学中认为个体包含其时间部分的理论——译者）时间理论中的时间部分并不相同。与后者不同，时间单位被看作时间本身的部分，而非延留对象的部分（正如空间的非武断部分被认为是给出了空间的真实结构［如果确实存在这么一种结构的话］一样）。

②　当然我们也可以针对心灵提出非武断的区分问题，尽管在这一问题上我们的日常直觉似乎有着更深的基础。这当然并不意味着这些直觉是对的（这即是说确实存在被清晰划分的心灵单位），而只是说对它们的解构要更难一些。为了简要起见，我们会将问题集中于物理世界。

第二章　内持因、无世界论及"神的样态"与"属性的样态"之间的区分

团无区分的混沌。①从一种视角看，这团混沌被以一种方式划分；而从另一种视角看，它的划分方式就会完全不同。②

在其对斯宾诺莎的讨论中，黑格尔时常指出斯宾诺莎拒斥了所有多样化的现实性，而这对黑格尔来说意味着对有限事物世界的拒斥。因此，在《小逻辑》中，黑格尔认为斯宾诺莎的实体是一种"黑暗的、无形的深渊，它将所有确定的内容都吞噬为彻底的内在虚无"（*finstere, gestaltlose Abgrund, der allen bestimmen Inhalt als von Haus aus nichtig in sich verschlingt*）。③黑格尔的这一抱怨在我看来至少是部分成立的，因为，正如我们即将看到的，在斯宾诺莎那里有限事物的个体性标准的确非常弱。

在两个事物之间做出非武断区分的一个常见方式就是证明这两个事物中的每一个都是一个能够独立持存的单元或者说实体。显然这种选择对斯宾诺莎来说并不可行，因为只有神才是实体，而物体或心灵对斯宾诺莎来说都不是实体。④但斯宾诺

---

① 或者说——这大致是同一种观点——现实是被最大限度地区分的（即每一种区分都在现实中有其基础）。

② 毕格罗对于这一颠覆性的个体性学说做出了如下生动论述："个别物不过是印欧语言的句法所投下的影子，它所具有的实在性并不多于'It is raining'中的'It'"（《个别物》）。

③ 黑格尔，《小逻辑》，227（§151A）。参考《哲学史讲演录》，3：288；《宗教哲学》，1：378。这一批评与黑格尔对于谢林哲学的著名批评，即它是"黑夜，而且在其中所有牛还都是黑色的"（《精神现象学》，9［导论§16］）。

④ 见《伦理学》第二部分中的"物理学插曲"（Physical Digression）中的引理1："物体相互之间是以运动与静止、速度与缓慢的方式而区分的，而非是以实体的方式［*ratione substantiae*］相互区分的"（II/97/25-26）。关于一个相似观点，见伽雷特，《斯宾诺莎的形而上学个体化理论》（Spinoza's Theory of Metaphysical Individuation），77。

第一部分　斯宾诺莎关于实体的形而上学

莎确实用了另外两种说法来指代有限单元，即个别事物（*res singulares*）及个体（*individua*）。①《伦理学》第2部分命题7定义了个别事物：

> 由个别事物我所理解的是有限且具有确定存在之物。如果一些个体在同一个行动中汇聚一致并由此是同一个结果的原因的话，我就将所有这些个体，就它们一致的程度而言，看作是同一个个别事物（Per res singulares intelligo res, quae finitae sunt et determinatam habent existentiam. Quod si plura individua in una actione ita concurrant, ut omnia simul unius effectus sint causa, eadem omnia eatenus ut unam rem singularem considero）。（着重为后加）

个别事物是样态这一点我们可以从E2p8对于二者的等同中得知。②E2p8此外还做出了一点重要的澄清，即不存在的事物也构成个别事物。③不过，这一定义中最使人惊讶的一点应该是

---

① 斯宾诺莎使用了这两个术语来完成同一个目的（即刻画有限事物的边界）这一事实意味着或许斯宾诺莎对于这两种解决方法都不是很满意。
② "并不存在的个别事物，或者说［*sive*］样态的观念必须被包含在神的无限观念中，这与个别事物，或者说［*sive*］样态的形式本质被包含在神的属性中的方式一致。"
③ 斯宾诺莎的这种不存在所指的是什么，这是一个有趣的问题。一个可能的解读方式是，它指的是现在不存在之物（但过去或者将来存在）。除此之外，它也可能同时包括从未存在且也永远不会存在之物（即未实现的本质）。这些本质就其自身而言都是自洽的，但却由于产生它们的原因从未出现，它们就并未现实化。

第二章　内持因、无世界论及"神的样态"与"属性的样态"之间的区分

它对于构成个别事物的标准有些过于宽松了（显然这是有意为之）。让我们考虑一个例子。

假设约瑟芬在犹豫要不要接受拿破仑的求婚。她拨通了母亲的电话，想要点建议。一只苍蝇落到了她鼻子上，她觉得有点烦躁。她妈妈接起了电话，然后就开始（又一次！）说教。这时地板突然动了。在一阵疑惑与焦虑之后，约瑟芬发现那阵异动是一次轻微的地震。几分钟之后，她拨通了电话，告诉拿破仑她接受/拒绝了他的求婚。对于约瑟芬来说这一行动的原因包括：（1）苍蝇的出现，（2）地震，（3）他妈妈的说教。现在，根据E2d7，就这三者"在同一个行动中汇聚一致并由此是同一个结果的原因"而言，它们构成了同一个个别事物。物理距离（有可能约瑟芬和苍蝇在土星，但她妈妈却在火星）和是否属于同一类事物（地震和妈妈的说教一般而言不属于同一范畴）都不是构成个别事物的必要条件。[①]但如果苍蝇、地震和妈妈的说教对斯宾诺莎来说可以构成同一个别事物的话，那么我们只需要给出一个符合条件的故事就可以说明，事物的任意组合[②]

---

① 另一方面，汇聚一致并是同一结果的原因这一点要求这些事物属于同一属性。但这显然是一种很弱的约束。

② 尽管实体本身由于其不可分性（因而不能具有组成部分）而不能是个别事物，并且既不是有限的也不具有确定存在，但似乎实体，就其在所有结果的产生中扮演了特定角色而言，是所有个别事物的一部分。但如果我们将E2d7解读为规定了只有个体才能汇聚成为一个个别事物的话，似乎神就只能在作为（即构成）一个个体或有限物的意义上是个别事物的部分（比如见E2p9，E2p12以及E4p4d）。

第一部分　斯宾诺莎关于实体的形而上学

在某些状况下都可以构成同一个别事物。①此外，似乎同一个东西也可以是很多——甚至是无限多——个别事物的部分，只要它在"某种程度上"参与了这些事物的因果过程就可以了。②

另一个斯宾诺莎用来指代有限事物的术语——个体（*individuum*）——的情况也好不了多少。斯宾诺莎有时是在一种宽松且非技术性的意义上使用*individuum*一词的，③但在

---

①　伽雷特向我提出了另一种解读E2d7（对"个别事物"的定义）的有趣方式。在他看来，E2d7的第一句话（"由个别事物我所理解的是有限且具有确定存在之物"）应当被看作一个紧密联系的单元，它为"个别事物"给出了一个完整定义，而接下来的一句话则定义的是一个与之略微不同的概念："某种程度上的个别事物"。这或许与斯宾诺莎式的自由情况类似：神是完全自由的，但有限事物只在某种程度上是自由的。尽管这一提议着实有趣且值得探索，它却会带来一些问题。E2d7的第一句话十分模糊，并且并未给有限事物的个体化提供任何标准。初步看来，它似乎允许由分散的个别事物或者由不同种类的部分组成的个别事物。但这样一来，究竟是什么原则使得这些事物统一，这一点也就非常不清晰了。换句话说，如果个别事物是有限且确定的存在物的话，那么个别事物的定义就应当给出划分属于不同个别事物的有限物边界的标准，但E2d7的第一句话却并未给出这种标准。

②　而且根据不同事物在产生其共同结果中起到的不同程度的作用，这些事物也可以在不同程度上属于同一个别。

③　见E1p8s2，在其中斯宾诺莎说："如果在自然中存在特定数目的个体，那么就必须存在一个原因解释为何恰恰这些个体存在，而非更多或更少的个体存在"（II/50/34）。之后在同一评论中，斯宾诺莎以这一主张为基础论证了不能存在多于一个具有相同本性的实体。这一论证预设了实体也是个体，但*individuum*的这种用法与《伦理学》第二部分中的用法并不相同，因为在后者那里，个体是复合的，而斯宾诺莎的实体则是不可分的。NS（1677年出版的斯宾诺莎作品的荷兰语译本）在E1p8s2相关段落添加了如下文本："个体指的是属于某个属的个别事物"，伽雷特对此的评论很有帮助。在伽雷特看来，这句话之所以被加进来"应当是为了将这个术语在此的用法与在第二部分引入的用法区分开来"（《斯宾诺莎的形而上学个体化理论》，87）。

第二章　内持因、无世界论及"神的样态"与"属性的样态"之间的区分

E2p13之后的"物理学插曲"中，他为这一术语的技术性用法给出了明确的定义：

> 定义：当一些物体，不管它们的大小是否相同，被其他物体所约束而由此相互触碰，或者，如果它们运动的话，不管它们速度是否相同，它们在彼此之间以运动相互作用的方式是恒定的，那么我们就说这些物体相互统一并且共同组成了同一个物体或个体［omnia simul unum corpus, sive individuum componere］，它通过这种物体的结合而与其他物体区分开来。

在这一定义之后的引理中，斯宾诺莎进一步阐述了他的个体性理论。具体而言，他尝试解释了个体的部分以运动相互作用的"恒定方式"是什么。引理4提出，个体的一个部分可以被具有相同本性的另一部分取代"而不改变个体的形式"[①]（即个体仍然是同一个个体）。引理5提出，就算个体的组成部分的大小改变了，只要这些部分仍然"保有与先前相同的相互之间运动与静止的方式"（ut antea, ad invicem motus et quietis rationem servent），个体就仍然保有其本性。引理6和7指出，只要个体部分之间的内在关系不变，个体作为整体的运动的任何变化都不会影响其同一性。

[①]　相同的说法（absque ulla rius formae mutatione）在引理5和6的结尾也出现了。关于马特洪对个体的形式要素及质料要素之间区分的讨论，见《个体与共同体》（Individu et communauté），38及以下。

尽管个体的定义将其等同为物体（unum corpus, sive individuum），并且在诸引理中对于这一概念的后续探讨将个体看作复合物体，斯宾诺莎的个体概念至少有可能也适用于其他属性的样态。这主要是由于属性之间的平行同构（E2p7s）使得在其他属性中也存在与之平行的复合物。事实上，从E2p21s的"心灵与身体是同一个个体，它有时被构想在思想属性之下，有时被构想在广延属性之下"①这一论断中我们可以看出，斯宾诺莎似乎明确地接受了心灵也是个体这一点。但为了简要起见，我们将讨论集中于有广延的个体或物体上。②

斯宾诺莎的个体概念与个别物概念的关系是什么（如果它们有任何关系的话）？一个可能回答是，就两者都是被以某种方式统一的有限事物的系统而言，它们是等同的。③但是，它们统一的方式似乎是十分不同的。我们可以轻易想到一种事态，其中一组事物构成个别物，而非个体的例子。④比如在约瑟芬的故事中，我们已经看到在某种情况下，她妈妈的说教、地震和苍蝇构成了一个个别物，但这三者似乎不太可能被以恒

---

① 当然也有可能斯宾诺莎在这一文本中对于"个体"的用法是宽松的、非技术性的。
② 关于为心灵个体提供一个统一标准的有趣尝试（它与有广延个体中运动与静止方式的恒定相平行），见德拉·罗卡，《表象》，29-40。
③ 本内特认为斯宾诺莎只将具有相当复杂度的东西称为个体（《研究》，138）。我并不知道有任何文本可以支持这个说法。
④ 这一说法的反方向似乎是错的。因为，对斯宾诺莎来说，"没有一个存在的事物不会从其本性中产生出某结果"（E1p36），因此就每个个体都产生结果而言，它们就似乎都是个别物。

第二章　内持因、无世界论及"神的样态"与"属性的样态"之间的区分

定的运动和静止的方式统一在一起。①

当我们仔细考察斯宾诺莎对 individuum 所给出的标准时，它似乎与个别物的标准同样不严格。初看下来，它似乎允许同一个体是很多——可能是无限多——其他个体的部分。比如以当今的英国女王为例，就她具有一个运动与静止的恒定方式而言，她显然是一个斯宾诺莎式的个体。现在，当大革命终于到来，而伟大的女王也被送到西伯利亚最好的学校接受再教育时，她或许是和当今的法国国王被捆在一起的。如果他们被捆得足够紧，那么似乎我们也就得到了一位具有恒定的运动静止方式的新的皇室个体。但就两个个体各部分之间原先的运动静止方式并未改变而言，这两个个体却并未因此而停止存在。的确，当斯宾诺莎说"整个自然就是一个个体，其部分，即所有物体，以无限种方式变化，但整个个体不发生任何改变"（E2P13S"物理学插曲"L7d, II/102）。②

斯宾诺莎似乎也允许分散的（即在空间上不连续的）个体存在。在 E4p18s 中，他说：

> 如果说两个本性完全相同的个体被相互结合到了一起，③它们所组成的个体的力就两倍于它们之中的任一个。

---

①　不过伽雷特提出（《斯宾诺莎的形而上学个体化理论》, 90），分散的个体可能通过并不属于这些个体的媒介而交流它们的运动。

②　参考 Ep. 32。此外，似乎相互吸引或排斥的物体，就吸引及排斥的力使它们交流它们的运动而言，或许也构成了一个个体。

③　在这一文本中，斯宾诺莎似乎要求这种个体的部分应该分有"完全相同"的本性。但这一要求究竟有多严格，这并不清楚。

第一部分　斯宾诺莎关于实体的形而上学

> 因此，对人来说最有用的莫过于人。我认为，在人所能希望的事情中，最能帮助人保存自己的存在的莫过于所有人都能在所有事情上相互一致以至所有人的心灵和身体都能仿佛组成了同一个心灵或同一个身体、所有人都能就其所能一同努力保存其存在，并且所有人都能一起为自己寻求所有人的共同利益。（着重为后加）①

如果（1）个体可以拥有分散的部分,（2）空间的某个区域构成某个体这一事实并不能排除相同区域（同时）也是无限多其他个体的部分的可能性，那么斯宾诺莎的个体概念也就几乎与其个别物概念一样弱。此外，（3）同一个体的部分"相互交流其运动"并且保有运动与静止的同一方式的规定，并不能告诉我们这些部分必须保有这一方式多长时间方可被算作真正的个体。事实上，在不借助以人类为中心的视角的情况下，斯宾诺莎也不能将某一具体时间作为最低标准。如果我们放弃人类视角的话，在时间尺度上用数十亿年或者一秒的数十亿分之一在

---

① 关于将这一文本仅仅看作一种反事实陈述（即任何一个群体都无法构成一个真正的个体）的有趣解读，见巴尔巴尼［Barbone］,《对斯宾诺莎来说什么可以被算作个体？》（What Counts as an Individual for Spinoza?）巴尔巴尼的分析至少部分地依赖于两个事物无法分有同一本性这个主张（101）。在我看来，这一问题仍需更多的澄清，因为斯宾诺莎在若干处都似乎认为不同的个别物都能分有同一个本性或本质（比如见 E1p17s2，II/63/20 以及 E4p35c1）。同样值得注意的是，在《神学政治论》18 章的最后一段中，斯宾诺莎将努力以及一种统一的形式赋予了国家："每个国家都必然保存其形式，这一形式在不冒国家彻底毁灭的危险时无法被改变。"即便如此，我也仍旧认为巴尔巴尼对这一段文本的标准解读的挑战十分有趣。

第二章 内持因、无世界论及"神的样态"与"属性的样态"之间的区分

丈量事物，这似乎是与我们所习惯的时间单位同样自然的事。因此，哪怕两个物体在极其短暂的时间内以恒定方式交流了它们的运动，这似乎也足够使得这两个物体算作一个真正的个体。①

（三）为什么不是"无世界论"？

至此，我们或许会疑惑，黑格尔用无世界论解读斯宾诺莎并将其系统中有限事物的状态描述为处于"黑暗的、无形的深渊，它将所有确定的内容都吞噬为彻底的内在虚无"，这到底是否正确。我认为答案应该是否定的，其理由如下：第一，斯宾诺莎系统中的弱个体性或许会瓦解有限样态的现实性，但却无法瓦解无限样态的现实性②。但如果无限样态是现实的，那么实体就不是一个无形的深渊，因为至少实体与其无限样态之间的区分还是现实的。第二，我已经指出，斯宾诺莎似乎认为一个事物可以在不同程度上是另一个别事物的部分（见E2d7）。如果样态都是虚幻的，或者说如果所有对于个体的划分都是同

---

① 换句话说，似乎斯宾诺莎式的个体与个别物的情况相同，即我们需要的仅仅是为一对事物（比如我的左手和海王星）可以构成一个个体这一点找到一个相应的情景。分体论普遍主义（Mereological universalism），即对象的任意组合都能够构成另一对象（即原来对象在分体论上的和）的观点，在当代形而上学中变得非常受欢迎。关于对这种立场的新近总结与辩护，见范·克莱夫，《辩护》(Defense)。

② 对于斯宾诺莎的无限样态的介绍，请参阅E1PP21-23, EP.64, K Ⅵ 2 (Ⅰ 33/12, Ⅱ 5; Ⅰ 64/9-14)。关于这一问题的讨论，见第四章。

样武断的,那么谈论在何种程度上事物真正属于某个别物,这一点也就没有意义了。①第三,对于斯宾诺莎的无世界论解读与《伦理学》中的若干重要学说冲突。如果我们接受这些学说的话,我们就应该重新解释斯宾诺莎关于形而上学的个体化的主张以便后者能够与前者相吻合。我想到的学说包括以下几个:

学说一:第三种认识

第三种认识"从对于某些属性形式本质的充分观念出发,进而达到对事物本质的充分认识"(E2p40s2)。斯宾诺莎在《伦理学》第5部分对于第三种认识的讨论清楚地显示出,对于有限样态——比如我们的身体和心灵——的认识也可以达到第三种认识(比如见E5p22以及E5p31)。但如果有限样态仅仅是幻象,那么它们又为何是第三种认识这种充分认识的对象呢?这种所谓虚幻的认识又为何必须从对于任何属性的形式本质的充分观念中得出呢?

学说二:E1p36

我们看到,在E1p16中,斯宾诺莎认为样态是必然从神的本性或本质中得出的。此外,E1p36("没有一个存在的事物不会从其本性中产生出某结果〔*Nihil existit, ex cuius natura*

---

① 这一点来自德拉·罗卡。

aliquis effectus non sequatur]")①清楚地指出，包括神的本性在内的所有事物必须拥有某些结果。但如果样态（即神本性的结果）只不过是幻象，那么神的本性就并不真正拥有任何结果。②

学说三：属性间的平行同构

在E2p7s中，斯宾诺莎认为所有属性中的原因的次序与联结都是相同的。③这一学说与对斯宾诺莎的无世界论解读有着剧烈的冲突，因为它显然默认了存在多个事物。简单来说，如果斯宾诺莎的实体就是一个单一的、无分化的事物，那么谈论事物的任何"次序"或者"联结"也就是毫无意义的了，因为在这个世界中不会存在多个事物。④

---

① 这一（经常被忽略的）命题所陈述的原则应当被正式命名为"充分结果律"：所有事物都必须有一个结果（而不仅仅是PSR所规定的有一个原因）。

② 关于一类似论证，见帕金森，《黑格尔、泛神论与斯宾诺莎》（Hegel, Pantheism and Spinoza），455。

③ "不管我们是在广延属性之下、思想属性之下还是任何其他属性之下构想自然，我们都会发现原因的同一种次序或者说同一个联结，这即是说，相同的事物由彼此产生。"

④ 一个更加棘手的问题是，斯宾诺莎的弱个体性与属性间的平行同构之间是否调和。平行同构似乎要求存在着被同一次序所联结的界限分明的单元。当然，我们也可以说就像有广延的个体可以被以若干种方式划分一样，思想的个体也可以被以若干种方式区分（这即是说，广延中的弱个体性与思想中的弱个体性同样是平行的）。在这种情况下，如果我们可以提出一种新的划分空间的方式，我们同时也就拥有了对思想领域进行划分的方式，并且通过这种新的划分个体的方式，我们也就获得了一个新的因果结构。我认为这种弱界定单元之间的平行同构是一种说得通的观点，但它所导致的图景比一般被我们所接受的那种离散单元间的平行同构要复杂得多。

学说四：借助有限本性达成的对神的认识

在《神学政治论》第4章中，斯宾诺莎认为"我们关于自然事物［res naturales］认识得越多，我们也就获得了更高且更完善的关于神的认识"（III/60）。①如果有限事物（自然事物）只不过是幻象的话，那么我们能够通过认识幻象来增进对神的认识这种说法也就没有什么道理了。斯宾诺莎接下来更为明确地表达了这一点："换句话说，由于通过原因认识结果不过是认识原因的某性质［causae proprietatem aliquam cognoscere］，我们对于自然物的认识越多，我们对于神本质——即所有事物的原因——的认识也就越完善"（III/60/11-12）。对有限物的认识增进了我们对于神的认识，因为这些有限物只不过是从神本质中得出的神的性质（或者说本己性质）。显然，将如此重要的地位赋予有限物（即它们是神的性质）与将它们看作幻象这两种做法并不自洽。

学说五："被理智囊括"

在E1p16中，斯宾诺莎将以无限种方式从神本质中得出的无限多事物，等同为"所有能够被无限理智所囊括之物"（omnia, quae sub intellectum infinitum cadere possunt）。对斯宾诺莎来说，错误的唯一原因即是想象，而从理智得来的认识永远是充分的（E2p41）。因此，"被无限理智所囊括之物"不能

---

① 舍利（Samuel Shirley）的译文经过修改、斯宾诺莎在其他文本中也做出了类似的主张。例如请参考E5p24。

第二章 内持因、无世界论及"神的样态"与"属性的样态"之间的区分

是幻象。①

在本节中，我们检验了黑格尔对斯宾诺莎主义的描述，即后者是一位拒斥了多样化的现实性及有限物的世界的哲学家。我们已经看到，黑格尔对于这一批评的正式辩护——即样态不能被从实体中推出——并不成立，因为斯宾诺莎将样态看成是从神本质中得出的本己性质。斯宾诺莎刻画的个体概念确实很弱且只是功能性的，这在一定程度上支持了无世界论解释，但其在其他核心学说中引发的几个后果并不支持将样态看作完全的幻象。在此真正的问题是，如何使得斯宾诺莎的弱个体性概念与有限样态的现实性相符。一个简单——或者有些过于简单——的解决办法是认为斯宾诺莎的形而上学个体化理论并未在他去世之前完成。②这一说法或许可以从斯宾诺莎给出了两种不同的理论（即个别事物理论及个体理论）这一事实中得到一些支持，这或许说明，斯宾诺莎仍旧在尝试切中自然之肯綮的不同方法。或者，斯宾诺莎也有可能有意地将他学说中有限世界的构成单元设计成了模糊不清的，以便能够强调这些有限物终究要低于那自我持存、自我解释、

---

① 此外，在E1p16d中，斯宾诺莎暗示理智推出了（*concludit*）样态。
② 斯宾诺莎在1675年曾认真考虑出版《伦理学》并不一定意味着这本书里的所有学说都已被完成。我怀疑，《伦理学》中的几个重要学说（比如无限样态学说）甚至在最终出版的版本中都是未完成的。

第一部分　斯宾诺莎关于实体的形而上学

清晰可辨的实体。①

§3 神的样态与属性的样态

在本章及之前章节中，我们探究了斯宾诺莎的实体形而上学。在第一章中，我论证了对斯宾诺莎来说样态既内附于实体也谓述实体。在本章中，我提出内持因的概念统一了内附与动力因果。在这之后，我又论证了斯宾诺莎并不认为有限物是幻象并且由此他承认多样化及变化的现实性，尽管他对有限物边界的划分十分模糊。

在我结束这一章之前，我希望能够再对样态的本性给出一个简短但却重要的澄清。在他的《斯宾诺莎〈伦理学〉研究》

---

① 一直到最近，对斯宾诺莎的无世界论解读都似乎只属于斯宾诺莎研究的遥远过去。但在一篇新近的出色研究中，德拉·罗卡辩护了一种弱版本的黑格尔式解读。根据德拉·罗卡，样态虽然并不是完全的幻象，但它们却也不是完成现实的。样态只不过是比实体更不现实（《理性主义、唯心论与一元论》(Rationalism, Idealism, Monism)，§3）。我并不怀疑这一说法的正确性，因为在认为现实性具有程度之别并且将样态看作比实体更不现实这些立场上，斯宾诺莎显然遵循了笛卡尔（比如见 AT VII 185）。(在前引文章中，德拉·罗卡的主张实际上是，样态在更低程度上存在。我并不知道斯宾诺莎在任何文本中接受了对存在的层次划分。事实上，E1p8s1 的表达方式似乎显示出，存在是一种二元状态，要么有，要么没有。不过，为了不使讨论偏离到现实性与存在的区分上，我将德拉·罗卡的观点用现实性的层级重新表达了出来。) 德拉·罗卡的这一没有什么争议的主张，即样态比实体更不现实，在我看来与黑格尔激进的无世界论解读大相径庭。德拉·罗卡的解读只在一处与无世界论解释接近，即就"事物仅依其可理解的程度而存在"而言，样态并不完全可理解（§3）。但我并不知道有任何文本能够支持这一解释。样态是通过他物而被构想的，但它们仍旧是被完全构想的，正如它们是被完全因致的一样。关于更多的讨论，见第三章。

第二章 内持因、无世界论及"神的样态"与"属性的样态"之间的区分

中,本内特提出,除了属性的样态之外,斯宾诺莎的存在论还包括了属性中立的样态(即并不属于任何属性的样态)。这些跨属性的样态——或者用本内特的话说,这些种差——即是在不同属性下相互平行的样态所共有的基底。如果我们考虑比如说我的心灵和我的身体这一对平行样态,根据本内特,我的心灵与我的身体就分有某D_1,而我的身体就是D_1加上广延(或者说广延之下的D_1),我的心灵就是D_1加思想(或思想之下的D_1)。由于种差本身并不被看作处于任何属性之下,本内特由此做出了正确的结论,即"任何心灵,不管它多有力,都绝对不可能具有关于独立于思想与广延的[种差]的思想。"[①]本内特接下来甚至认为,这种不可构想的种差在某种意义上就是"实体的最基本性质",它们甚至比属性还要更为基本。[②]

但就我所知,本内特的这一富有想象力的提议并不可取,这仅是由于一个简单的理由:对斯宾诺莎来说,没有东西是不可构想的。在E1a2,斯宾诺莎提出,"无法通过他者被构想之物必须通过自身被构想"(*Id quod per aliud non potest concipi, per se concipi debet*)。由于本内特的种差既无法通过自身被构想,也无法通过他者被构想,E1a2就排除了这种东西存在的可能性。此外,在E1p10s中,斯宾诺莎明确认为"在自然之中,没有什么比每个存在物都必须在某个属性之下被构想这

---

① 本内特,《研究》,144。参考145:"跨属性的种差无法被理智地把握或构想,这即是说,并不存在关于它们的观念。"

② 《研究》,145。

第一部分　斯宾诺莎关于实体的形而上学

一点要更明显。"① 不过，我的确和本内特一样认为应当有某种跨属性的样态单元；但与本内特不同，我认为我们无法谈论不在任何属性之下的样态，而只能要么谈论某一特定属性之下的样态或者所有属性之下的样态。② 让我们将前者称为"某一属性的样态"，而将后者称为"神的样态"。某一属性的样态的一个例子就是拿破仑的身体或者拿破仑的心灵。③ 在本书导论中，我总结了斯宾诺莎关于属性间的平行同构的这一核心学说（即他所说的无限多属性下原因的次序是相同的这一主张 [E2p7s]）。在这一学说的基础上，我们可以说，在未知属性④下与拿破仑的身体平行的每一个样态都是"某一属性的样态"（即属于它在其下被构想的属性的样态）。而神的样态是所有属性之下的样态，因此我们大致可以说，拿破仑的身体与拿破仑的心灵以及所有其他（在未知属性下）与拿破仑的身体平行的样态都一同构成了一个神的样态。神的样态（即所有属性之下的样态）与构成这一样态的个别属性的样态之间的关系与神（即所有属性下的实体）和被构想在某一特定属性下的实体

---

① 参考 Ep. 9（IV/45）。关于对本内特的一个相似批判，见威尔逊 [Wilson]，《评论》（Notes），585。

② 不同于本内特的无属性种差，所有属性之下的样态这一概念（神的样态）是与 E1a2 和 E1p10s 完全相符的。的确，某存在物可以在所有属性之下被构想的一个最佳例证，就是被定义为拥有无限多样态的神本身（E1d6）。

③ 在第六章中，我更精确地表述了这一点，即与我的身体平行的思想样态是无限多属性下的所有平行样态的观念（而不仅仅是身体的观念）。

④ 在导论中，我还指出了对斯宾诺莎来说，神或自然在思想与广延之外还拥有无限多属性，尽管这些其他属性对我们来说都是未知的。我会在第6章中澄清我们无法认识这些属性的原因。

第二章　内持因、无世界论及"神的样态"与"属性的样态"之间的区分

之间的关系相同。我会将这些处于特定属性下的单元称为处于所有属性之下的同一个事物的不同方面(或者异质方面)。这种方面的概念来自斯宾诺莎的实体与其属性之间的关系。在这两种情况中——即(1)处于特定属性下的样态是神的样态的某些方面,以及(2)属性是神的某些方面——处于特定属性下的单元都是拥有无限多方面的同一个事物(res)的某一方面。

之前有的学者偶尔会提示将属性看作实体的方面。① 本章并不试图将其发展为对于斯宾诺莎属性本性的完整解读。② 但由于方面概念在之后的章节中会发挥重要作用,并且出乎意料的是,这一概念并未得到当代形而上学的充分研究,③ 我在此会做出几点简要的评论以便澄清我对它的理解。首先,方面关系——它以属性与实体的关系为样板——并不能被还原为斯宾诺莎哲学中的其他主要关系。特别地,是某物的方面并不同于是某物的部分:斯宾诺莎的属性并不是实体的部分,因为实体是不可分的(E1p13);作为某物的方面也与是某物的样态不

---

① 见波洛克[Pollock],《斯宾诺莎》,153;纳德勒,《斯宾诺莎的〈伦理学〉》(Spinoza's Ethics),123。

② 关于我对属性的解释的框架,见我的《斯宾诺莎形而上学的构成要素》的第二部分。

③ 当然,关于指称不透明性有着大量文献,但这些讨论大多关注的是语言层面而非形而上学层面的问题。一种方面的形而上学(或者存在论)似乎仍然亟待完成,并且它可能会对我们对同一性的理解做出重要贡献。关于对解释方面概念的新近尝试,见摩尔[Moore],《拯救可替换性》(Saving Substitutivity)和巴克斯特[Baxter],《自我相异》(Self-Differing)。

同，因为斯宾诺莎的属性也不是实体的样态。①方面与样态不同，后者对实体的依赖是非对称的以求存在和被构想，而方面（或属性）则并不对实体具有这种依赖关系。

第二，对斯宾诺莎来说，属性是自我构想的（E1p10），并且属于不同属性的东西在因果以及构想关系上都是相互独立的（E2p6）。这就是我之前暗示斯宾诺莎式的样态相互异质的原因（这即是说，它们无法相互因致、构想或者解释）。②

第三，这种关系在对于同一性的讨论中会展现其潜力。对斯宾诺莎来说，思想实体与有广延实体是同一事物这种说法（E2p7s）等同于说思想实体与有广延实体是同一事物的两个（异质）方面。与之相似，当斯宾诺莎主张人的身体与心灵是以不同属性构想的同一事物时（E3p2s），他的意思是心灵与身体是同一事物的两个方面。

当然，这些简要的澄清并不足以完全解释斯宾诺莎对于属性与实体关系的理解。不过不管这一主题有多重要，它都不是我们在此需要处理的核心问题。事实上，我希望读者能够采取他所青睐的任何一种对实体与属性关系的解释；我所论证的仅仅是，这同一种关系也存在于斯宾诺莎形而上学的其他组成单元之间，比如属性的样态与神的样态之间（这即是说，属性的

---

① 对于斯宾诺莎的同时代人来说，实体与其属性的区分是一种理性上的区分，而实体与其样态之间的区分则是一种样态上的区分。见DPP I 62。在我的《斯宾诺莎形而上学的构成要素》第二部分中，我论证了斯宾诺莎也认为实体与其属性的区分是一种理性上的区分。

② 将同一事物的不同方面完全分隔开来是斯宾诺莎较为独特的做法；一般来说，我们并没有理由认为同一事物的不同方面必须在构想关系上独立于彼此。

第二章　内持因、无世界论及"神的样态"与"属性的样态"之间的区分

样态与神的样态的关系，和属性与神的关系相同）。[1]

属性的样态与神的样态之间的区分经常出现在斯宾诺莎研究的现有文献中，还有其他几个术语用来称呼它们。[2]有时，"样态"一词被用来指代我所说的"神的样态"，而"样态的表达"则被用来指代我说的"属性的样态"。[3]我们需要注意，斯宾诺莎自己从未明确地表达这一区分。[4]在大多数情况下，他

---

[1]　之后在第6章中，我会论证同一种关系同样也成立于处于所有属性之下的样态的观念（即表象神的样态的观念）以及处于某属性之下的同一样态的观念（即表象属性的样态的观念）之间。我将后者称为"观念方面"，而将"观念"这一称呼仅仅保留给前者。

[2]　伽雷特最近使用了"样态存在物"与"同一样态存在物的表达"来分别指代我所说的"神的样态"与"属性的样态"。见他的《斯宾诺莎论本质》（Spinoza on the Essence），288。

[3]　葛扈用与我大致相同的术语做出了这一区分。他所区分的是"实体的样态"与"属性的样态"。见他的《斯宾诺莎》，1:339。参考弗里德曼［Friedman］，《斯宾诺莎的问题》（Spinoza's Problem），103。德勒兹［Deleuze］认为样态是属性的性状，而性质（modification）则是实体的性状（Expressionism，110）。德勒兹并未给他的这一主张给出文本上的支持。就我所知，斯宾诺莎对于这两个词语的用法是可互换的（比如见E1p8s2，II/50/7；在这里"modification"的定义与"样态"在E1d5中的定义是一样的。参考E1p22，在这里modification被认为是"通过同一［属性］"的；另一方面，E1d5中的"样态"则并不局限于特定属性）。

[4]　斯宾诺莎的确明确地区分了在所有属性下属于神的性质以及在某一特定属性下属于神的性质。在出自KV的下述文段中，斯宾诺莎明确地做出了后一种区分，并且暗示了有些样态"在所有属性下"都可归给神："到目前为止，在所有这些无限属性中只有两个是通过其本质而被我们认识的：思想与广延。所有其他一般被归给神的东西并不是属性，而只是一些样态，样态可以鉴于所有（即所有属性）或者仅仅一个属性而被归给神。比如说，神是一、永恒、通过自我存在、无限、所有事物的原因、不可变——这些东西都是鉴于他的所有属性而被归给他的。神全知、智慧等则是鉴于思想属性而被归给他的。神无处不在、充斥万有等则是鉴于广延属性而被归给他的"（I 7，注释a，I/44/25-35；着重为后加）。

会用样态（modus）一词指代某一特定属性的样态，尽管在另外一些情况下，主要是他在《伦理学》开篇谈到"实体的性状"时（比如说E1d5, E1p1, E1p5d），他似乎指的是神的样态。思考如下文本：

> E1p30：现实的理智……必须理解神的属性以及神的性状，而非其他。
>
> E2p4d：无限理智所理解的只是神的属性及他的性状 [praeter Dei attributa, eiusque affectiones]。

注意在这两处文本中，斯宾诺莎都将样态直接归给了神。同样重要的是，在《伦理学》开篇对样态的定义中并未提到属性。因此，我认为样态并不总是与某一特定属性相关联，这也就是说神的样态是通过神（即无限多属性下的实体）而被构想的。显然，神的样态通过神而被构想这一点并不能否认属性彼此间的独立性：神的样态的每个方面（即属性的样态）都是在同一属性下通过神而被构想的（一个有广延的样态［一个物体］是通过有广延实体而被构想的，而一个思想的样态［一个心灵］是通过思想实体而被构想的，等等）。因此，根据我的解读，神的样态与属性的样态都是通过属性而被构想的：前者是通过所有属性而被构想的，而它的每个方面是通过其所属属性而被构想的。

　　澄清所有属性下的样态与某一特定属性下的样态之间的区分本身就十分重要，因为它可以使我们在《伦理学》存在论的

第二章 内持因、无世界论及"神的样态"与"属性的样态"之间的区分

几个关键问题上避免概念混淆。对于本书而言，这个区分更是至关重要的，因为它能够在最后两章中帮助我们解释观念的本性和结构。

在本章中，我解释了我对斯宾诺莎的实体形而上学的解释中的三个关键问题：内持因果关系是什么、样态的现实性，以及神的样态与属性的样态之间的区分。之后的两章会进一步发展及深化我对实体与样态的解释。第三章将会试图解释斯宾诺莎系统中的三种基本关系之间的相互关联，这三种关系即是内附关系、因果关系，以及构想关系。

第三章　内附、因果与构想

斯宾诺莎的哲学中有着很多对我们"常识性直觉"的大胆挑战，并且，由于它也为这些挑战提供了有力的论证，我认为我们无法希求更多了。大胆且论证充分的哲学能够使我们动摇，并且迫使我们重新考虑那些在我们看来最为自然及显然的东西，甚至有可能改变我们最基本的信念，这是它不可或缺的美德。的确，对那些希望检验——而非巩固和确认——他们古老且顽固的直觉的人来说，斯宾诺莎就是一注源泉活水。

尽管我非常支持严格且反直觉的哲学，这一章的很大一部分是在检验并批判近年来对斯宾诺莎的最激进且吸引人的解读之一。在德拉·罗卡新近的文章《理性狂徒：斯宾诺莎学说中表象及情感的现实性》(Rationalism Run Amok: Representation and the Reality of Emotions in Spinoza)以及出版于2008年的杰出著作中，他提出，斯宾诺莎系统中的内附关系、因果关系以及构想关系是严格等同的。德拉·罗卡发展这一观点的部分目的是回应最近被伽雷特所阐明的一个立场。为了看到德拉·罗卡的这一等同主张有着引人注目的后果，我们需要注意到在他看来，斯宾诺莎认为，就太阳是向日葵的某种状态的

（部分）原因而言，向日葵（部分地）内附于太阳。此外，就我的祖先是我的原因而言，我也内附于他们（尽管我们从未同时存在过）。尽管德拉·罗卡的解读的后果着实诡异，我所反对的却并不是这种诡异性本身。德拉·罗卡为这一立场提供了重要且有趣的论证，如果这些论证是对的，那么如果我们同时也接受斯宾诺莎版本的充足理由律（PSR）的话，①我们就应该强迫自己接受斯宾诺莎观点的这些诡异后果。虽然我非常崇敬这种以一致且不妥协的意愿去解读斯宾诺莎的方式，我认为德拉·罗卡的论证——即对于PSR的严格遵循必然导致内附关系、因果关系及构想关系的等同——是错误的。我会论证（1）斯宾诺莎从未赞成这种等同，并且（2）德拉·罗卡的提议并不能被看作对斯宾诺莎系统的合法重构或者有益修正，因为它会在其中产生若干严重且不可解决的问题。德拉·罗卡的主张之所以应当被拒斥正是出于这些原因（而非是因为这种三重等同与常识相冲突）。②在本章的剩余部分中，我会以我对内附关系、因果关系以及构想关系的分析为基础，进而提出一种对斯宾诺莎形而上学的核心问题的新解释，特别是通过他物而被构想以及在他物之中这两种关系，以及实体/样态这一组对立的本质。德拉·罗卡认为动力因果的二分（即二分为伴随内附关系与不伴随内附关系两种动力因果关系）是一个不合法的无理由事实（brute fact），但我认为，斯宾诺莎因果关系的二

---

① 关于对PSR的讨论，见本书导论。

② 在我的《埃利亚的塞壬》一文中，我讨论并且批评了德拉·罗卡解释中的其他要素，主要是他关于斯宾诺莎将存在还原为了可构想性的主张。

分与构想关系的二分是平行的，并且这两种关系的基础是存在被分为实体与样态这一根本二分。如果我们要承认斯宾诺莎系统中样态的现实性的话，那么我们也就必须承认由存在被分为实体与样态所导致的二分。

在本章第1节中，我会介绍伽雷特与德拉·罗卡解释背后的考量与论证。在第2节中，我会指出并检验德拉·罗卡的解读所导致的一些问题。在最后一节中，我会（1）给出我自己关于内附关系、因果关系以及构想关系的观点，（2）为斯宾诺莎系统中的构想关系给出一个新解释，并且最后（3）论证并辩护在斯宾诺莎系统的核心处存在着（并非无根据的）二分。

§1 内附、因果与理性主义

《伦理学》最重要且神秘的公理之一，E1a4的内容如下："对于结果的认识①依赖于，并且包含了对于其原因的认识"（*Effectus cognitio a cognitione causae dependet, et eandem involvit*）。尽管这一说法的确切含义可能有争议，②但斯宾诺莎对这一公理的用法表明，它的含义至少包括如下命题：

---

① 不同于科利，我更喜欢cognifion而非knowledge作为cognitio的翻译，因为前者不会给人一种错误的印象，即E1a4只与真的观念有关。请参阅下一条注释。

② 关于对E1a4的有益探讨，见威尔逊，《斯宾诺莎的因果公理》（Spinoza's Causal Axiom），特别是她对于葛凯所主张的E1a4只刻画真观念这一解释（《斯宾诺莎》，1:96-97）的批评。同时也见莫里森［Morrison］的出色文章，《构想与因果》（Conception and Causation）。

（1）如果 x 因致 y，那么 y 就通过 x 而被构想。

在 E1p6 中，斯宾诺莎认为"一个实体不能被另一实体所产生"。斯宾诺莎为这一命题给出了两个证明，其中第二个证明的内容是，"如果实体能被他物所产生，那么对于这一实体的认识就必须依赖于对其原因的认识（由公理4）。因此（由定义3）它就不会是一个实体"（E1p6d2）。这一段落的第一句话以 E1a4 为前提，并从"x 是 y 的原因（或者说 x 产生了 y）"[①]中推出了"对 y 的认识包含了对 x 的认识"。在第二句话中，斯宾诺莎认为，如果对于实体的认识包含了对于作为原因的他物的认识，那么这就会违背实体的定义（E1d3），即它是"通过自身而被构想之物，这即是说其概念并不需要借助另一物的概念。"由此，在 E1p6d2 中，斯宾诺莎显然将 E1a4 的意思理解为结果经由它们的原因而被构想，即（1）。[②]与伽雷特相同，我将这一学说称作"因果蕴涵构想学说。"[③]

在他出版于1996的著作《斯宾诺莎学说中的表象与身心问题》（*Representation and the Mind-Body Problem in Spinoza*）中，德拉·罗卡在加雷特、本内特以及威尔逊（Margaret Wilson）的基础上指出，斯宾诺莎在 E1p25d 中对 E1a4 的用法

[①] "能被产生"（*potest produci*）必须指的是一种因果关系，因为如果不是这样的话，那么我们就无法解释斯宾诺莎为何引用了处理因果关系的 E1a4。此外，在 E1p6d 末尾，斯宾诺莎也将由他物产生与由他物因致相等同。

[②] 参考德拉·罗卡，《表象》，11。

[③] 伽雷特，《斯宾诺莎的努力论证》，136–137。

证明了他同时也认为E1a4蕴含了（1）的逆命题，[①]即：

（2）如果y通过x而被构想，那么y是由x因致的。

E1p25d的内容是：

E1p25：神不仅是事物存在的动力因，同时也是它们本质的动力因。

证明：如果你否认这一点，那么神就不是事物本质的原因，因此（由公理4）事物的本质就可以在没有神的情况下被构想。但（由命题15）这是荒谬的。因此神同时也是事物本质的原因。证毕。

这一证明将E1a4看作陈述了"如果x不是y的原因，那么y就可以在没有x的情况下被构想。"这一命题的逆否命题是"如果y必须通过x而被构想，那么x就是y的原因。"这大致就是（2）。与伽雷特一样，我将这一学说称作"构想蕴涵因果说"。由（1）与（2）的合取我们可以得出如下双条件句：

（3）x因致y，当且仅当y通过x而被构想。

---

① 德拉·罗卡，《表象》，11。参考本内特，《研究》，128n1；加雷特，《逻辑结构》（Logical Structure），29；威尔逊，《斯宾诺莎的因果公理》，163n27。

第三章 内附、因果与构想

在2003年，伽雷特发表了一篇试图重新解释斯宾诺莎的努力学说的重要文章。根据伽雷特，E3p6（"每个事物，就其在自身之中而言，努力维持自己的存在 [*Unaquaeque res, quantum in se est, in suo esse perseverare conatur*]"）中的"就其在自身中而言"这一说法应当被字面地解读，即它意味着有限事物也在一定程度上在自身之中（而神则在绝对意义上在自身之中）。在这篇文章的一个脚注中，伽雷特认为：

> 很显然的是，在这一语境下斯宾诺莎也接受其逆命题，即"如果y通过x而被构想，那么y就在x之中"。不过这仅仅适用于y完全通过x而被构想的情况。因为，尽管某有限样态部分地通过产生了它的其他有限样态而被构想，这并不意味着它就在这些有限样态之中。相反，它在那个它（以及帮助因致它的有限样态）能由其被完全构想的实体之中。①

伽雷特之后又说：

> 一个合理的问题是，如果某偶性并不完全在其所谓述的个别事物之中的话，那么它又是否必须部分地在其他促成其因果的个别事物之中。斯宾诺莎的观点似乎是，任何完全被x所因致的事物必须完全在x之中，但我们并不需

---

① 《斯宾诺莎的努力论证》，156n21。

第一部分　斯宾诺莎关于实体的形而上学

91　　要接受以下这一普遍原则，即被 x 部分地因致的东西必须部分地在 x 之中。这也就是说，斯宾诺莎所说的"内持因果"蕴涵着内附关系，但他所说的"传递因果"却并不蕴涵内附。①

德拉·罗卡十分支持伽雷特所持的有限事物可以在一定程度上在自身之中这一主张。而对于伽雷特的这一有些微妙的立场（即有限事物可以部分地在自身之中，但却不能部分地在他物之中），他也表达了同情，因为伽雷特之所以持有这一立场乃是为了避免一些古怪的后果。但他却认为斯宾诺莎自己会咬紧牙关地接受这些后果：

> 因此根据伽雷特的观点，尽管构想关系与因果关系可以仅在部分上成立，并且事物可以仅仅部分地在自身之中，但在他物之中这一关系却是非黑即白的。这似乎是合理的一步，因为它能够使我们避免咬紧牙关地说桌子以某个方式在木匠之中或者内附于木匠这一显而易见的怪异结论。但斯宾诺莎并不是害怕接受怪异的结论的人，或者更准确地说，人们觉得要避免咬紧牙关才能接受的东西，斯宾诺莎经常由于它们的合理性和逻辑上的不可避免性，将它们看作是逻辑的、理性的结论去接受。并且，我的确认为我们有很好的理由来认为斯宾诺莎确实接受

---

① 前引文献，157n31。参考第 2 章第 1 节中对内持因与传递因区别的分析。

第三章 内附、因果与构想

了这一结论。①

因此德拉·罗卡提出，我们应当无条件地接受内附关系与因果关系②的双向条件句：

(4) x在y之中，当且仅当x由y因致。

作为对（4）的支撑，德拉·罗卡给出了一些文本上的证据以及一个非常有趣的论证，这一论证以（斯宾诺莎版本的）PSR为基础。德拉·罗卡将斯宾诺莎的样态定义（"E1d5：由样态我所理解的是实体的性状，或者说在他物之中并也通过此他物而被构想的东西 [*Per modum intelligo substantiae affectiones, sive id quod in alio est, per quod etiam concipitur*]"）解读为陈述了如下双条件句：

(5) x在y之中，当且仅当x通过y而被构想。

我们将（5）称为"内附-因果双条件句"。显然，由（3）和（5）我们可以通过传递性推出（4）。

德拉·罗卡为（4）提供了一些进一步的文本支持，即在《神学政治论》中一段有趣的附加性文本中，似乎，意味着结

---

① 德拉·罗卡，《理性狂徒》，44。
② 斯宾诺莎除了在Ep. 12中之外很少提及"内附"（inherence）一词，但我希望按照我们当下的习惯将它用来指代"在自身之中/在他物之中"这一组关系。

第一部分 斯宾诺莎关于实体的形而上学

果是其原因的性质：

> 我们关于自然事物认识得越多，我们关于神也就获得了更高且更完善的认识，或者说（由于通过原因认识结果不过是认识了原因的某性质 [quoniam cognitio effectus per causam nihil aliud est, quam causae proprietatem aliquam cognoscere]），我们对于自然事物认识得越多，我们关于神本质的认识（它是所有事物的原因）也就越完善。①

根据德拉·罗卡，通过原因认识结果就是认识原因的某性质这种说法可以被解读为，是x的一个性质与是x的一个结果这两件事实际上是等同的。②德拉·罗卡还引证了《短论》中的另外一段文本，它提出结果的内在性或外在性都是具有程度的（因此结果可以部分地在其原因之中并且部分地在某外在于

---

① TTP，第4章，§11（III/60），着重为后加。参考TdIE，§92（II/34/14）。
② 见德拉·罗卡，《理性狂徒》，44，以及《斯宾诺莎》，69。德拉·罗卡对TTP这一段附加性文本的解读的一个主要优势在于，它解释了斯宾诺莎为何坚持认为通过原因认识结果就是认识原因的某性质，而非认识结果的某性质。如果结果就是原因的一个性质的话，那么认识结果就直接等同于认识原因的一个性质。另外两个（并未被德拉·罗卡提及的）似乎支持将结果与性质等同的文本出现于《伦理学》第三部分结尾处情感的定义之中："过奖……是爱的一个结果或者 [sive] 性质"（E3DefAff22e），以及"骄傲是自爱的一个结果或者 [sive] 性质"（E3DefAff28e）。还有一种考量可以支持将性质与结果等同的做法，即斯宾诺莎（像大多数早期现代哲学家一样）是在经院哲学较为狭窄的"本己性质"*Proprium*的意义上使用"性质"一词的，即从事物本质中必然得出（或者由之必然产生）的性质。见第一章第6节。参考伽雷特，《斯宾诺莎的努力论证》，156-157n24。

这一原因的事物之中）："我们在我们之外产生的所有结果越是能够与我们相统一为同一个本性，它们就越是完善，因为这样一来它们也就与内在结果最为相近。"①

但德拉·罗卡接受内附-因果双条件句的主要动机仍旧来自PSR。我们一般认为，对斯宾诺莎来说内附蕴涵因果；而有争议的问题则在于，因果是否蕴涵内附。如果因果并不蕴涵内附，那么这样一来在因果关系内部我们似乎就可以将伴随内附的因果关系与不伴随内附的因果关系清晰地区分开来。这一二分正如任何其他事实一样都需要解释，但在德拉·罗卡看来，这一二分并不存在任何解释，它就是一个无理由事实：

> 就我所知，对我们可以称其为内附-依赖的因果关系何以区别于因果依赖关系的其他形式，这一问题并没有很好的解答。因此，这种区别似乎就是一个无理由事实，而这违背了PSR。而由于斯宾诺莎所极力避免的正是无理由事实，因此我们也就理应认为斯宾诺莎并未做出这一武断的区分。②

与之类似，德拉·罗卡认为，由于（3）是对的，因果关系与构想关系就总是相互伴随。由此，在斯宾诺莎系统中就只有一种构想关系，并且，如果构想关系（它总是同一种关系）有时

---

① KV II 26（I/11），着重为后加。参考德拉·罗卡，《理性狂徒》，44n31。
② 德拉·罗卡，《理性狂徒》，45。参考德拉·罗卡，《斯宾诺莎》，65，265。

伴随内附、有时不伴随的话，这似乎就又是一个无理由事实：

> 在构想关系层面上存在哪些依赖关系呢？似乎只有一种：桌子通过神而被构想并且桌子通过木匠而被构想。在前一种情况中，构想关系上的依赖是完全的；在后一种情况中，构想关系上的依赖是不完全的。而在两种情况中，构想关系层面上的依赖关系都是同一种。在构想关系层面上的诸依赖关系之间并没有明显的转变，但在存在论层面上，一种同时也是内附关系的依赖关系与不是内附关系的依赖关系有着明显的不同。因此，根据我所反对的那种观点，构想关系上的依赖关系的同质性与存在论上的依赖关系的同质性并不一致或者不平行。①

对斯宾诺莎来说，无理由事实必须被避免。而如果唯一一种避免接受这种无理由事实的方法是接受内附-因果双条件句（4）的话，那么在德拉·罗卡看来，斯宾诺莎就必须直面这一结果。

我们应该注意到，德拉·罗卡并未证明依赖关系之二分为内附关系与因果关系是一个无理由事实。他先是考虑了两三种对这一二分的可能解释，然后用较好的论证反驳了其中每一个，由此他就得出结论说并不存在对这种二分的解释。②不

---

① 德拉·罗卡，《理性狂徒》，46。
② 德拉·罗卡，《理性狂徒》，45，以及德拉·罗卡，《斯宾诺莎》，65。

过，没有找到解释是一回事，证明并不存在解释则完全是另一回事。在我看来，德拉·罗卡的论证并未考虑到，对PSR的使用只有在某些样态下才是正当的。我们可以以莱布尼茨在他与克拉克的通信中反对绝对空间可能性的论证为例，来看看如何正当地使用从不可解释事实出发的论证。在此莱布尼茨也使用了PSR来排除某种事态，即空间可以在其中没有任何事物的情况下存在。莱布尼茨的论证大致如下：假设空间可以在其中没有任何事物的情况下存在，那么神在决定在空间中的何处创造世界时，他就没有任何理由在任何一个个别地点创造世界，因为所有空间位置在质上都是不可分辨的。不管神有何种理由在P_1处创造世界，他也有同样的理由在任何（在绝对空间中的）其他地方P_x创造世界，因为P_1和P_x之间并没有任何质的差别。因此神不可能有理由在一处而非另一处创造世界。①注意这一论证的前提并不是目前为止我们没有找到任何促使神在P_1而非P_x创造世界的理由，其前提要比这更强，即神不可能有理由在P_1而非P_x创造世界。

就算我们当下无法找到对事实F的解释，F也是可以解释的（这一解释甚至有可能在未来被我们找到），这是完全有可能的（而且事实上很常见）。换句话说，证明F是无理由事实的论证必须首先证明它穷尽了所有可能的解释，然后证明其中没有一个解释是成功的，这样这个论证才有效。在大多数情况下，证明穷尽性是一项相当艰巨的任务，它需要更多的工作，

---

① 莱布尼茨致克拉克的第三封信，第5段；莱布尼茨，《哲学论文集》，324。

而不仅仅是排除三、四种解群。我在另外一篇文章中更详细地讨论了德拉·罗卡论证的这个问题。① 在这里，我只希望表明，德拉·罗卡并没有正面证明斯宾诺莎系统中依赖关系的二分是不可解释的。的确，在本章后半部分，我会论证斯宾诺莎形而上学中的这一组二分以及其他二分都有充分依据而不是无理由的。

首先需要指出的是，我并不认为斯宾诺莎本人事实上接受了内附-因果双条件句。内附、因果、构想这三个概念对于他的系统来说是如此重要，以至于如果他真的认为它们是相互等价（或者等同）的话，他不可能不明确地表述出这一点。斯宾诺莎对部分（或不充分）原因的概念进行了广泛的使用，但就我所知，他从未表明部分结果（部分地）内附于其（部分）原因之中。② 就斯宾诺莎的真正观点而言，我认为以上是决定性的，尽管对其系统的善意修正或者改进仍旧是可能的。③ 不过

---

① 见我的《埃利亚的塞壬》。

② 如果斯宾诺莎认为内附与因果等价的话，他最有可能在两个地方表述这一点，即E2P13"物理学插曲"里的公理1以及E2p16。在与我的通信中，德拉·罗卡指出，我的立场也很容易受到同样的反驳，因为尽管我接受因果-构想双条件句（3）以及内附蕴涵因果学说（6）（见下文），但它们却没有明确的文本表述。我认为情况其实并不相似。(6) 在文本中是有明确表述的（而且它出现的位置也合适），即E1p18d（以及KV I 3, I/35/19）。对于（3）的文本支持也很明显，而且对于它的表述出现在《伦理学》的核心公理即E1a4中。E1a4的确切含义及用法或许并不明确，但如果我们接受它所陈述的是一个双条件句的话（德拉·罗卡和我最终都如此认为），那么（3）就在文本最显而易见的地方被表述了。

③ 此外，如果德拉·罗卡的观点正确的话，那么斯宾诺莎在Ep. 12中所谈到的"因其所内附的原因而无限的事物"（IV/61/2，着重为后加）这种说法也就是不恰当的，因为所有事物都由其所内附的主体所产生。如果德拉·罗卡是对的，那么斯宾诺莎应当说的就是"因其原因而无限的事物"。

第三章 内附、因果与构想

关于斯宾诺莎的真正观点我还有两点要说。第一，如果我们仔细观察斯宾诺莎对E1d5的用法的话，我们就会发现，虽然他时常使用这一定义，但他却从未用它来从构想关系中推出内附关系。[①]第二，《伦理学》的第一条公理可以被解读为排除了某物既部分地在自身之中又部分地在他物之中的可能性："E1a1：任何存在之物，要么在自身之中，要么在他物之中"（Omnia, quae sunt, vel in se, vel in alio sunt）。如果斯宾诺莎用"要么"（vel）一词表达的是互斥的析取的话，那么E1a1似乎就排除了某物既在自身之中又在他物之中的可能性。[②]

不管如何，就算斯宾诺莎自己从未接受内附-因果双条件句，我们也可以完全合情理地将其作为一种对斯宾诺莎系统的改进提出。显然，如此一种改进应当符合这一系统的原则以及主要结构。在本章的下一部分中，我会考虑内附-因果双条件句可否作为一种斯宾诺莎主义学说，以及它与斯宾诺莎的系统是否融洽，不管斯宾诺莎是否真的明确接受了这一学说。

§2 二分与充足理由律

内附-因果双条件句有着若干问题，下面我会以升序（即

---

① E1p31d以及E2p1d可以被看作从内附关系中推出了构想关系。
② 参考伽雷特，《〈伦理学〉Ip5》（Ethics Ip5），96-97。但如果我们允许部分内附的话，那么对E1a1中 vel 一词的排他性解读就意味着，就某物不在其自身之中而言，它在他物之中。

从最不严重到最严重）逐一论述它们。

问题一：内持因与传递因之区别

在E1p18中，斯宾诺莎论及了内持因果与传递因果之间的区别。①

> E1P18：神是所有事物的内持因，而非传递因。
>
> 证明：所有存在之物都在神之中，并且必须通过神而被构想（由命题15），并且由此（由命题16推论1）神是[NS：所有]在其之中的事物的原因。这是第一点[需要证明的东西]。其次，在神之外不能存在任何实体（由命题14），这即是说（由定义3）在神之外且在自身之中的东西。这是第二点。因此，神是所有事物的内持因而非传递因。证毕。

从E1p18的证明中，我们可以看出内持因即是其结果在原因之中（因此斯宾诺莎引用了E1p15）的动力因（因此引用了E1p16c1），②而传递因即是其结果不在原因之中的动力因。现在，根据德拉·罗卡的解释，每一个结果都在其原因之中，由

---

① 对于内持因果与传递因果区分的讨论，见前一章的第一节。
② 斯宾诺莎在KV中对动力因的四个子类别的讨论中清晰地论述了内持因与传递因的区分。第二个子类别的内容如下，"[神] 是内持因而非传递因，因为他在自身之中而非自身之外完成所有事（因为在他之外无物存在）"（I 3, I/35/19）。也见斯宾诺莎在Ep. 60中的主张，即动力因可以是内在的，也可以是外在的。

此传递因似乎就变成了一个完全不可能的空范畴。① 不过,虽然这一反驳的确给三重等同解释带来了一些挑战,但这却并不致命。内附-因果-构想三重等同说的支持者可以如此回应,即结果不完全在原因之中的情况都应算作传递因果(而内持因果应当被定义为结果完全在原因之中的情况)。② 在这种情况下,木匠就只是桌子的传递因,因为桌子仅仅部分地在木匠之中。当然我们可以对这一反驳稍加改进。根据三重等同说,桌子应当完全地在其完全因之中。由此,或许桌子的确不完全在木匠之中,但它却应该完全在木匠所构成的个别事物(*res singularis*)中,这一个别事物还包括其他部分地产生了桌子的东西(见E2d7)。这样一来,传递因这一范畴仍旧似乎是空的,因为每一事物都完全在那产生了它的个别事物之中。德拉·罗卡的一个可能回应是,传递因仅仅是对内持因的一种不完全描述:我们之所以认为木匠是桌子的传递因,是因为桌子仅仅部分地为木匠所产生,而木匠以及所有其他与之一同产生了桌子的东西就(共同构成了)是桌子的内持因。不过我并不认为这一回应是有效的。在我看来,德拉·罗卡的支持者应该

---

① 在斯宾诺莎系统中的确至少存在某些传递因。因为斯宾诺莎在《短论》中将内在因与内持因相等同(I/110/23),并且认为"只有[神]才是内在因"(KV II 26, I/111/17)。斯宾诺莎是如此刻画非内持因的:"我们在我们之外产生的所有结果越是能够与我们相统一为同一个本性,它们就越是完善,因为这样一来它们也就与内在结果最为相近"(I/111/27,着重为后加)。在E2p13之后的物理学插曲中,斯宾诺莎评论道,外在因即是其结果不在原因之中的原因(II/99/6)。同样见E3p4,E3p30d以及E4p19d。

② 德拉·罗卡在一次谈话中向我提出了这一回应。

说，桌子的那个被木匠所完成因致的部分或方面，也完全在木匠之中。①但这样一来，传递因这一范畴就又是空的了。

问题二：世界多美好

在E3d3中，斯宾诺莎将情感（affectus）定义为"身体的性状，身体行动的力量因这些性状而被增益或削减、帮助或阻碍，同时还有这些形状的观念。"接下来请考虑如下情景：约瑟芬小声嘘了拿破仑一下，拿破仑笑了。就拿破仑的笑由约瑟芬产生而言，它就也内附于约瑟芬（即它既是约瑟芬身体的性状，也是拿破仑身体的性状）。笑或快乐会增益我们行动的力量，②但问题是：它所增益的是谁的行动力？由于约瑟芬和拿破仑都对笑的产生有所贡献，根据德拉·罗卡的观点，我们就应当将快乐同时归给这两个物体。但悲伤的现实是，在很多情况下，约瑟芬式的人向拿破仑们做了类似的事，并引得后者发笑（即增益了他们的行动力），但前者自己的行动力却仍旧处于与之前相同，甚至会更低。③换句话说，使得别人行动的力量变得更强并不一定会增益你自己行动的力；但如果我们接受内附与因果的等同的话，那么似乎行动力的增益也必须同时属

---

① 德拉·罗卡对伽雷特立场的部分批判就在于，伽雷特武断地将内附于他物当成了一种"非黑即白"的关系，而没有为拒斥部分内附于他物的可能性提供任何理由。这一指责同样也可以适用于反驳德拉·罗卡对木匠所因致的桌子部分或方面是完全内附于木匠这一主张的拒斥。

② 关于斯宾诺莎对快乐（laetitia）的定义，见E3p11s。

③ 当约瑟芬和拿破仑是敌人或对手的时候，这种情况特别有可能发生。这一例子来自伽雷特。

于（即在其中）产生这一增益的原因。如此这样一种世界会十分有趣并且或许非常正义，但它并不是我们的世界，我们也没有理由（以及文本支持）相信斯宾诺莎会觉得我们的世界竟遵循如此美好的规律。

问题三：绵延中的内附关系

接下来的几个论证会涉及德拉·罗卡解释在斯宾诺莎哲学中的时间性问题上的后果。在之前一章中，我们讨论了对斯宾诺莎的无世界论解释，即斯宾诺莎在现代复兴了古代的爱利亚学派哲学，因为他否认了有限事物、时间以及绵延的现实性，并且仅仅肯定了不存在任何规定性的永恒实体的现实性。[①]我之后会论证，我怀疑德拉·罗卡用激进版本的PSR以便消除斯宾诺莎形而上学中的所有二分的做法会导致他逐渐接近无世界论解释。不过到目前为止，尽管他向无世界论解释的激进性表达了同情（我也持有这种同情），他仍旧坚持样态以及绵延具有有限的现实性。[②]假设德拉·罗卡并未将绵延（*duratio*）是

[①] "巴门尼德不得不考虑幻觉和意见，存在与真的对立；斯宾诺莎同样要考虑属性、样态、广延、运动、理解、意志，等等"（黑格尔，《逻辑学》，98）。参考84，94-95，以及我的文章《所罗门·迈蒙》。

[②] 见德拉·罗卡，《斯宾诺莎》，第7章以及《理性主义、唯心论与一元论》。在与我的通信中，德拉·罗卡写道，"我不认为绵延仅是幻象。但我的确认为时长以及持存之物与永恒物相比拥有更少现实性并且在更低程度上存在。"我希望强调，这是一个相当保守的立场，因为样态（"持存之物"）显然比实体（"永恒物"）更不现实，因为它们的存在完全依赖于实体。

第一部分　斯宾诺莎关于实体的形而上学

虚幻的这一观点赋予斯宾诺莎,①那么似乎就未来之物被过去之物所因致而言，未来之物也必须内附于过去（即过去之物）。②但这种内附关系有些过于怪异了。传统上，内附关系被理解为基底与其状态或性质之间的一种共时关系（如果考虑到基底与其状态根本不在时间之中的情况，那它至少也是一种不在时间中延续的关系）。当然，我们可以硬着头皮接受这种古怪的内附关系——我承认斯宾诺莎总是会出乎我们的意料，但仔细看来，德拉·罗卡对于内附关系的理解似乎不过是动力因果关系。

在本书的第一章中，我们讨论了科利反驳实体-样态关系的传统解释的论证，科利认为，与传统解释不同，而是对于

---

① 永恒（aeternitas）、绵延（duratio）以及时间（tempus）都是斯宾诺莎形而上学中的核心概念，但不幸的是到目前为止它们的含义并未被充分澄清。在本章中，我会试图避免过多触及这一棘手问题，特别是考虑到斯宾诺莎早期对于这一问题的讨论（特别是在第12封信以及《形而上学思想》中）与《伦理学》中的立场并不一定相同。但没有什么疑问的是，对斯宾诺莎来说tempus是某种对时间性的建构，它由人类视角所度量并为之服务，而人类视角本身却是想象性的、不充分的。在下文中我会主要谈论绵延，不过在我提及时间时，我对这一概念的使用并非是在斯宾诺莎的技术性含义上，而是在它的通俗含义上。关于对斯宾诺莎的永恒概念的详细探讨，见我的文章《斯宾诺莎对存在的神化》。关于对斯宾诺莎的时间性问题的两个全面而出色讨论，见哈勒特［H.F.Hallett］,《永恒》（Aeternitas）以及切赫特［Oded Schechter］,《存在与时间性》（Existence and Temporality）。

② 在我使用"过去"、"现在"、"未来"等概念时，我并未假设斯宾诺莎持有麦克塔加特的A-序列式的时间概念（即具有时态的、以每一刻所处的现在为基点的、不断移动的时间观，与B-序列即不具时态、固定的时间观相对——译者）。他并不持有这种时间概念。我只是用它们来简便地指代时间中的三个连续点，它们完全可以被t_1、t_2、t_3代替，其中t_3比t_2晚，t_2比t_1晚。

斯宾诺莎来说是神的样态不过就是被神所因致的意思。在德拉·罗卡最近的著作中，他用两个有力论证反驳了科利的立场，并且他认为"对斯宾诺莎来说，所有样态……都是在笛卡尔意义上在某物之中的样态：它们是神的特征或者状态。"①德拉·罗卡明确地赞成了对于内附关系的传统理解："展现为样态-实体关系的'在……之中'这一概念在我看来是内附这一传统概念的一个版本：样态在实体之中的含义即是它们内附于实体。"②但我并不知道有任何笛卡尔的文本（或者斯宾诺莎的其他先辈的文本）指出了内附关系是某种在时间中延续的关系。

在我看来，德拉·罗卡的观点与科利的观点之间的区别并不大。如果在一组内附关系中，基底与性质在时间中的位置不同的话，那么这种内附关系似乎与传统意义上的内附关系并没有什么相同之处（但却与传统意义上的动力因果关系几乎完全相同）。③在第一章中，我给出了几个反驳科利对实体-样态关系的解释的论证，而如果德拉·罗卡的解释只不过是外表不同的科利解释的话，那么我认为那些论证其中的大多数也适用于反驳他的解读。

---

① 德拉·罗卡，《斯宾诺莎》，63-64。
② 德拉·罗卡，《理性狂徒》，41。
③ 在《理性狂徒》中，德拉·罗卡提出"内附关系就是一物对于另一物的依赖关系"（47），但这种刻画有些过于单薄了，因为斯宾诺莎也允许除内附关系以外的依赖关系，比如部分-整体关系（见E1p12d, 55/12/13；CM I/258/16；KV I/30/10）。

问题四：对不存在之物的内附？

在时间中绵延的内附关系会导致很多怪异的后果。从出自 E1p17s2 的如下文段中，我们可以得出以下结论：（1）至少有些事物会停止存在并消亡，① （2）停止存在的事物之前所产生的结果可能在它们的原因消失之后仍继续存在。② 如果我们接受德拉·罗卡对内附与因果的等同的话，那么已经停止存在的某样态的某结果就有可能在它消失之后仍旧内附于它。假设样态 M 在 t_0 时刻因致了样态 N（即 M 是 N 的部分原因），并且之后在 t_1 时刻马上就会停止存在了。对斯宾诺莎来说，样态 N 在 t_1 之后完全可以在没有其原因的情况下存在：

> 一个人是另外一人存在的原因，而非其本质的原因，因为后者是永恒真理。因此，就他们的本质而言，他们可以说是完全一致的；但在存在上他们却必须不同。因此，如果一者的存在消亡了，另一者的存在并不会因此消亡 [*si unius existentia pereat, non ideo alterius peribit*]。但如果一者的本质可以被摧毁并成为假的，另一者的本质就也会被摧毁。（E1p17s2，II/63/18-23；着重为后加）

---

① 注意我在此并未假设所有过去之物都会停止存在。我认为麦克塔加特对于以下论题的论证是决定性的，即绵延的前提是，事物开始存在并停止存在这一点，是有明确意义的。但我的论证并不需要依赖于这一重要的一般性主张，因为在 E1p17s2 中，斯宾诺莎明确指出有些过去之物会停止存在，而我的论证所关乎的仅仅是这些事物。

② E1p36 告诉我们，所有事物，包括会开始存在及停止存在之物，都会产生结果。

但如果 N 在 M 之中的话（即如果 N 是 M 的一个样态或性状的话），那么 N 在 M 消亡后仍旧存在这一说法就毫无道理了。样态的存在完全依赖于其基底①（E1d5），②而如果基底消亡的话，样态就无法在没有它的情况下存在。如果样态在其基底消亡之后仍旧存在，那么它就不再是样态，而是一个真正的独立存在物（即实体）。在这一意义上，斯宾诺莎系统中的因果关系与内附关系有着明显的不同：结果可以在其原因消亡后存在；样态却并不能在其基底消亡后存在。

问题五：对内附关系的二分 I：现实性的程度

若某样态在其基底之中，那么传统上认为前者比后者现实性更低。③样态的存在完全依赖于其实体，因此它们比实体现实性更低。④现在，如果我们将内附与因果相等同的话，那么似乎过去之物就比现在以及未来之物现实性更高，这即是说宇宙是在逐渐消散的。如果绵延不是幻象，并且过去产生了现在以及未来的话，那么过去就应该是现实以及未来所内附的基

---

① 我用"基底"指的是某物所内附（或者说"在其之中"）的东西。斯宾诺莎自己并未用过这一术语，因为他很少谈论样态的样态对于一阶样态的内附，因此"实体"就可以用来指样态所内附的基底。

② E2a3 指出，样态的样态（"心灵的情感"）完全依赖于它们的一阶样态。

③ 当然在自身之中的关系，由于这一关系的两项是同一的，它们也就不存在现实性程度的区别。

④ 关于笛卡尔哲学中现实性的程度，见第三沉思（AT VII 41），以及第三组答复（AT VII 185）；关于斯宾诺莎哲学中的现实性的程度，见 E1p9 以及 DPP 1a4（I/154/27）。

底。如果未来与现在内附于过去，那么过去就必须比现在以及未来现实性更高。就算我们忽略这一观点有多反直觉（我们并不对常识有着任何偏好），但看起来斯宾诺莎所持有的观点仍旧是，时间中的所有时刻"对于神都是同等可爱的"（如果我们可以化用伟大的德国历史主义者利奥波德·冯·兰克的名言①的话）。"就心灵依照理性的指导来构想事物而言，不管观念是关于未来之物、过去之物还是现在之物，心灵都会同等地受其作用"，斯宾诺莎在 E4p62 中如是说。当心灵"依照理性的指导"来构想事物时，它就是在充分地构想它们，并且根据 E4p62，它并不倾向于某一特定时刻。但如果过去比现在和未来现实性更高的话，那么理性的心灵就应当更多地受到过去的作用。因而在此我们又发现了斯宾诺莎系统中的一处对于内附关系与因果关系的明确区分。样态永远依赖于基底，因此它比后者现实性更低，但斯宾诺莎从未声称结果比原因现实性更低。一种可能的辩护方案是认为，在某些情况中内附关系伴随着性质与其基底在现实性程度上的不同（比如在实体与样态的情况中），而在另外一些情况中，内附关系并不伴随基底与其性质在现实性上的差异。这一方案的问题在于，它在内附关系内部创造了一种二分，而我之后会谈到，这种二分看起来是一个无理由事实。

---

① "从人类一出现就有的观念或许具有某种绝对的真，但在神面前看来，人类的所有世代都是同样有道理的，因此历史学家必须观照事实本身"（冯·兰克［Leopold von Ranke］,《近代史的时期》(*Epochen der neueren Geschichte*), 63）。感谢拜塞尔［Fred Beiser］向我提供了这一准确的引用。

问题六：对内附关系的二分 II：时间性

德拉·罗卡的解释还会导致另一种内附关系的二分。对斯宾诺莎来说，因果关系既可以在时间之中也可以不在时间之中。神的本质与永恒且无限的样态（E1p21）之间的因果关系就是非时间性因果关系的一个例子（即结果不在原因之后产生），而拿破仑之父与拿破仑之间的因果关系则是第二种因果关系的一个例子（即原因在结果之前）。① 在德拉·罗卡的解释下，这种因果关系的二分应该伴随着内附关系的二分，这也就是说有些内附关系在时间之中而有些不在。但有些内附关系在时间之中有些不在的原因是什么呢？这难道不是一个无理由事实吗？显然，德拉·罗卡可以用如下思路回应这个问题，即如果我们接受因果性被二分为时间性与非时间性的话，我们就应该同时接受对内附关系的二分。不过，我并不认为这一回应是有效的。我觉得在斯宾诺莎的系统中确实存在着一种对因果关系（而非内附关系）的二分，而在本章的下一节中，我会试图解释这种二分背后的理由以便证明它并非一个无理由事实。而由于德拉·罗卡也致力于消除（没有解释的）二分，他也就必须既在内附又在因果关系中解释绵延与非绵延的二分。

问题七：不在自身之中的在他物之中？

之前我论证了，德拉·罗卡将因果关系与内附关系等同的

---

① 与之类似的是，笛卡尔也认为动力因果关系既可以是时间性的也可以是非时间性的："自然之光并未规定动力因的概念包含了原因在结果之前这一点"（第一组答复，AT VII 108）。关于笛卡尔哲学中非时间性的动力因果关系的例子，见笛卡尔所持有的神是永恒真理的动力因这一主张（致梅森的信，1630年5月27日）。

第一部分　斯宾诺莎关于实体的形而上学

解释会导致过去比内附于其中的现在和未来现实性更高。如果我们意识到，斯宾诺莎并不相信创世行为在时间之中，并且认为绵延在两个方向上都是无限的，上述结果就会变得愈加严重。因为这就意味着，绵延中内附的序列（即结果内附于其过去的原因）会无限回溯而永远无法被奠基在某"在自身之中"的事物中。但"在他物之中"的事物只有依赖于他物方可存在（这即是样态之为样态），并且，只要"在他物之中"的事物的无限链条最终没有"在自身之中"的事物作为基础，整个链条的存在也就不过是空中楼阁，即其存在没有任何解释与基础。

德拉·罗卡的可能回应是，尽管相互依赖的样态的无限链条最终必须以实体为基础（因为如果不这样的话，样态就会在没有实体的情况下存在，这对斯宾诺莎来说完全是一个矛盾），但样态对作为样态基础的实体的内附并不在绵延之中（就每一个有限样态都是以非绵延的方式内附于神的无限样态的一部分而言），因此我们应该不用担心绵延中的内附是无限的序列，并不以"在自身之中"的事物为基础而结束。①

---

①　关于对无限样态的讨论，见下一章。在与我的通信中，德拉·罗卡写道，"我认为链条中的环节以先于其部分的整体为基础。这一链条或许也以属性为基础。"我认为这一回应里有两个问题。首先，斯宾诺莎一般在分体论问题上的立场是，部分在本性及认识上都先于其整体（见 DPP 1p17d, CM I/258/16, KV I/30/10, Ep. 35 S 856 以及 E1p12d II/55/12-13）。其次，假设整个链条都以属性为基础，那么这一问题就仍旧没有得到解决，因为在德拉·罗卡看来存在两种不同的内附关系链条（无限样态对实体的内附以及有限样态对其有限原因的内附）。如果这两种内附关系都是真正意义上的内附关系，那么其中每一个关系就都应当有其自己的基础。若非如此，那么其中之一——而非另一者——具有基础这一事实就是一个无理由事实了。

第三章　内附、因果与构想

我并不认为我们应当接受这一回应。根据德拉·罗卡，每一个有限样态都处于两种内附关系之中：一方面，每个样态都（以非时间性的方式作为有限样态的无限链条或者说无限样态的一部分）①内附于神的本性或本质；②但另一方面，它也在时间之中内附于产生了它的那个有限事物。这样一来，这个可怜的样态也就同时是两个主人的奴仆，③同时斯宾诺莎系统的整个因果结构也被扭曲了。④如果德拉·罗卡所接受的时间性的内附关系是一种真正的内附关系，那么在解释不以在自身之中的事物为基础的时间性内附关系何以可能时，他就不能借助样态以非时间性的方式内附于实体这一事实。在这里我们有两条不同

---

①　我认为有限样态是无限样态的部分而非结果。无限样态是什么、斯宾诺莎为何会引入这一概念以及有限样态与无限样态之间的关系是什么等问题将会在下一章讨论。

②　"［样态］只能在神的本性之中，并且只能通过神的本性而被构想"（E1p15d）。

③　一个可能的反驳是，即使在我的解读下，有限样态也是两个主人的奴仆，因为它的传递因是另外一个有限样态（E1p28）而内持因则是神的本质。对此我的回应是，在我的解读下，内附关系中涉及的存在论依赖关系与结果对其原因的依赖关系不同。样态在其所内附的主体不存在时是无法存在的，但斯宾诺莎从未主张结果在其原因消亡时也无法存在。恰恰相反，正如我们已经在E1p17s2（II/63/22）中看到的那样，斯宾诺莎明确地强调了外在/传递因的结果在其原因消亡之后仍能继续存在。这与内持因果并不一样（内持因果蕴涵了内附）。见KV II 26（I/110/25；参考I/33/9）。

④　注意这是两种不同的因果（或内附）关系，其一是时间性的，另一个则不是。此外，物体对广延的内附并不是通过对因致它的物体的内附达成的，因为物体的本质（包括它具有广延这一事实）的原因并不是另一个有限物体（E1p17s2）。

的内附关系链条，如果我们说其中每一条都算作一种真正的内附关系的话，那么它就必须有着独立于另一条的基础。而如果我们说其中一条内附关系链条（样态对于神本性的非时间性内附）有着独立的基础，但另一条（有限样态对其有限原因的内附）则需要依赖前者方可有其基础，我们此时也就似乎又一次面临内附关系二分为了两种的责难：以在自身之中的事物为基础的内附关系，以及没有这种基础的内附关系。事实上，时间性的内附关系并不以在自身之中的事物为基础这一点使我们强烈地怀疑它完全不是一种真正的内附关系（并且，正如我们之前看到的，我们也有若干独立的理由指向同样的结论）。

问题八：作为个别性质的样态

根据德拉·罗卡，一个样态可以内附于两个不同的事物。如果盖比特［G］与匹诺曹［P］一起造出了一个桌子T，那么T就内附于G和P。但样态难道不应该完全依赖于其基底（即实体）吗？若是如此，它又何以能够作为两个基底的样态？加雷特与卡里耶罗各自都曾令人信服地论证斯宾诺莎式的样态是实体的个别性质，它不能内附于多于一个基底。①

一个简单的思想实验或许可以帮助我们理解为何一个样态不能被两个作为基底的实体所同时分有。假设实体A和B同

---

① 见加雷特，《实体与样态》，86，以及卡里耶罗，《样态与实体》，256-259。关于个别性质的形而上学，见培根，《个别性质》，以及坎贝尔，《抽象个别物》。

第三章　内附、因果与构想

时分有一样态 m，并且样态 m 发生了某种变化。这一变化的原因可以来自两个实体中的任意一个。但如果 A 是 m 变化的原因的话，A 似乎就可以在 B 中因致某种变化（因为 m 也是 B 的样态），而斯宾诺莎却严格禁止了实体间的任何因果互动（E1p6d）。①

以上考虑足以说明在斯宾诺莎系统中样态无法为两个实体所共同分有。接下来的一个问题是，两个样态——比如盖比特和匹诺曹——是否可以分有一个样态的样态。从表面上看，如果有些内附关系可以允许样态内附于两个基底，而有些则不允许，那么这似乎就是一种德拉·罗卡必须拒斥的对于内附关系的无理由二分。但德拉·罗卡可以说，这种二分并不是无理由的，因为只有在基底是实体时它们才无法发生因果上的互动。当基底不是实体时，它们就可以在因果上互动，并且或许因此分有一个（样态的）样态。

我并不认为斯宾诺莎会承认这样一种情况。如果桌子 T 同时是盖比特与匹诺曹的性质（或者说样态），那么它要么是普遍性质，要么是个别性质。T 显然并不是一个个别性质，因为在这种情况下它同时被两个事物所分有；②但它也不能是一个普

---

① 更确切地说，m，B 的一个样态，能够内附于 A 这一点本身就与两个实体间的因果独立性相违背。因为，就 m 部分地被两个实体中的任一个因致而言，每个实体都有一个被另外某实体产生的样态。

② 同样，如果在 G 和 P 之外还有二十亿事物也是 T 的原因，那么 T 就是一个被二十亿事物所同时分有的性质。

遍物，因为斯宾诺莎明确且严格地拒斥了普遍物的现实性。①这个桌子或许是为盖比特与匹诺曹所共同产生，但它却不能是被它们所共同分有的性质。

§3 斯宾诺莎的二元论

接下来我会开始勾勒我自己不同于德拉·罗卡的观点。首先，我认为拒斥因果-构想双条件句（3）似乎并不是一个可行的选择。②让我们先来看看这一思路的吸引力究竟在哪里。支持因果-构想双条件句的主要文本是E1a4，而在绝大多数情况中，斯宾诺莎仅仅使用了它的一个方向（即从因果到构想），这样一来，并不伴随因果关系的构想关系似乎就是可能的了。唯一一处例外是E1p25d，在这里斯宾诺莎从构想关系中推出因果关系，不过这也有可能仅仅是一处笔误或者单纯的错误。③

我之所以认为这一选择并不十分可行是出于以下原因：斯

---

① 关于斯宾诺莎对于普遍物现实性的拒斥，见E2p40s1, Ep. 2（IV/9/12-15），Ep. 19（IV/91-92），CM I 1（I/235/14-15），CM II 7（I/263/8）以及TdIE §99（I/36/18）。不过此时一个可能的回应是，或许斯宾诺莎拒斥的是被看作独立于分有它的个别物而存在的普遍物，但他却承认被看作完全融入了个别物的普遍物。我觉得我们有两个理由认为斯宾诺莎并不会接受这一观点。第一，在斯宾诺莎的文本中并没有证据表明他支持这种观点。第二，这种观点也有很多理论问题（比如说如果一个普遍物完全存在于两个彼此相距十英尺的个别物中，那么这一普遍物就距离它自己有十英尺远——这似乎并不是一个容易辩护的观点）。我们并没有证据表明斯宾诺莎倾向于捍卫这一立场。

② 关于对拒斥（3）这一可能性的探索与辩护，见莫里森，《构想与因果》。

③ 见本内特，《研究》，128n1。

斯宾诺莎只在一种情况下提出了显然并不伴随因果关系的构想关系，即在内附关系中。斯宾诺莎认为，若一物内附于另一物，那前者也必须通过后者而被构想。①但由于内附关系本身就永远伴随因果关系，②因此不管怎样，因果关系都会总是伴随构想关系。因此我认为我们应该承认因果-构想双条件句。③

那么，我的选择到底是什么呢？让我们先回到我们之前所检验的三个表达式：

（3）x是y的原因，当且仅当y通过x而被构想。（因果-构想双条件句）

（4）x在y之中，当且仅当x由y因致。（内附-因果双条件句）

（5）x在y之中，当且仅当x通过y而被构想。（内附-构想双条件句）

---

① 我将E1d5看作支持了内附蕴涵构想，而非内附-构想双条件句。正如我之前所指出的，斯宾诺莎从未用E1d5来从构想中推出内附。斯宾诺莎用构想推出内附的唯一一处文本是E5p22d的结尾，但在这里他并没有承认构想普遍地蕴涵内附，而是仅仅以所有事物在神之中（E1p15，这一命题是E2p3以及E5p22d的基础）为前提推出了相关的内附关系。感谢约翰·布兰道［John Brandau］向我指出了这一文本。

② 我们应当考虑两种情况：对神的内附以及对有限事物的内附。（1）内附于神的事物也被神的本性所因致，因为神的本性是所有事物的原因（E1p16）。（2）有限物x的样态（即二阶样态）既被x的本性所因致也被与x有因果互动关系的外在原因因致（见"物理学插曲"公理1，以及E2p16）。因此对神和有限事物的内附都永远伴随因果关系（尽管我并不认为其逆命题是正确的）。

③ 参考加雷特，《实体与样态》，96，以及伽雷特，《斯宾诺莎的努力论证》，136，156n22。

106 我认为，斯宾诺莎接受了（3），但却仅仅接受了（4）和（5）的从左到右方向。这就是说，他没有接受（4）和（5），而是接受了：

（4）如果 x 在 y 之中，y 因致 x。（内附蕴涵因果学说）
（5）如果 x 在 y 之中，x 就通过 y 而被构想。（内附蕴涵构想学说）

这意味着，在斯宾诺莎系统中有着两种不同的因果关系以及构想关系，但两种二分都不是无理由事实。接下来我们就来看看这两种二分背后的理由。

我们在上文中已经讨论了斯宾诺莎在内持因果与传递因果之间所做的重要区分。内持因果意味着结果对于原因的内附，而传递因果则不具备这一点。而由于因果关系与构想关系完全对应于彼此，与因果关系的二分相对应也就应该存在着一种对构想关系的二分。的确，这一结论有着很强的文本支持。

考虑出自《短论》的下列文本。这段文本的语境是，斯宾诺莎在两种定义之间做出了区分。第一种定义包括"对属性的定义，属性即自存之物"，而第二种定义则包括"对于并不通过自身而存在之物的定义，它们仅仅通过它们为其样态的属性存在，它们必须通过这些属性——就像 [als] 通过它们的属一样——而被理解 [verstaan moeten worden]"（KV I 7,

第三章　内附、因果与构想

I/47/4）。①根据这段文本，样态通过它们的属性而被构想或理解，这样属性的作用就像它们的属一样；但显然我的父母，或者说我的任何一个传递因，都不在任何意义上是我的属，同时我们也不能说木匠就是桌子所在的属。尽管桌子同时通过木匠以及广延属性而被构想（这两者都在某种意义上是桌子的原因），在这两种构想之间却存在着巨大的不同。广延作为桌子的属而解释了桌子，但木匠对于桌子的解释却截然不同。这一问题值得谨慎且细致的讨论，这在本章中无法进行。但简要说来，这两种构想关系之间的区分似乎是对于本质的解释或构想与对于存在的解释或构想之间的区分。木匠（即就木匠而言的神②）解释了桌子的存在，而广延（即就广延而言的神）解释了桌子的本质。考虑如下出自E1p17s2的文本："一个人是另外一个人存在的原因，而非其本质的原因，因为后者是永恒真理。因此，就他们的本质而言，他们是完全一致的；但在存在上他们却必须不同"（II/63/18）。斯宾诺莎在此所说的是，有限事物的本质的原因与其存在的原因是不同的。但如果它们的原因不同，那么根据E1a4，对于有限物的本质与存在的构想或

---

①　着重为后加。参考TdIE §101，在此斯宾诺莎将"固定的事物"描述为"就像"个别、可变之物的"属"。我认为"固定的事物"是属性而非无限样态，因为根据TdIE §100，"固定的事物"的存在与本质没有区别，而样态（无限或有限）的存在与其本质是不同的（见CM I 2，I/238/30以及II 1，I/251/19）。参考斯宾诺莎在Ep. 10中所做的论证，即属性的存在与其本质没有区别。

②　神是所有事物本质和存在的动力因（E1p25），但正如E1p28d所指出的，另外一有限事物的存在（"决定它存在"）的原因正是"就其被一有限且具有确定存在的性质所修饰而言"的神（II/69/25）。

解释就也应该不同。有限物的本质通过它们的属性而被解释，而有限物的存在则通过另外一有限物而被解释（E1p28d）。

当然，我们可以说《短论》是一个古怪的早期文本，因此我们不能将它在两种构想关系——在属之下的构想关系与不如此的构想关系——之间所做的区分看作决定性的证据；但一个非常相似的区分也出现在《伦理学》之中。在《伦理学》之中，斯宾诺莎非常频繁地使用了 concipere（"构想"）一词。斯宾诺莎对于这一词的用法有着两个非常重要的特点：① 首先，在《伦理学》（以及其他文本）中的很多处，斯宾诺莎都谈到了在属性"之下"（sub）被构想的样态，但他却从未声称（并且这种说法也似乎是毫无道理的）传递因的结果也在其原因之下而被构想。比如考虑 E3p2s："心灵与身体是同一个事物，它有时在思想属性下被构想，有时在广延属性下被构想"（Mens, et corpus una, eademque res sit, quae jam sub Cogitationis, jam sub Extensionis attributo concipitur）（II/141/25）。② 桌子是在广延"之下"被构想，但它却绝不是在木匠"之下"被构想。"在……之下被构想"这一关系与《短论》中作为样态的属的属性与样态的关系非常相近。

---

① 当代斯宾诺莎研究倾向于将 "*concipere*"（构想）、"*explicare*"（或解释；阐明）、"*cognoscere*"（认识）以及 "*intelligere*"（理解）当作相互可替换的同义词。我并不确定这的确如此。比如 *cognoscere* 就可以指不充分的认识（E2p30），而其他三个动词中的至少一或两个都似乎仅被用来指充分认识。对于这些概念的澄清超出了本章的范围。

② 关于其他斯宾诺莎使用了"在属性下被构想"这一说法的文本，见 DPP I（I/145/12），CM II 10（I/269/33），E2p6d，E2p7s 以及 E2p45d。

第二，如果我们仔细看看斯宾诺莎在《伦理学》中对 concipere 的使用，我们就会发现他从未用它来指代通过其传递因的样态的构想关系。样态被认为是"通过"神的本质或样态的本性"而被构想"，但就我所知，它从未被认为是通过另外某样态而被构想。① 考虑到斯宾诺莎对于这一词使用的丰富程度，这不太可能是一个巧合。在这一发现的基础上，我们或许会认为在具有传递因果关系的样态的观念之间也并不存在构想关系，② 但我并不认为这是对的。在本章开始处，我们将 E1a4 所指的那种关系（"对结果的认识依赖于并且包含了对其原因的认识"）称作"构想"关系。这是符合当代斯宾诺莎研究习惯的用法，但它却有着轻微的误导性，因为 concipere 一词并未出现在 E1a4 中。我认为 E1a4 包含了某种我们会将其称为概念关系（conceptual relation）的关系，因为这是一种观念或概念间的关系。③ 斯宾诺莎对 E1a4 的用法似乎说明，被这种概念关系相联系的观念其对象之间具有内持因果关系④ 或者传递因

---

① 对这一观察的一个可能的例外出现于《伦理学》之外的文本中。在《理智改进论》§92 中，斯宾诺莎指出"事物［可以］仅通过其本质或者通过其最近因而被构想"。在《伦理学》中，"通过……而被构想"这一表达被仅局限于描述样态对实体的依赖，而从未被用来描述一个样态与另一个样态之间的关系。因此，在 E1p28 中（这里是斯宾诺莎对传递因的主要讨论），斯宾诺莎并未声称一个有限样态通过另一有限样态而被构想。斯宾诺莎谈到样态"通过神的本质而被构想"的文本包括但不限于 E1p15d, E1p18d, E1p29s, E4p39d, E5p23s 以及 E5p30s。斯宾诺莎谈到样态的性状"通过样态的本质而被构想"的地方是 E4p61d。
② 见莫里森，《构想与因果》。
③ 参见 E2p7d 对 E1a4 的使用。
④ 见 E2p6d, E1p25d 以及 E2p45d。

果关系①。因此，尽管内持因果与传递因果都有其在概念关系中的对应物，斯宾诺莎似乎用 concipere 一词似乎仅仅指的是一种特殊的关系，即事物（或者它们的性质）通过神的本质或者它们自己本质的构想。在这两种情况下，concipere 所对应的都只是通过本质完成的解释以及内持因果关系。②

由此我们就有了两组平行的二分：（1）将因果关系二分为内持因果关系与传递因果关系，以及（2）将构想关系二分为（a）事物通过神的本质或者它们自己的本质（或在它们之下）的构想，以及（b）观念与其外在原因的概念关系，它解释了有限事物的存在而非本质。这两组二分也可一一对应到我们已经讨论过的对因果关系的其他二分上：（3）在时间中的因果关系和不在时间中的因果关系之间的二分，以及（4）对比结果更具现实性的原因，和与结果同样现实的原因的二分。内持因的结果并不在时间上后于其原因并且比原因现实性更低，而传

---

① 见 E2p7d，E2p16d 以及或许 E1p3d。
② 属性与样态之间的关系和木匠与椅子之间的关系完全不同这一点，还可以从斯宾诺莎所断言的样态表达了神的属性（E1p25c："个别事物不过是神属性的性状，或者神属性由其而被以某种特定方式表达的样态"）这一主张中得到额外支持，因为就我所知，斯宾诺莎从未说过传递因的结果也表达其原因。还没有研究能够令人满意地解释斯宾诺莎的"表达"概念以及其衍生概念。不过如果我们看看斯宾诺莎对这一词的使用的话，似乎"表达"指的是神的本质与属性之间的关系（E1d6）或者属性与其样态之间的关系。斯宾诺莎只在一处谈到了某样态对另一样态的表达，即神秘的 E5p22："在神之中必然有一个观念在永恒的形式下表达了这个或那个人类身体的本质"，但就心灵与身体属于不同属性而言，它们之间应该并不存在任何因果关系。

第三章　内附、因果与构想

递因的结果与其原因同样现实并且在时间上后于原因。①

我们到目前为止所做的工作显示出，我们可以通过因果关系的二分解释构想关系的二分（反之亦然）。当然，我们仍未给出对因果性的二分的更深层次的解释。这种解释我认为是可能的。

当斯宾诺莎讨论对事物的充分定义时，他将讨论一分为二并且指出，我们定义通过自身存在的事物与并不通过自身存在的事物的方式并不相同。②斯宾诺莎以多种方式重述了这种对于两种事物的基本二分。有些事物是 *libera*（自由的），而有些则是 *coacta*（受迫的）（E1d7）。有些事物"因其本性而被称作必然"，而有些则因其原因而必然（E1p33s1）。③有些事物因其本质而存在（或者不存在），有些则"因自然整体"而存

---

① 我认为无限样态之间的因果关系也是内持的（即不在时间中并且蕴含内附）。这一问题无法在此进行详细探讨，但让我简要地用两点来支持这一结论。第一，在第1部分附录中，斯宾诺莎发展了E1pp21-23中对无限样态的讨论："……正如PP21-23所确立的那样，那个被神所直接产生的结果是最完善的，并且某结果越是需要更多中介原因来产生它，它就越是不完善"（II/80/16-19）。换句话说，直接无限样态比间接无限样态要更完善。而由于斯宾诺莎等同了现实性与完善性（E2d6），直接无限样态似乎也就比间接无限样态要更现实。第二，斯宾诺莎用了"*sequuntur*"（得出）一词来描述属性的绝对本性与直接无限样态之间（E1p21）以及直接无限样态与间接无限样态之间（E1p22）的（因果）关系。前一种情况看起来是一种内持因果关系（因为样态既内附于神的本性也由它所因致）。而如果后一种（即E1p22）是一种传递因果关系的话，斯宾诺莎对于"*sequuntur*"一词的使用就会出现歧义。

② KV I 7（I/46/47）。参考 TdIE §§96-97。

③ 见伽雷特，《斯宾诺莎的必然主义》，199："我们应当强调……斯宾诺莎并没有将［E1p33s1中的］这种区分作为对必然性的两种程度的区分提出，而只是区分了必然性的两个来源：其一是事物本身的本质，另一个则是事物本身之外的原因。"

在（或者不存在）（E1p11d）。所有这些二分都来自于斯宾诺莎对于实体与样态的核心区分。只有实体才因其本质而存在且必然，并且只有实体才在严格意义上是自由的。样态永远不是（完全）自由的，并且它们因其本质以外的原因而存在且必然。尽管样态可以努力变得更加自由且独立，但它们永远无法成为实体。①

实体与样态的区分也与斯宾诺莎所做的另一组重要区分有关，即永恒（aeternitas）与绵延（duratio）之间的区分：

> 永恒与绵延之间的区分来自于以下事实：只有关于样态我们才能用绵延来阐明其存在。但我们可以用永恒来阐明实体的存在，即对于存在或者（用糟糕的拉丁语来说）'是'[essendi]的无限享有。（Ep. 12，IV/54-55）

我不清楚斯宾诺莎之后是否改变了他的看法，但至少在这封信中，他似乎是将永恒看成了实体的存在而将绵延看作样态的存在。②当然，样态，就其是实体的样态而言，也可以以某种方式参与到实体的永恒中，我觉得这就是斯宾诺莎所说的样态可以 sub specie aeternitatis（"在永恒的形式下"）被构想

---

① 对斯宾诺莎来说，实体与样态的区别并不是连续的。见 Ep. 54："我所知的一点是，在有限者与无限者之间并没有任何联系，这也就是说神与最伟大、最出众的受造物之间的差别与他和最低微的受造物之间的差别无异。"（IV/253）

② 我在我的文章《斯宾诺莎对存在的神化》中详细讨论了这一问题。

第三章　内附、因果与构想

（E5p29d）的意思。①

我想再强调两点。第一，实体与样态这一组二分的两端并非是彼此完全异质的（就像康德的直观与概念那样）。②样态是实体的样态，不过它们具有一些严格与实体对立的特征。正是这种实体与样态、生生自然与所生自然间对立才最终导致了因果关系与构想关系中的各种二分。

第二，根据德拉·罗卡，PSR并不允许无理由或者不合法二分的存在；但似乎德拉·罗卡所论证的立场常常要比这更强（即对斯宾诺莎来说，所有二分都是不合法的）。③德拉·罗卡认为，斯宾诺莎的自然主义（这一立场背后的动机就是PSR，甚至它本身就等同于PSR）"就是一种认为在现实中不存在不合法二分的观点"，④但问题在于，在现实中是否存在合法的二分。在我看来，刚刚引自第12封信的文本清晰地揭示出，在斯宾诺莎形而上学系统的核心处恰恰有着对实体的存在（永恒）以及样态的存在（绵延）的明确区分。德拉·罗卡将他归给斯宾诺莎的那种自然主义定义为"世界中所有事物的运行规则相

---

① 参考E2p45s。
② 康德系统中的直观与概念的完全异质性会导致关于图式论的重要问题，即如果概念与直观确实来源完全不同的话，那么又是什么保证了它们一定会相互符合呢？康德的回应（这"是人类灵魂深处的一种隐秘的技艺，我们很难在某个时候在自然中猜测出它的真正操作，并将它毫无遮蔽地展现在我们眼前"《纯粹理性批判》B180）远非令人满意的，它也饱受同时代人的批评。
③ 德拉·罗卡似乎赞同这种对于所有二分的极端拒斥，见他的《理性主义、唯心论与一元论》。关于对这一观点的批评，见我的《埃利亚的塞壬》。
④ 德拉·罗卡，《斯宾诺莎》，6。

第一部分　斯宾诺莎关于实体的形而上学

同的主张",[①]但事物的运行规则相同并不意味着只存在一种事物。换句话说,实体的本性与样态的本性不同这一点与这两者遵守同一套规则并不冲突。

在第一章中我论证了,对斯宾诺莎来说,样态不过是必然从神本质中得出的神的本己性质。斯宾诺莎将本质与其本己性质之间的关系理解为一种内持因果关系,其中本己性质与其原因是共时的并且内附于后者;[②]而有限样态之间的因果关系则是一种传递因果关系。此时我们得到的图景是,因果关系与构想关系中都包含着二分,但两者却都不是无理由事实。构想关系的二分的基础在于因果关系的二分(或者反之),而后者最终又以存在物被二分为生生自然和所生自然、永恒和时间这一事实为基础。

但最后这一种实体-样态间的二分是无理由的吗?如果是,那么我们就可以用PSR否定时间和样态的现实性进而走向无世界论解释,这样一来这种二分也就消除了,换句话说此时唯一现实的东西就只剩下未分化的生生自然了。现在我们可以理解为什么黑格尔会认为"无物生于无"这一PSR的变体会导致无世界论;[③]但正如我们在前一章中所看到的那样,尽管无世界论

[①] 德拉·罗卡,《斯宾诺莎》,5。

[②] 这也解释了斯宾诺莎关于"通过原因认识结果不过是认识了原因的某性质"的说法(TTP第4章,III/60)。这一讨论的语境是神本质与其样态之间的关系,而这种关系是一种内持因果关系,并且只有在这种因果关系中,结果才是其原因本质的本己性质(本己性质必须从事物本质中得出)。的确,另外两个斯宾诺莎将结果与原因的性质相等同的文本所处理的也是内持因果关系(见本章注13)。

[③] 见黑格尔,《哲学史讲演录》,1:244;《逻辑学》,84,以及《小逻辑》,§88。

解释很有吸引力且大胆，但它却并不经得起推敲。那么既然无世界论解释是错的，我们就可以并且应该问：为什么对斯宾诺莎来说存在的不仅仅是永恒且未分化的实体，而且还有有限样态的宇宙？为什么所生自然会从生生自然中得出？多样性与绵延为什么是现实的？

总结

德拉·罗卡大胆且出众的主张就这样将我们引向了斯宾诺莎形而上学中最根本的问题之一。在本章中，我论证了斯宾诺莎从未将内附关系与因果关系相等同，并且这种等同也不可能被看作对斯宾诺莎系统的有益修正，因为它与斯宾诺莎的主要立场相冲突。我为后一个论断提供了几个论证作为支撑。在本章最后一部分中，我论证了在斯宾诺莎系统中存在着对两种因果关系以及两种构想关系的区分，并且这两种二分都以存在被二分为实体与样态这一事实为基础。而此时，我们可以合理地询问这最后一种二分背后的理由是什么：为什么神拥有样态？

最后的问题在不同意义上对斯宾诺莎来说都是难以回答的。一方面，由于斯宾诺莎严格地承诺了PSR的有效性，这一问题也就必须有其答案。斯宾诺莎不能利用自己主张说神因某种武断的恩典而创造了世界。另一方面，我们似乎不能说生生自然需要或者寻求所生自然的存在，因为这就事实上颠倒了样态与实体间的依赖关系。

第一部分　斯宾诺莎关于实体的形而上学

　　这一深层的、根本性的困难问题只能通过彻底的探究才可得到回答，因此必须等到另一个时机再说①，不过我可以大体指出这一答案的方向：斯宾诺莎对于神的定义（"由神我所理解的是一个绝对无限的存在物"）就断言了无限多个无限的现实性。

---

　　① 在《为什么斯宾诺莎不是埃利亚派一元论者》中，我开始对这一问题的答案进行探索。

第四章　无限样态

在斯宾诺莎系统内部，无限样态这个概念十分引人注目。它或许是唯一一个在斯宾诺莎的先辈及同时代人那里没有对应物的概念：笛卡尔从未使用过这一概念，并且我也不知道有任何一位中世界哲学家——犹太或者基督教哲学家——使用过它。斯宾诺莎对于这一概念的使用贯穿了他的整个生涯。早期的《短论》就已经对其进行了详细的讨论，并且一直到斯宾诺莎的晚期通信中，他仍然在尝试解释这些神秘的对象究竟是什么。在《伦理学》中，无限样态处于一个关键节点，它对我们理解这本书中的一些最重要的学说来说至关重要。这些学说包括样态如何从实体本质中得出、必然主义、整体-部分关系以及无限的本质，等等。

在过去三个世纪中，很多学者曾试图解释无限样态的本性。①有些学者将它们等同为自然法则（或者用一种与之略微

---

① 一些对无限样态的主要研究包括施密特 [Elisabeth Schmitt]，《无限样态》（Die unendlichen Modi）；科利，《斯宾诺莎的形而上学》，第2章；施马茨，《斯宾诺莎的间接无限样态》（Spinoza's Mediate Infinite Mode）；贾碧 [Alan Gabbey]，《无限样态》（Infinite Modes）以及伽雷特，《斯宾诺莎论本质》。

不同的表达，即自然法则所描述的宇宙的一般特征），有些认为它们是力，而还有一些认为是事物的本质（或者更确切地说，形式本质）；以上这些不过是各种主张的很少一部分。在此，我觉得我们可以公平地说，在这一问题上并没有公认的解答，而这并不是没有原因的，因为斯宾诺莎对于比如广延与思想这样的个别属性的无限样态的探讨基本上都很简略，这就使读者不得不在很大程度上依赖揣测。

关于这一问题的现有文献很少讨论到斯宾诺莎发明无限样态这一概念背后的动机。在本章中，我会暂时搁置对广延与思想的无限样态的讨论，首先集中于澄清无限样态一般的结构性特征，我希望我能通过这样的讨论方式来为这一问题的解决提供新的思路。在本章的第一部分中，我会试图从斯宾诺莎的文本中总结出无限样态的一般特征，不管它属于哪个样态。这些一般特征将会约束对广延与思想的无限样态的可能解释。在第二部分中，我会解释是斯宾诺莎的系统中的何种压力驱使斯宾诺莎引入了无限样态的概念。换句话说，我会问无限样态在斯宾诺莎系统中扮演了什么角色，同时，如果斯宾诺莎的系统没有这些对象的话，它又会出现哪些问题。在最后的第三部分中，我会以在本章之前部分得出的无限样态的一般特征为基础，进而讨论斯宾诺莎关于广延与思想的无限样态所做的散见于各处的评论。我会给出我自己关于广延与思想的无限样态的理解，尽管我必须提醒读者不要对此抱有过高期望，因为我的结论仍然是十分初步的，并且我不认为斯宾诺莎的文本本身保证了这一问题的决定性的结论。

第四章　无限样态

在我们开始探究无限样态之前，有两点我需要事先提醒读者：第一，斯宾诺莎几乎从未使用"无限样态"（*modus infinitus*）这一术语；他所谈到的一般是"必然存在且无限"的样态（E1p23）或者"因其所内附的原因而无限的事物"（Ep. 12）。我之所以使用无限样态这一术语乃是因为它更加简洁且符合学者的一般做法。第二，斯宾诺莎对无限样态理论的发展历时很久，并且，就如我将指出的那样，他在一些关键问题上曾改变过看法。因此，我会主要集中于斯宾诺莎在他的主要作品即《伦理学》中对无限样态的讨论，而其他文本仅将被用来支持及澄清前者。

§1 无限样态的性质

我们在第一章中已经看到——并且即将在下一章中再次看到——E1p16是《伦理学》中最重要的命题之一。事实上，它似乎就是整本书的岔路口。在这一命题中，斯宾诺莎开始发展其对样态如何从神的本质或本性中得出的解释。"从神的本性的必然性中必有无限多事物以无限种方式得出（即所有能够被无限理智所囊括之物）"（E1p16）。之后两个命题证明了神的本质与其样态之间的因果关系是自我驱使的（E1p17："神的行动仅仅出于其自己本性的法则，而不被任何事物所迫"）、内在的（E1p18）本质，而E1p19及E1p20则确立了实体及属性的永恒。在这之后的三个命题中，斯宾诺莎勾勒了他的无限样态概念。这三个命题是互补且相互支持的：

E1p21：所有从神的某一属性的绝对本性中得出的东西必须永远存在且是无限的，换句话说，它们经由相同的属性而是永恒且无限的（Omnia, quae ex absoluta natura alicuius attributi Dei sequuntur, semper et infinita existere debuerunt, sive per idem attribututm aeterna et infinita sunt）。

E1p22：所有从神的某一属性之中得出的东西，只要它被某个通过相同属性而必然存在且无限的性质修饰，同样也必然存在并且是无限的（Quicquid ex aliquo Dei attributo, quatenus modificatum est tali modificatione, quae et necessario et infinita per idem existit, sequitur, debet quoque et necessario et infinitum existere）。

E1p23：所有必然存在且无限的样态必须要么是从神的某一属性的绝对本性中得出的，要么是从被必然存在且无限的性质修饰的某一属性中得出的（Omnis modus, qui et necessario et infinitus existit, necessario sequi debuit vel ex absoluta natura alicuius attributi Dei, vel ex aliquo attributo modificato modificatione, quae et necessario et infinita existit）。

让我们先来解释这三个令人费解的命题。E1p21指出，任何从神的"绝对"本性中得出的东西必须是无限且永恒的（即永远存在，我之后会对这一点进行说明）。由"属性的绝对本性"斯宾诺莎所指的是完全"赤裸"或者说没有性质的属性。从

第四章 无限样态

E1p22的开头("被某个通过这一属性而必然存在且无限的性质修饰")我们可以看出之前从"某一属性的绝对本性"中得出的东西修饰了这一属性。[①]这种从"赤裸"属性直接得出的东西一般被称作"直接无限样态"。

E1p22描述的是直接无限样态的因果效力[②]或者从中得出的东西,即任何无限样态的结果或者从中得出的东西都必须也是无限且永恒的。这些从直接无限样态中得出的样态一般被称作"间接无限样态",因为它们并不直接修饰属性的绝对本性,而仅仅通过直接无限样态的中介修饰属性。E1p22的表达方式清晰地显示出这一过程是可重复的。因此,从间接无限样态中得出的东西也必须是无限样态。

一:从无限样态中只能得出无限样态

此时我们已经能够看出无限样态的一个首要特性了:从无限样态中只能得出无限样态。E1p22排除了有限样态从无限样态中得出的可能性。有限样态是怎么产生的呢?(它显然不是从无中产生的。)我们之后会回答这一重要问题。一个值得注意的事实是,在斯宾诺莎早期的《短论》中,他明确地将无限样态看作有限样态的原因。[③]因此似乎在这个重要问题上斯宾

---

① 在我看来,对斯宾诺莎来说"样态"与"性质"(modification)的所指是一样的。见第二章§3。
② 我马上会指出,我们可以从斯宾诺莎在第1部分附录中对E1pp21-23的重述中知道"得出"(sequi)这种关系是一种因果关系。
③ KV II 5(I/62/34)。参考KV I 8-9(I/47-48)。

205

诺莎在其晚期作品中改变了他的看法。

E1p23是对E1p21和E1p22的反向补充。E1p21和E1p22指出，任何从属性的本性中得出——直接或间接地——的东西都必须是无限样态，而E1p23所说的则是无限样态要么是从属性的本性中直接得出的，要么是经过另外的无限样态的中介从中得出的。

我们马上将要仔细检查一下对这些命题的证明，这些证明也可以帮助我们找出无限样态的主要特征。不过在此之前我希望指出，无限且永恒的样态的概念本身对于笛卡尔主义读者来说很有可能是非常令人惊讶的。因为对笛卡尔来说，样态就其本性而言就是可变、流逝、有限的性质，这也是为什么笛卡尔拒绝将样态归给神。①

二：（在每一个中介层级中的）唯一性

我想讨论的无限样态的下一个特性是它们在每一个中介层级中的唯一性（uniqueness）；这也就是说，我希望说明只有一个无限样态从每个属性的本性中（直接）得出，并且只有一个无限样态从另外一无限样态中（直接）得出。由于无限样态的这一特性并未引起学者的广泛注意，②我们会通过细读与之有关的文本即E1p21d来试图确立这一点。我们在此会集中讨论E1p21d的前半部分，它证明了直接无限样态的无限；这一证

---

① 见笛卡尔，《对一张大字报的评论》，AT VIIIB 348以及《哲学原理》I 56，AT VIIIA 26。

② 葛扈注意到了无限样态的这个特性（《斯宾诺莎》，1：310）。

第四章　无限样态

明的后半部分则证明了直接无限样态的永恒，我们在之后会讨论到它。

　　如果你否认这一点的话，那么假设（如果这是能办到的话）在神的某个属性中有某物从这一属性的绝对本性中得出，并且它还是有限的且具有确定存在或者说绵延，比如在思想中的神的观念［idea Dei］。由于思想在此被我们假定为了神的属性，它就必然（由命题11）由其本性而是无限的；而就［思想］具有神的观念而言，它又被假定为是有限的。而（由定义2）［思想］只能通过被思想自身限定而被看作是有限的；但它无法通过就其构成了神的观念而言的［思想］自身所［限定］，因为在这个意义上［思想］就已经被假定为是有限的了。因此它只能被就其不构成神的观念而言的思想所规定，而这一意义上的思想（由命题11）也必然存在。因此也就存在着并不构成神的观念的思想，并且因此从［思想］——就其是绝对的思想而言——的本性出发也就无法必然得出神的观念（因为［思想］既被看作是构成了神的观念、也被看作是不构成神的观念）。这与假设矛盾。因此，如果思想中的神的观念或者说神的某一属性中的某物（不管我们用的是什么，对这一命题的证明都是相同的，因为这一证明是普遍的）从这一属性的绝对本性中得出，那么它就必然是无限的。这是要证明的第一点。

第一部分　斯宾诺莎关于实体的形而上学

这一论证的要点比较简单，但它却包含着并不简单的一步。斯宾诺莎首先假设了所要证明的结论的否命题，然后论证了它会导致一个彻底的矛盾。在这一证明中斯宾诺莎用了神的观念的例子，它是思想的直接无限样态。为了避免我们产生关于斯宾诺莎是否能够在这个阶段将思想作为属性提出这一类无关的担忧，我会用普遍的形式来总结这一论证。以下即是对它的简要重构：

（a1）假设某必然地从属性A的绝对本性中得出的样态m①是有限的。

（a2）因此，m必须被另一个也属于同一种类或属性的（E1d2②）样态n③所限制，

（a3）因此，m和n都必须从A的绝对本性中得出（a2）。

（a4）因此，m和n都不从A的绝对本性中必然得出（a3）。

（a5）因此，m既从A的绝对本性中必然得出，也不从中必然得出（a1、a5）。

---

① 用斯宾诺莎的话说，m就是"就其构成了神的观念而言的思想"。
② E1d2："能够被属性相同的另一物所限制的事物就被称作是自类有限的。"属性A本身无法是限制m的东西，因为就其作为属性而言，A是没有限制或者说无限的（而限制是一种对称的关系）。
③ N是m在思想属性中的补集。用斯宾诺莎的话说，n是"就其不构成神的观念而言的思想。"我在此省略了斯宾诺莎论证中琐碎且不完全清楚的一步，即他排除了m限制自身的可能性。

第四章　无限样态

这一论证中的重要一步即是从（a3）到（a4）的过渡。斯宾诺莎对这一过渡的表述如下："因此也就存在着并不构成神的观念的思想，并且因此从［思想］的本性——就其是绝对的思想而言——出发也就无法必然得出神的观念（因为［思想］既被看作是构成了神的观念、也被看作是不构成神的观念）"（E1p21d，II/65/26-29；着重为后加）。斯宾诺莎想说的是，如果从属性的绝对本性中可以得出两个东西，那么这两者就都无法仅从属性的绝对本性必然得出；要么这种得出并不必然，要么在这两者的共同原因（"属性的绝对本性"）之外有另外某种东西产生了这两个结果之间的区别。

　　斯宾诺莎为什么会认为两个不同的东西（比如 m 和 n）不能从同一原因中必然得出呢？在我看来，斯宾诺莎此处的推理的基础是一个强版本的"原因相同，结果相同"原则。这一原则一般来说的应用场景是在同一原因在不同时间出现（并且其他条件相同）时。如果我们不接受这一原则，那么我们就难以得到任何系统性的科学或者自然法则。在 E1p21d 中，斯宾诺莎所依赖的似乎是同一种直觉，并且将其应用到了原因与其结果共时或完全不在时间之中的情况中。①如果属性的绝对本性产生了两个不同结果，那么斯宾诺莎就会要求给出对于这两个结果之间差异的解释。但是，根据我们的假设，这两个结果严格共有同一个原因，因此我们只能得出结论说并不存在（且不

---

① 在下一章中我会说明无限样态的永恒的含义是"在所有时候存在"（everlastingness），而属性的永恒则是非时间性的、自我驱使的意义上，正如 E1d8 所定义的那样。

能存在）对这两个结果之间差异的解释。因此这两个结果之间的区别也就是一个无理由事实，并且斯宾诺莎对于PSR的承诺也就导致他必须拒斥这一无理由事实以及任何会预设这一事实的场景。①

至此，我尝试解释了斯宾诺莎为何会拒斥从属性的绝对本性中会得出多于一个样态的场景。但我们是否能够推广这一结论并且断言——正如我一开始提出的那样——在（每一个属性中的）每一个中介层级中只能存在一个无限样态呢？我认为我们可以。

斯宾诺莎对于E1p22（它说的是从直接无限样态中得出的间接无限样态也必须是无限且永恒的）的证明非常简短："证明这一命题的方式与证明前一命题的方式相同"（E1p22d）。这就是说，禁止多于一个无限样态从属性的绝对本性中得出的论证也可以禁止多于一个间接样态从同一个直接无限样态中得出。同一个原因（在此即直接无限样态）也仅仅产生同一个结果。由于E1p22是可重复的，因此从任一无限样态（不管它处于哪一层级）中都只能得出一个无限样态。②

---

① 斯宾诺莎在《短论》的第二个附录中对无限样态的解释很强地支持了每个属性只有一个直接无限样态的结论。在I/117/18处，斯宾诺莎谈到了"属性的最直接的样态"，而在I/117/30他又认为在思想中"必然只存在一个"直接无限样态。

② 泽夫哈维曾向我指出，在斯宾诺莎的无限样态系统与中世纪关于理智的系统之间存在着有趣的相似性。在这两种情况中，事物之间的区别仅仅来自它们在因果链条中的位置，并且在每一个存在层级中都只存在一个事物。当然，与中世纪学者不同，对斯宾诺莎来说这一层级结构并不局限于思想属性。

三：每一属性中都有无限多个无限样态

无限样态的下一种特征还尚未被先前的学者提到过，甚至斯宾诺莎自己也并未明确地提出这一点。不过在我看来，他显然是持有这种观点的。

《伦理学》第1部分的最后一个命题所证明的内容可以被合理地称为"充分结果律"。这一命题写道："没有一个存在的事物不会从其本性中产生出某结果"（ *Nihil existit, ex cuius natura aliquis effectus non sequatur* ）（E1p36）。尽管这一命题乍一看有些含混，但斯宾诺莎在之后对这一命题的应用清晰地显示出，这一命题的含义是所有事物都必须产生结果。比如在E2p13d中，斯宾诺莎将E1p36重述为"没有一个存在的事物不会产生出某结果。"①

如果所有事物都有结果，那么每个无限样态也就必须具有结果。同时，只有一种事物能够作为无限样态的结果。从无限样态中产生（或者说得出）的结果必须是样态（如果实体能够从无限样态中得出的话，那么根据E1p22，实体就会修饰这一无限样态，而这是荒谬的）；此外，无限样态的结果不能是有限样态（根据E1p22）；因此，它就必须是无限样态。而如果我们将E1p36与E1p22结合起来看的话，那么看起来每一个无限样态都必须具有另外一个无限样态作为其结果。此时我们所得到的图景是，在每一个属性中都有一组由无限个无限样态

---

① 参考E3p1d以及E5p45。鲍姆加登在他的《形而上学》第23节中采用了这一原则："无物不具有结果"。

所组成的链条。不过斯宾诺莎却从未发展E1p22与E1p36所具有的这一清晰后果，虽然有时他的写法似乎暗示了存在多于两层无限样态。比如在《短论》的第2个附录中，斯宾诺莎提到了"属性的最直接的样态 [*de alderonmiddelykste wyzing*]"（I/117/18；着重为后加）。① 另外一处将无限样态描述为一个接一个得出的链条（就像流溢出来一样②）的文本是有名的《伦理学》第1部分附录。这一文本还指出了无限样态所具有的另一个有趣特征：它们的完善性逐一递减。

四：递减的完善性

在《伦理学》第1部分附录中，斯宾诺莎发展了他对人类中心的宗教观及目的论的激烈批判。在这一语境下，他以如下方式给出了他对目的论学说的批判：

> 这种关于目的的学说将自然完全颠倒了。因为它将事实上是原因的东西看作是结果，反之亦然［NS：它将结果看作是原因］。它还使在自然上在先的东西成为在后的。最后，最高且最完善的东西成为不完善的。

---

① 参考KV app 2（I/118/15）。每个属性中都存在无限多个无限样态这一点也有助于我们解释斯宾诺莎在E1p32c2中的说法，"无限多事物从运动与静止得出"（II/73/13）。

② 斯宾诺莎从未在《伦理学》中使用流溢（emanation）一词，但他在通信中一两处提到过它。我认为这意味着他对于流溢这一因果关系模型有一些保留意见，但这一问题无法在此被详细讨论。

第四章 无限样态

　　因为——略去前两点不谈，因为它们是自明的——正如命题21、22以及23所确立的那样，被神所直接产生的结果是最完善的结果，并且一个事物越是需要中介原因方可产生，它就越是不完善[*ille effectus perfectissimus est, qui a Deo immediate producitur, et quo aliquid pluribus causis intermediis indiget, ut producatur, eo imperfectius est*]。而如果被神所直接产生的事物的出现只不过是为了达成神的目的，那么被最后产生的事物——它们是先产生的事物的目的——就是所有事物中最崇高的了。（II/80/10-22；着重为后加）

这段文本中包含着若干重要论断。首先，斯宾诺莎将E1pp21-23当作处理某一特定问题的一个文本单元。这一点或许能回应在本章开始处所提到的一些担忧，即斯宾诺莎似乎并没有明确地特意发展过无限样态这一概念（因为他从未使用过"无限样态"这一术语）。这一文本还清楚地指出，E1p22所说的那种两个无限样态之间（以及E1p21中属性的绝对本性以及其直接无限样态之间）所具有的"得出"（*sequi*）关系就是一种因果关系，因为斯宾诺莎在此明确地将无限样态称为神的"结果"。但对我们所讨论的问题最重要的一点是，斯宾诺莎认为无限样态离神的本性（即"赤裸的"、无修饰的属性）越远，它也就越不完善。尽管E1p22确保了无限样态的无限性不会因为它从另一者中得出而受到损害，但这段文本却指出，每一个无限样态的完善性却并没有在这一过程中被完整保留，相反，中介原因越多，无限样态的完善性也就越低。①这段文本所指的似乎也是一种漫长的过程，在这一过程中，每一个属性之下都有很多中介层级以及无限样态。因此这段文本也支持了我的主张，即无限样态远不止两个层级。②

五："得出"的同义性：内持因果

正如我们所看到的那样，E1p22的证明仅仅引用了E1p21d，并且指出，那些能够解释直接无限样态何以从属性的绝对本性中得出的理由，同样也可以解释任何间接无限样态是何以从这一链条中的在先环节中得出的（"证明这一命题的方式与证明前一命题的方式相同"）。因此，这一链条中每一个环节之间的不断重复的转换看起来都是完全一样的。从属性的绝

---

① 由于属性的绝对自然的完善性是无限的，因此这一过程似乎永远不会让完善性消失。在此，一个明显的问题是，无限样态的完善性为何会随着它与属性距离的增加而递减，这背后的原因和基础到底是什么。斯宾诺莎所承诺的PSR以及E1p36似乎反而更加支持完善在这一过程中会得到保存（因为我们无法解释完善性为何会奇迹般地在每个阶段消失一部分）。这种递减的完善性或许是斯宾诺莎早期理论的遗留物，因为斯宾诺莎曾认为有限样态是由无限样态产生的（并且有限样态当然比无限样态更不完善）。当然，这仅仅是一种猜测，并且我也没有其他理由认为它不仅是猜测。完善性的递减显然与新柏拉图主义的流溢模型以及亚里士多德在《范畴篇》第五章所说的属距第一实体越远就越不是实体这种说法（2b7）非常相似。

② 上引文中的最后一句话提到了"被最后产生的事物［*ultimae*］——它们是先产生的事物的目的"。这是否意味着无限样态的层级是有限的呢？或许是的。而如果的确如此，那么这就与E1p22与E1p36组合所导致的结果之间存在着张力。另外一种读法是，"*ultimae*"或许仅仅是相对于在先的原因而言的，而非意味着整个过程的结束。

对本性中得出直接无限样态的过程在每一个阶段都被重复了一次。而我们已经看到，这种传递（"得出"）是一种因果关系，E1p22也指出无限样态链条中的每一个环节都是前一个环节的性质。因此，这种x从y中得出的关系同时包含了因果与内附；从第2章第1节中我们知道，同时统一了因果关系与内附关系的关系即是内持（*causa immanens*）。所以我认为我们可以从中得出结论，即这一链条中的每一环节都是后一个环节的内持因。

六：时间中的永恒

在E1p21中，斯宾诺莎论证了直接无限样态是永恒的，而在E1p22中他证明了所有其他无限样态都"必然存在"。《伦理学》的早期荷兰语译本（它与NS的其余部分一样是在1677年与拉丁语《遗作》[*Opera Posthuma*]同时出版的）中的E1p22所证明的是所有间接无限样态都是"永恒的"，而《遗作》中则证明的是它们"必然存在"。我接下来会指出，这两种表达的意思是相同的。不过在此之前让我们先搞清楚另一个问题，即E1p21所说的"永恒"（*aeternitas*）的含义到底是什么？这一问题之所以重要不仅仅是因为*aeternitas*这一概念在其漫长的历史中不只具有一种含义，[①]同时也因为斯宾诺莎自己在他的早期作品中也曾指出他是在两种不同的意义上使用这一术语的：

---

① 见我编辑的《永恒》（*Eternity*），第1章。

第一部分　斯宾诺莎关于实体的形而上学

> 以下词语指的是什么：自永恒以来［ab aeterno］？
>
> 为了正确地理解这个问题，我们必须注意这种表达方式：自永恒以来。因为由此我们所指的东西与之前我们谈论神的永恒时所解释的完全不同。此处我们所理解的不过是一种没有开始时刻的时长，或者说是一种极大的时长，就算我们用数年或者数万年与之相乘，然后再用数万年与这一乘积相乘，我们仍然无法用任何数字表达它，不管这个数字有多大。（CM I 10，I/270/17-25；着重为后加）

在这段文本中斯宾诺莎指出，永恒在被用来指神的存在时的意思与它在被用来指其他事物的存在（或永恒）时的意思完全不同。后一种含义不过是拥有无限的、永远延续的时长。斯宾诺莎还指出，作为无穷时长的永恒可由"自永恒以来"（ab aeterno）这一说法表达。① 在《短论》中，斯宾诺莎用这一表达（及其补充"直至永恒"）来刻画直接无限样态的存在：

> 而关于普遍所生自然，或者说那些直接依赖于神或被神创造的样态或受造物……我们说这些东西自永恒以来便被创造，并且会持存直至永恒；它们是不可变的，是与造物者同样伟大的作品。（KV I 9，I/48/3-9；着重为后加）

与之类似，在《伦理学》中斯宾诺莎也将样态从神的本性得出

---

① 当然"自永恒以来"指的是无限的过去时长。

的过程描述为"自永恒以来且直至永恒"：

> 由神的至高力量或者说无限本性出发，无限多事物以无限种方式——这即是说所有事物——从中流出［effluxisse］，或者说永远［semper］以相同的必然性从中得出［sequi］，这与三角形三角相加等于两直角这一性质，必然从三角形的本性中自永恒以来且直至永恒得出［ab aeterno et in aeternum sequitur］的方式一样。因此神的全能自永恒以来就是现实的，并且会在同样的现实性中延续直至永恒。（E1p17s, II/62/15；着重为后加）

注意在此"永远"（semper）与"自永恒以来且直至永恒"的意思相同，而这一点符合斯宾诺莎在《形而上学思想》中的说法，即"自永恒以来"与"直至永恒"指的是无限的时长。

我们方才检验的三段文本似乎指出，无限样态的永恒只不过是永远延续或者说时间中的永恒（sempiternity）。现在，让我们将其与永恒的另外一种含义（即被归给神的永恒）比较。斯宾诺莎在《伦理学》的开篇就定义了永恒：

> E1d8：由永恒我所理解的是，就其被构想为仅从永恒之物的定义中必然得出而言的存在本身（Per aeternitatem intelligo ipsam existentiam, quatenus ex sola rei aeternae definitione necessario sequi concipitur）。
> 解释：因为这种存在就像事物的本质一样被构想为永

第一部分 斯宾诺莎关于实体的形而上学

> 恒真理，因而它无法通过绵延或者时间阐明，就算绵延被构想为无始无终也是如此。①

斯宾诺莎将永恒理解为自我产生的必然存在，这十分有趣且具有原创性。我们无法在此对其进行小心细致的澄清，②不过，只要我们粗略浏览一下这一定义的解释，我们就会知道它清楚地表明了神的永恒不能被等同为无限的绵延，即神的永恒并不是永远延续。这也就是说，斯宾诺莎关于神的永恒的概念似乎与时长或时间完全无关，而是一种独特的模态概念（即一种其必然性从其自身的本质中得出的必然存在）。③

对神的永恒与无限样态的永恒/永远延续的区分也出现在了《短论》的一个有趣文本中，在这段文本中斯宾诺莎将这两者与有限样态（"个别事物"）的可朽存在进行了比较：

> 有些对象就其自身而言就是可朽的，而另一些则通过它们的原因而是不可朽的，最后还要有第三种［对象］，它仅仅通过自己的力量与潜能就是永恒且不可朽的。可朽物都是个别事物，它们并非一直存在，或者说它们有其开始；

---

① 着重为后加。参考"我将这种无限存在称为永恒，它只能被归给神而非受造物，哪怕后者的时长无始无终"（CM II 1, I/252/17-18；着重为后加）。

② 参见我的《斯宾诺莎对存在的神化》，第三章。

③ 关于对这一问题的更详细解释，见我的《斯宾诺莎对存在的神化》和《永恒的概念》(Concept of Eternity)。参考哈勒特的出色著作《永恒》。不过哈勒特对E1pp21-23的讨论非常简短，几乎不到半页（70）。我认为我在本章中的讨论能够驳倒他那些匆忙得出的结论，即无限样态的永恒并不是时间中的永恒。

第四章 无限样态

第二种则是我们之前谈过的那些是个别样态原因的样态；第三种则是神或者真理（我们认为它们是同一个东西）。①

无限样态"通过它们的原因而是不可朽的"，而神则是通过自身而是不可朽且永恒的。我们马上会看到斯宾诺莎在第十二封信中对神（或者属性）的无限以及无限样态的无限所做的区分。前者是由其本性的无限，而后者则是由其原因（即神的本质）的无限。不过我们需要注意，在上引的《短论》文本中（以及《短论》的其他文本中）斯宾诺莎将无限样态当作有限样态的原因。在《伦理学》中，斯宾诺莎严格地拒斥了这种观点（见E1p22）。②

现在我们可以来看一看《伦理学》对无限样态的永恒的证明。这一证明即E1p21d的后半部分。在这一证明中斯宾诺莎用"神的观念"来指代一个任意的直接无限样态：

接下来，那个从某一属性本性的必然性中如此得出的

---

① KV II 5（I/62/27-63/2）。这一三重划分与阿维洛伊在（a）出于自身而必然的事物（严格意义上的永恒物），（b）因外在原因而必然并且在时间中永恒之物，以及（c）因外在原因而必然并且只持存一段有限时间的事物，这三者之间所做的区分非常相似。参考戴维森［Davidson］，《对永恒的证明》(*Proofs for Eternity*)，第三章。参考沃尔夫森，《斯宾诺莎的哲学》，1:252，以及葛扈，《斯宾诺莎》，1:309。

② 斯宾诺莎在KV中对神与有限事物关系的解释并未得到足够的发展。比如说他有时会将神称作一个整体（I/30/50），并且将内持因概念看作因果关系与部分整体关系的结合产物（I/30/25），而不是像在《伦理学》中那样是因果关系与内附关系的结合产物。

东西不能仅具有一定的［NS:存在，或］绵延。因为，如果你否认这一点的话，假设在神的某个属性中存在从这一属性本性的必然性中得出的某一事物——比如思想中的神的观念——那么［该观念］就在过去或未来的某一时刻不再存在。但由于思想被假定为了神的属性，它就一定必然存在且不可变（由命题11与命题20推论2）。因此，超出神的观念绵延的界限（因为我们假设它在过去或未来的某一时刻［该观念］不再存在），思想就必须在没有神的观念的情况下存在。但这与假设相矛盾，因为我们之前假设了神的观念必然会从被给定的思想中得出。所以，思想中的神的观念，或者其他任何必然从神的某一属性的绝对本性中得出的东西，不能仅具有一定的绵延。（着重为后加）

在此有几点值得注意。首先，E1p21中关于无限样态"必须永远存在"的说法，用来描述永远延续的存在远比用来描述非时间性的存在更加合适。①其次，E1p21的证明仅仅指出这些样态"不能仅具有一定的绵延"（II/66/13），这显然允许无限样态拥有不定的（或者说无限的）绵延。这一证明甚至从未试图论证无限样态是非时间性的。由于斯宾诺莎对无尽的绵延与属于神的那种永恒之间的区别有着深刻的认识（见E1d8e），他不太可能陈述一者但却论证另一者。第三，在E1p21d中，斯宾诺莎

---

① 强调过这一点的包括沃尔夫森（《斯宾诺莎的哲学》，1：377）、葛庪（《斯宾诺莎》，1：309）、阿普恩［Appuhn］（《斯宾诺莎作品集》，3：347）、施马茨（《斯宾诺莎的间接无限样态》，210n56）。

第四章　无限样态

完全没有提到永恒作为自我产生的必然存在这一定义（E1d8）。如果斯宾诺莎想论证直接无限样态在E1d8所说的严格意义上是永恒的，那么他毫无疑问会引用E1d8。① 斯宾诺莎的确在E1p23d对无限样态的讨论中提到了E1d8，② 而这或许会让我们误以为无限样态是在E1d8所说的严格意义上是无限的。但如果我们更仔细地考察它的话，我们就会发现在E1p23d中斯宾诺莎引用E1d8的目的是将永恒等同为"神的某个属性……就其被绝对地考量而言"（着重为后加），但这种刻画显然并不适用于直接的无限样态，因为后者虽然"从神的任何一个属性的绝对本性中得出"，但它们却并不与这种绝对本性本身相等同。

我认为我们有很强的证据证明，直接无限样态的永恒仅仅是一种永远的延续或者说时间中的永恒，那么E1p22所讨论的各种间接无限样态的情况又是怎样的呢？正如我之前指出的那样，《遗作》中的E1p22并未提到永恒，而仅仅指出了间接有限样态"必然存在"。不过在斯宾诺莎的系统中，永恒与必然存在有着紧密的联系，并且"永恒或者［sive］必然性"这一说法在《伦理学》中出现了若干次。③ 此外，在E1p23d中，斯宾诺莎将间接与直接无限样态都描述为"必然存在"而非"永

---

① 斯宾诺莎在所有试图证明实体或其属性在严格意义上永恒的地方几乎都用到了E1d8。

② E1p23s："如果某样态被构想为是必然存在且无限的，那么［它的必然存在及无限性］就一定是从神的某个属性——就其被构想为表达了无限及存在的必然性或者（根据D8这与前一种说法相同）永恒而言，即（由D6及P16）就其被绝对地考量而言——之中推出或者把握到的。"

③ 比如见E1p10s与E4p26d。

恒"。①最后，如果间接无限样态的"必然存在"与直接无限样态的永远延续含义不同的话，E1p22的证明（它不过是对E1p21d的重复）就完全无法成立了。根据以上这些理由，我相信我们应该得出结论，即所有无限样态的永恒都指的是时间中的永远延续。

七：可分性

第12封信，它又被称为"论无限的信"，是对理解斯宾诺莎形而上学的核心而言最重要的文本之一。斯宾诺莎直至其晚年仍在不断散发这封信的抄本，②我们由此也可以假定这封信所阐述的学说并未被放弃。在这封信中，斯宾诺莎提出样态的存在应通过绵延阐明，而实体的存在则应通过永恒阐明。③这种说法支持了我们先前的结论，即无限样态的永恒是时间中的永恒，或者说无限的绵延，而只有实体是在E1d8所说的严格意义上永恒的。

第12封信也是我们理解斯宾诺莎关于何物可分、何物不可分的观点的重要来源。斯宾诺莎在这封信中将无限者分为三

---

① "那种必然存在且无限的样态只能从神的某一属性的绝对本性中得出，它要么是直接得出（见命题21），要么是通过从属性的绝对本性得出的中介性质得出，而后者（由命题22）也必然存在且无限"（E1p23d）。

② 见Ep. 81。

③ "我们构想实体的存在完全不同于样态的存在。永恒与时长的不同也源自于此。因为只有关于样态我们才能用时长来阐明其存在[existentiam explicare possumus]，而我们却可以用永恒来阐明实体的存在，即对于存在或者（用水平很差的拉丁语来说）'是'的无限享有"（Ep. 12，IV/54/33-55/3）。

第四章　无限样态

类，其中前两者之间的区分对于我们的讨论而言是重要的：

> 有些事物由其本性而无限并且无法被以任何方式构想为有限，而另一些则是由其所内附的原因之效力［而无限］［*quaedam vero vi causae cui inhaerent*］，尽管当它们被抽象地构想时，它们仍能被分成不同的部分并且被当作有限。①

"由其本性而无限"的事物显然就是实体及其属性，②而"由其所内附的原因之效力"而无限的事物又是什么呢？在斯宾诺莎的系统中，既（a）内附于他物又（b）无限的事物，只有无限样态。在这段文本中，斯宾诺莎所说的似乎是，尽管实体及属性的无限严格意义上来讲是不可分的，无限样态的无限在某些情况下却可分（即当我们将无限样态从实体中抽象地构想时）。③显然，如果我们不将无限样态与实体相分离，那么它们就同实体一样是不可分的，因为此时我们实际上构想的就是实体。④斯宾诺莎认为是想象将样态从其原因中抽象出来，而理智则将样态构想为嵌在实体之中。⑤

只有样态可能可分而实体从不可分的这种观点也出现在了

---

① Ep. 12（IV/61）。
② 见 E1p8 及 E1d6。
③ 见 Ep. 12（IV/56/17）。
④ Ep. 12（IV/54/10）。不过也可参考本章注释43对此处所包含的抽象之本质的另一种解释。
⑤ Ep. 12（IV/56/6–14）。

斯宾诺莎的其他几个作品中。在《短论》中,斯宾诺莎写道:

> 分解从不出现在实体中,而永远并且仅仅出现在实体的样态中。因而如果我想分解水,那么我所分解的就只有实体的样态,而非实体本身;实体永远都是同一个……
>
> 分解,或者说受作用,永远都出现在样态中,比如当我们说某人消亡或者被毁灭时,这仅是就这个人被理解为是一种复合物及实体的样态而言,而非就其所依赖的实体本身而言。①

在《伦理学》中,斯宾诺莎在E1p14中证明了神是唯一的实体;而在这之前,斯宾诺莎证明了实体及属性的不可分性:

> E1p12:如果我们真正地构想了实体的任一属性,那么我们就绝不可能从中得出实体可分的结论。
>
> E1p13:绝对无限的实体是不可分的。

那么斯宾诺莎在《伦理学》中又是怎样看待无限样态的可分性的?让我们来考虑引自E1p15s的如下文段,它的主张与我们刚刚在第12封信中见到的主张完全相同:

> 我们构想量的方式有两种:抽象地或者说表面地,这

---

① KV I 2(I/26/9—11);着重为后加。

第四章 无限样态

发生于当我们想象它时；或者也可以将其构想为实体，而这仅由理智［NS：在没有想象的帮助的情况下］所完成。因此，如果我们仅注意想象所构想的量（这更为常见且轻松），它就是有限的、可分的并且由部分复合而成；但如果我们注意的是理智中的量，并且将其构想为实体（做到这一点要困难得多），那么（正如我们已经充分证明的那样）我们就会发现它是无限的、唯一的、不可分的。

这一点对于每一个知道如何区分理智与想象的人来说都十分显然——特别是当我们注意到，物质在处处都是同一的物质，并且只有就我们构想物质被以不同方式作用而言，物质中的不同部分才能被区分开，这也就是说在物质的不同部分之间只有样态上的区别，而没有现实的区别。①

在上文的第一段中，斯宾诺莎指出，当且仅当我们想象量，或者说抽象地构想它而不是将其构想为实体时，我们才将其构想为可分的。②与之对应，在第12封信中，斯宾诺莎认为当我们"抽象地"构想无限样态时，"它们可以被分为不同部分"（IV/61/3）。在上引文的第二段中，斯宾诺莎又做出了另一个重要论断：物质的不同部分之间的区分并非现实的，而是样态上的（这仅发生于我们构想物质被以某些方式作用，也就是说修

---

① E1p15s（II/59/21-35），着重为后加。
② 对斯宾诺莎来说，想象时错误的唯一来源（E2p41）。

第一部分　斯宾诺莎关于实体的形而上学

饰的时候[①]）。斯宾诺莎在此使用了现实的区分和样态上的区分这一组经院哲学（及笛卡尔主义）概念。现实的区分即是两个实体之间的区分，这两个实体可以独立于彼此而被构想。样态上的区分要么是实体与其样态之间的区分，要么（这显然正是E1p15s的情况）是同一实体的两个样态之间的区分。[②] 因此斯宾诺莎在E1p15s结尾处的论断实际上就与我们已经在其他文本遇到过的论断一致，即只有样态才能被分为部分，但实体不能。

此外还有几种考量可以有力地支持在《伦理学》中可分性仅仅属于样态这一结论。第一，斯宾诺莎在E1pp12-13对实体及属性不可分性的论证不可被应用于无限样态，因为这两个论证都依赖于实体及属性的自我构想及自我产生。由于无限样态并不分有生生自然的这些根本特征，E1p12-13的论证并不能被重复应用到样态上。第二，在《伦理学》中的若干处斯宾诺莎明确地将某些事物称为无限样态的部分。比如在E2p11c中，斯宾诺莎认为人的心灵（一个有限样态）就是神的无限理智

---

① 在上引文之后，斯宾诺莎马上就为其提供了一个例子。仅就水是广延的性质，而非就其是广延本身而言，水可以被分成不同部分："比如说，我们可以构想水被分成了部分，并且不同部分之间相互分离；但这仅是就它是水而言，而非就它是物体性实体而言。因为就它是实体而言，它既不可被分解也不可被分为部分。而且，水，就它是水而言，也能生成及毁灭；但就它是实体而言，它既不可生成也不可毁灭"（E1p15s, II/60/1-4）。

② 同时代的作家对于这些区分的分类略有出入。我主要依据的是斯宾诺莎的表述，见CM II 4（I/259/260）。关于笛卡尔的表述，见《哲学原理》，I 63。

（一个无限样态）的一部分。①第三，在《伦理学》中，斯宾诺莎从未提到过实体的部分或者属性。比如说，他从未提到人的心灵是实体或者思想属性的一部分。出于所有这些原因，我相信我们应当得出结论说，对斯宾诺莎而言，只有样态才是可分的。②

§2 斯宾诺莎为何引入无限样态概念？

到目前为止，我尝试确定了无限样态的主要特征。我的结论是，无限样态可分、在每一中介层级上唯一、在时间中永恒；并且在每一属性中都有无限多个无限样态、从无限样态中只能得出无限样态，相同的过渡连接无限样态链条中的每个相邻的项（在每个属性中），并且链条中每个环节与属性的绝对本性的距离越远，它的完善性也就越低。这些特征中的有些已经被先前的研究所指出，但大部分是在此才被首次提出。

---

① 参考 E5p40s。同样，在 E5p36 中，斯宾诺莎认为"心灵对神的理智之爱是神对自身的无限之爱的一部分。"显然，神的爱是一个样态（而非实体），并且根据 E5p36，它是无限的。参考 KV app2（I/118/6）。

② 我们或许想要得出一个更强的结论，即哪怕是样态也仅在被抽离出实体构想时才是可分的。但是，如果这一论断是正确的，那么我们就并不清楚人的理智何以能够是神的理智的一部分。难道这种部分-整体关系只有在神的理智被抽离于神的构想时才成立吗？在神的理智不被抽离于神构想时，人的理智与神的理智之间的关系又是什么？还有一种选择是说，当我们构想样态的一部分时，我们实际上是在抽象且不充分地构想它，因为它被从与之具有因果作用的互补部分中抽离出来了（并且在独立于原因的情况下构想事物是不充分的［E1a4］），但这显然与生生自然在严格意义上的不可分性并不相同，因为后者完全没有部分。

第一部分　斯宾诺莎关于实体的形而上学

现在，我希望能够回答一个几乎从未在现有文献中被提及（或者至少详细论及）的问题：斯宾诺莎引入无限样态概念的原因是什么？正如我在本章开头所指出的那样，斯宾诺莎几乎从未引入新的概念与术语。在大多数情况下，他所使用的概念都来自他的前辈（主要是笛卡尔），虽然他会重新定义或界定这些概念。既然如此，那么斯宾诺莎又是出于何种迫切的需要才不得不引入无限样态这一在笛卡尔处没有先例的概念呢？

在葛扈[Martial Gueroult]具有标志意义的斯宾诺莎研究中，他提出斯宾诺莎之所以会引入无限样态这一处于无限原因与其有限结果之间的中介物，乃是由于他追随了斐洛及其他新柏拉图主义者。[①]尽管这一提议十分有趣，但它却没有回答这种柏拉图主义解决方案背后所蕴含的"第三人"问题：如果实体及其有限样态之间需要有一个中介物，那么为什么在实体与这一中介物，以及这一中介物与有限样态之间却不需要再有另外两个中介物呢？这一方案所导致的无限回溯对我们来说并不陌生，因此，对于无限样态所扮演角色的充分说明必须能够指出，我们为何需要这样一种中介或者说它的功能是什么，以及为何无限样态这种中介就足以完成这些功能。我们在上一节结尾处讨论过无限属性的不可分性与无限样态的可分性之间的区分，这一点可以为这些问题的解答提供指引。

---

① 葛扈，《斯宾诺莎》，1:309。

第四章 无限样态

让我们来思考如下问题：如果斯宾诺莎的系统中没有无限样态，这会导致什么后果？在这样的一个系统中，在每一个属性下都存在着无限多个有限样态，但却不存在一个无限样态来将这无限多个有限样态统一成一个整体。不过，这种整体的统一性究竟来自何处？难道任意一个聚合体都能够算作一个整体吗？在他第32封信对整体-部分关系的关键讨论中，斯宾诺莎对于这一问题的回答是否定的：

> 在整体与部分的问题上，就某些事物的本性相互适应并因而尽可能地相互一致而言，我将它们看作是某一整体的部分。①

在这段文本中，斯宾诺莎将整体-部分关系看作一个有机系统与这一系统中的单元之间的关系。因此，月亮、六便士和我的左手对于斯宾诺莎来说并不构成一个整体，除非它们之间有着某种互动或者相互适应的关系。现在让我们回到没有无限样态的斯宾诺莎系统中。此时这一系统中含有若干由神作为内持因产生的有限样态，但这些有限样态却在因果关系上相互独立（如果它们相互作用或者相互适应的话，那么它们就构成一个整体了）。换句话说，在没有无限样态的情况下，斯宾诺莎的系统就会变成某种机缘论（occasionalism）的系统，在这一系统中有些事物只与神有因果关系而并不与其他事物互

---

① IV/170。

第一部分　斯宾诺莎关于实体的形而上学

动。①为了避免这一后果，斯宾诺莎必须将所有属于同一属性的有限样态都包括在一些无限的整体中。而实体与属性虽然是无限的，但它们却不能是无限的整体，因为它们并不可分。因此只有无限样态才能扮演这些相互联系的样态之无限整体的角色。

除了避免机缘论以及构成无限多有限样态的整体之外，无限样态还至少可以具有另外一种重要的功能，即它们可以解释有限物是如何从神的无限本性中产生的。我们（在第二章第2节）讨论过黑格尔对斯宾诺莎的批评，即斯宾诺莎未能解释有限样态何以从实体中产生。斯宾诺莎自己在E1p22处关于从无限样态中只能得出无限样态的论断似乎支持了黑格尔的反驳。但是，一旦我们认识到有限样态是无限样态的部分，我们就能更好地理解从实体中如何能够推出有限样态，即后者是作为无限样态的部分从神的本质中得出的。②当然，这一点并不能回答有关有限样态何以从实体中产生的全部问题（比如说，我们可以追问，为何不可分的属性能够产生可分的无限样态，或者

---

①　考虑到我们如何精确定义机缘论，特别是它们在其是否允许神的结果具有因果上的联系，我这里所描述的机缘论仅仅是机缘论的一种。感谢亚当·莫雷[Adam Murray]让我进一步思考这一问题。斯宾诺莎的早期作品《形而上学思想》（CM）包含了几段十分有趣的文本，这些文本所表达的观点十分接近于机缘论。参见CM II 1 (I/252/1)，CM II 10（I/269/20），CM II 11（I/273/19）。关于所罗门·迈蒙对于斯宾诺莎所持的神是"所有结果的直接原因"这一观点的解读，见其《自传》，216。

②　有其他一些同样认为有限样态是无限样态的部分的解释者，见葛鲁，《斯宾诺莎》，1:309；伽雷特，《斯宾诺莎的必然主义》，198；德拉·罗卡，《表象》，174n14。

说原因的不可分为何没有被保存在结果之中？①），但它却能在很大程度上推进我们解答这些问题的尝试。

§3 广延与思想的无限样态

尽管无限样态的概念很早便出现在斯宾诺莎的作品中，但值得注意的是，斯宾诺莎在其主要作品《伦理学》中却几乎没有谈及广延与思想的无限样态究竟是什么。正如我们已经看到的，在E1p21d处斯宾诺莎将神的观念（idea Dei）当作直接无限样态的一个例子（即思想的直接无限样态）。之后，他略微展开论述了这种观念是什么：

E2p3：在神之中必然存在关于其本质以及所有必然从其本质中得出的事物的观念。

证明：因为神（由本部分命题1）可以在无限多种样态下思考无限多事物，或者说（由第1部分命题16，这两者是一个意思）神可以形成关于他自己本质以及所有必然从中得出的事物的观念。而任何神可以做到的事都必然会发生（由第1部分命题35）；因此，这样的观念必然存在，并且（由第1部分命题15）它只能存在于神之中。证毕。

---

① 关于回答这一问题的尝试，见笔者的文章，《为什么斯宾诺莎不是埃利亚派一元论者》。

神的观念表象所有存在的东西，即神的本质（生生自然）与所有从神本质中必然得出的东西（所生自然）。我们接下来会看到（在第六章中），这一无限样态分有了神本身的某些特征。

附于E2p13之后的"物理学插曲"以及第5部分结尾处关于至高幸福（beatitudo）的讨论包含了一些与其他无限样态有关的信息，但它们却未能对这些样态是什么作出任何基本的解释。因此，斯宾诺莎最亲密、最敏锐的友人之一契恩豪斯（他当时就可以读到《伦理学》的手稿）会对这一问题产生疑惑，并且会要求斯宾诺莎提供进一步的解释，这也并不令人惊讶。在一封写于1675年并通过他们共同的友人舒勒［Schuller］寄送的信中，契恩豪斯向斯宾诺莎写道：

> 关于那些由神所直接产生的事物，以及那些经由某种无限的性质［modificatio］的中介所产生的事物，我希望能够得到一些例子。在我看来，思想与广延属于前者，而思想中的理智以及广延中的运动属于后者。①

契恩豪斯在此犯了一个较为明显的错误，即将思想与广延这两个属性当成了"由神所直接产生的事物"（即直接无限样态）。这一点有些令人惊讶，②并且它或许说明无限样态并未在斯宾诺莎的小圈子里得到细致的讨论。作为回应，斯宾诺莎给出了一

---

① Ep. 63（IV/276/1-4）。
② 或许契恩豪斯是受到了E1d6中属性表达了神的本质这一表述的误导。在我看来，E1d6所说的表达关系不能是一种因果关系。

第四章　无限样态

个十分简短的说明：

> 你询问的第一类事物的例子包括：在思想中，绝对无限的理智；在广延中，运动与静止 [*motus et quies*]。而第二类事物的一个例子是整个宇宙的表面 [*facies totius Universi*]，尽管它在以无限种方式变化，而同时永远都保持同一。参见在第 2 部分命题 14 前引理 7 的附释。①

有些评论者认为，斯宾诺莎同时提供了广延的直接与间接无限样态的例子，但却只提供了思想的直接无限样态的例子，这与 E2p7 的平行论有所冲突。我并不认为这是一个问题。我们应当记住，斯宾诺莎仅仅被要求提供一个例子，而不是完整地列举所有无限样态。第 64 封信的文本（或者说就我所知的任何其他斯宾诺莎文本）并未指出这三个样态就是仅有的无限样态，并且正如我已经论证的那样，斯宾诺莎的正式观点似乎是在每个属性中都存在无限多个无限样态。

我同时也不认为斯宾诺莎在第 64 封信中对思想的直接无限样态的叫法，"绝对无限的理智"（*intellectus absolute infinitus*），有任何值得注意的问题。②斯宾诺莎在 E2p4d 中从神的无限理智到神的观念的迅速切换似乎也表明这两者实际上

---

① Ep. 64（IV/278/25）。
② 在《短论》中斯宾诺莎也将无限理智看作从神的本质中直接得出的。见 KV I 2（I/33/24—6），KV I 9（I/48/20），KV II 26（I/111/16）。

第一部分　斯宾诺莎关于实体的形而上学

是同一个东西。① 这两种表达指的都是思想的无限样态，它包含了所有其他观念作为其部分。在第六章中，在我澄清了平行论问题之后，我会对它进行更详细的论述。

思想的间接无限样态又是什么？尽管斯宾诺莎并未在第64封信中谈到这一点，他在其他文本中提及了这些事物。② 在《短论》的第1附录中，斯宾诺莎略微展开讨论了神的观念，它"在自身之中对象地包含了整个自然"。③ 之后他进而开始解释从神的观念中得出的其他思想的样态：

---

① 关于支持将神的观念与绝对无限的理智相等同的证据，见第六章第6节。参考葛扈，《斯宾诺莎》，1:314。

② 有些学者提出，神的观念是思想的间接无限样态，而绝对无限的理智则是思想的直接无限样态（见波洛克，《斯宾诺莎》，176以及约阿希姆，《研究》，94）。我认为这一观点是不可接受的，因为它与E1p12d、E2p3以及若干其他文本相矛盾。施密特（《无限样态》，116）以及沃尔夫森（《斯宾诺莎的哲学》，1:247）提出第64封信提到的"整体宇宙的表面"同时是广延与思想的间接无限样态。我认为这一观点同样是不可接受的，因为斯宾诺莎接下来引用了"物理学插曲"中的"在第2部分命题14前引理7的附释"，这说明这一无限样态属于广延。

③ I/117/28。有趣的是，在《短论》中斯宾诺莎强调神的观念"在自身之中对象地包含了所有事物的形式本质"（I/117/31）。这一观点是否与斯宾诺莎在《伦理学》中的立场相悖，并且具体来说它与E2p8是什么关系，都是需要在这里无法做到的细致研究的复杂问题。[在中世纪及早期近代语境下，被观念所表象的外在事物"对象地"（*objective*）存在于观念之中，而"形式地"（*formaliter*）存在于外在世界中。大体来说，某物"对象地存在"于心灵之中即指其被心灵之中的某个观念所表象，而"形式地存在"于外在世界中指的是事物本身存在于外在世界中。与之相对应，观念也具有"对象存在"以及"形式存在"。观念的"对象存在"指的是这一观念表象了某外在之物，而观念的"形式存在"指的是它本身作为一个心灵的样态或偶性存在于心灵之中。——译者]

第四章　无限样态

> 我们应当注意到，所有余下的样态，比如爱、欲望以及快乐，都来自这一原初的直接样态，因而如果后者没有在它们之前存在的话，爱、欲望等等也就不会存在。（I/118/4）

观念是思想的原初样态并且思想的所有其他样态均以观念为前提，这一主张即是《伦理学》第2部分的公理之一：

> E2a3：除非在相同个体中存在着被爱或被欲求等等的事物的观念，否则就不会存在思想样态，比如爱、欲望，或者"灵魂的情感"这一名称所指的任何东西 [modi cogitandi, ut amor, cupiditas vel quicunque nomine affectus animi insigniuntur]。相反，即使没有其他的思想样态，观念也可以存在。

值得注意的是，之前所引的这段来自《短论》第1附录的文本所指的明确是无限样态，因此无限的爱、欲望、以及快乐都是无限样态。[①]在《伦理学》中，斯宾诺莎似乎将"无限的爱"当作思想的另一个无限样态："心灵对于神的理智之爱是神爱自

---

① 在《短论》KV I 9 (I/48/24)，斯宾诺莎将"无限的满足"(een oneyndelyk genoegen) 作为思想的间接无限样态。在《伦理学》第5部分，斯宾诺莎将在自身中的满足 (acquiescentia in se) 与对神的理智之爱 (amor dei intellectualis) 相等同："无论这种爱是指向神还是心灵，它都可以被称作灵魂的满足 [animi acquiescentia]，而这与光荣（由情感定义25与定义30）实际上并无区别"(E5p36s)。

身的无限的爱的一部分"（E5p35）。①那么无限的爱、欲望与快乐之间的关系是什么？斯宾诺莎认为从一个无限样态中只能得到另一个无限样态，如果我们遵循这一要求，那么这些间接无限样态就应被排列在一个链条之中。但是，斯宾诺莎却从未向我们提供关于这一链条的确切排序的任何线索。他从未指出从无限理智中直接得出的无限样态是欲望、快乐还是爱。因此，似乎斯宾诺莎并没有在细节上完善他的无限样态理论。尽管这一点看起来会有些令人吃惊，特别是考虑到斯宾诺莎很早便开始处理关于无限样态的问题，但实际上在斯宾诺莎哲学的很多方面都存在着这种未被解决的开放问题。正如斯宾诺莎自己在他最后几封信之一中所说，他从未"有机会恰当地整理"他关于广延样态的想法（即关于物理学的想法）（Ep.83）。②

斯宾诺莎关于广延的无限样态的观点甚至比他关于思想的无限样态的观点还要粗糙。《伦理学》甚至没有包含任何一段解释广延的无限样态的文本。这一点的原因看起来十分简单：斯宾诺莎认为这个问题应当由一部关于自然科学的论著来处

---

① 关于对作为无限样态的无限的爱的讨论，参见贝萨德［Beyssade］，《论间接无限样态》（Sur le mode infini médiat）；关于斯宾诺莎"对神的理智之爱"这一概念的中世纪来源，见哈维，《物理学与形而上学》（Physics and Metaphysics），104-106。

② 在这一问题上，我接受阿利森·皮特曼［Alison Peterman］的观点。她令人信服地论证了"物理学插曲"并未给出斯宾诺莎经过深思熟虑的物理学理论（《斯宾诺莎的物理学》（Spinoza's Physics），141-142）。斯宾诺莎自己也曾提醒读者，他当前的运动理论不应被"严肃地"考虑，因为它并未被奠基于对运动的原因（即广延）的正确理解中（KVⅠ9注释a，I/48/29）。

理。①斯宾诺莎在《伦理学》中对物理学与运动的讨论，仅仅局限于物理学中可以帮助我们理解与物体相对应的心灵（而不是与其他属性的样态相对应的心灵）的那些方面。②

在第64封信中，我们看到斯宾诺莎将"运动与静止"（motus et quies）称作广延的直接无限样态，但除了这一名称之外，第64封信几乎没有告诉我们任何关于广延的直接无限样态的信息。在《短论》中，斯宾诺莎将"运动"看作广延的直接无限样态。③这一额外添加的"静止"似乎说明斯宾诺莎正逐渐远离笛卡尔主义物理学，因为后者预设了物体本身是静止的，而运动产生于上帝的作用。④

在《伦理学》中，斯宾诺莎在试图解释无限理智与意志时将它们类比为运动与静止（E1p32c2）。在这段有趣的文本中，我们得知"无限多事物［infinita］从运动与静止中得出"（II/73/13），但斯宾诺莎仍旧没有告诉我们这些无限多的事物究竟是什么。

根据第64封信，"整个宇宙的表面"（facies totius Universi）是广延的一个间接无限样态。那么它是否是从运动与静止中

---

① 见KV I 9（I/48/10）。
② 见E2p13s（II/97/17-19）以及II/102/14-18。关于广延之外的属性的样态的心灵，见第六章第1节。
③ KV I 9（I/48/5）。参见KV I 3（I/36/1）。
④ 这一改变在《神学政治论》（第7章，III/105）中就已经出现了。在与我的通信中，施马茨提出，静止的出现似乎说明斯宾诺莎接受了笛卡尔关于神维持了运动与静止的总量的观点。我并不能完全排除这一观点，但它仍需解释为何斯宾诺莎在他更接近于笛卡尔的早期作品中略去了静止。

得出的无限多事物呢？或许如此。但同时，它也有可能只是这无限多事物中的一个。整个宇宙的表面的意思又是什么？从本章之前的讨论中可以得出，整个宇宙的表面修饰了运动与静止，并且由运动与静止因致。但这些似乎并没有让问题变得更加清晰。斯宾诺莎认为整个宇宙的表面"在以无限种方式变化的同时永远都保持同一"，同时，他还引用了《伦理学》"物理学插曲"中引理7的附释。在这一附释的结尾，斯宾诺莎提到我们可以"轻易地设想整个自然都是一个个体，它的部分，即所有物体，以无限种方式变化，而整个个体却没有任何改变"（II/102/12-14）。这句话的表达方式非常接近于第64封信中对整个宇宙的表面的简要描述。因此，很可能整个宇宙的表面就是这个包含了所有物体作为其部分的无限个体。当然此时还有很多问题需要解答：这个个体是三维的还是四维的？它在何种意义上修饰了运动与静止？这个个体是否处于运动之中，换句话说，运动与静止是否指的是全部动态物体，而整个宇宙的表面是否只是全部静态物体？①从整个宇宙的表面中又能得出什么（请回忆E1p36）？我在此并不想给出任何猜测（当然我并不反对猜测），而只是想指出，斯宾诺莎的文本似乎并不允许我们对这些问题给出确切的答案。

---

① 见葛鲁，《斯宾诺莎》，1:315。

第二部分

斯宾诺莎关于思想的形而上学

ID# 第五章　斯宾诺莎的两种平行论学说

在接下来的两章中，我会论证三个主要主张，这些主张有关于思想属性的结构，以及思想属性在斯宾诺莎形而上学中所扮演的核心角色。在本章中，我会展开说明其中的第一个主张。我会试图证明，斯宾诺莎著名的"平行论学说"①实际上包含了两种不同且相互独立的平行论。标准解释认为，斯宾诺莎的平行论是一种关于神的属性之间的同构关系的学说，而我认为斯宾诺莎实际上提出了两种相互独立的平行论：第一种平行论所说的是思想属性中的观念秩序与实体中的事物（res）秩序之间的同构，另一种则说的是无限多属性下的样态之间的同构。由此我认为，我们当下对于斯宾诺莎的形而上学与心灵哲学的理解存在着根本性的缺陷。②

---

①　我将平行关系看作一种严格意义上的同构关系（即满足单射与满射的关系）。这种关系能够保存相关项之间的因果关系。出于易读性的考量，在本书中我会避免将其形式化。

②　固然有一些现有文献已经意识到了E2p7与E2p7s之间的不同，但我并不知道有哪些文献证明了，或者甚至试图证明，这两段文本提出了两种独立的学说。这些已经部分地意识到这一问题的文献包括葛鲁，《斯宾诺莎》，2:80—89；本内特，《研究》，153，184—185；德勒兹，《表达主义》（*Expressionism*），113—114；纳德勒，《斯宾诺莎的〈伦理学〉》，123—132。

第二部分　斯宾诺莎关于思想的形而上学

澄清并且区分这两种学说能够帮助我在第六章中论证我的第二个主张，并且由此回答斯宾诺莎形而上学中最有趣且久远的问题之一：思想属性何以能够与所有其他属性以及拥有无限多属性的神都具有同构关系？在下一章中我会给出斯宾诺莎对这一问题的解答。我认为，首先，所有属性下的样态的数量与秩序都是相同的。但是，思想的样态与其他属性的样态不同，因为它们具有一种无限多面（infinitely faceted）的内部结构；在这种结构中同一个观念可以具有无限多面（或者方面），由此这个观念便可以表象无限多样态。这种对于观念内在结构的新理解引向了我的第三个主张，它可以解释并解决斯宾诺莎形而上学中的又一个古老难题，即斯宾诺莎为何坚持认为人类心灵不可能获得对于思想与广延之外的无限多属性的任何认识。在这之后，我会指出我的新解释所导致的一些后果，并且回应一些重要的质疑。在第六章结尾处，我会讨论我的解释在哲学上的重要性。我还会解释为何斯宾诺莎不能接受还原的唯心论，尽管思想属性在斯宾诺莎系统中非常重要。我会论证斯宾诺莎是一位二元论者——这种二元论并非我们一般所认为的身心二元论，而是一种思想与存在的二元论。

§1 观念-事物平行论与属性间平行论

"平行论"被广泛认为是《伦理学》最重要、最具创新性的学说之一。考虑到这一学说是本书后两章的焦点，在此值得花些篇幅来完整地回顾一下E2p7，即平行论的经典出处：

E2p7：观念之间的秩序与连结，与事物之间的秩序与连结相同。

证明：这一点由第1部分公理4显然可得。因为关于任何结果的观念都依赖于对其原因的认识。

推论：由此可得，神的［NS:现实的］思想力量等于他现实的行动力量。这即是说，所有从神的无限本性中形式地得出的东西，都在神之中从神的观念中对象地得出，①并且它们之间的秩序与连结是相同的。

附释：在我们继续讨论之前，我们应当首先回忆一下我们之前所讨论过的一点，即所有被无限理智认为是构成了实体本质的东西都仅仅属于这唯一实体，因此，思想的实体与有广延的实体是同一个实体，只不过它有时通过后一个属性、有时则通过前一个属性而被理解。所以广延的样态与关于这一样态的观念也都是同一个事物，只不过它被以两种方式表达了而已。有些希伯来人似乎隐约地看到了这一点，因为他们认为神、神的理智以及被他所理解的事物都是同一个东西。

比如说，在自然中存在的圆与也存在于神之中的关于这个圆的观念都是同一个事物，只不过它被通过不同的属性阐明了而已；同理，无论我们是通过广延属性、思想属性还是其他任何属性来理解自然，我们都会发现同一个秩序或者说原因之间的连结，这也就是说，我们会发现同样

---

① 关于此处所说的"形式地"与"对象地"，见第四章注55。——译者

的事物从彼此中得出。

而我之所以［NS:之前］说，神就其是思想的事物而言是（比如说）圆的观念的原因，而就其是有广延之物而言是圆的原因，不外乎是因为圆的观念的形式存在只能通过作为其最近因的另一个思想样态而被理解，同时后者又只能通过另一思想样态而被理解，以此类推直至无穷。因此，就事物被看作是思想样态而言，我们必须仅仅通过思想属性来阐明整个自然的秩序或者说原因的连结；而就事物被看作是广延样态而言，整个自然的秩序又只能仅仅通过广延属性被阐明。其他属性也是同理。

因此，神，就其由无限多属性构成而言，就是事物就它们在自身中而言的原因。目前，我无法更清楚地解释这些问题。

对于 E2p7 的标准解释认为它所说的是所有属性之间的平行论：①每个属性都有无限多样态，而在每个属性中，我们都会发现是同一个因果结构或秩序连结着这一属性的所有样态。我接下来会论证，这一解释是错误的。的确，斯宾诺莎在 E2p7 的附释中认为每个属性下的样态秩序都是相同的，但他在 E2p7 中却从未下过类似的论断。换句话说，E2p7 与其附释提出了两种不同且独立的平行论学说。前者提出的是观念的因果秩序与

---

① 参见阿利森［Henry Allison］，《本尼迪克特·德·斯宾诺莎》（*Benedict de Spinoza*），91-92。

事物的因果秩序之间的平行论，后者则提出了无限多属性下样态的因果秩序之间的平行论。虽然我们还未开始深入讨论，但如果我们注意到，E2p7所说的平行论是两种存在物（即观念与事物）之间的平行论，而E2p7s所说的平行论则是无限多种存在物（即无限多属性）之间的平行论，那么我们就已经能够意识到这两种学说之间的差异所在了。

我将E2p7中的平行论称为"观念-事物平行论"，而将E2p7s中的平行论称为"属性间平行论"。为了澄清这两者之间的不同，我接下来会考虑两种具体情况，在这两种情况中都有且只有一种平行论成立。

假设C是神在思想与广延之外的另一种属性（即我们的心灵无法认识的无限多属性之一）。根据属性间平行论（E2p7s），属性C与广延平行（即广延样态的因果秩序与C的样态的因果秩序相同）。但观念-事物平行论（E2p7）似乎没有任何关于C与广延之间关系的规定。[①] 观念-事物平行论仅仅要求所有观念（思想样态）与所有事物之间具有同构关系，但它却并未指出思想之外的各种属性（也就是它们的样态）之间的关系是怎样的。观念-事物平行论并不与两个思想以外的属性不平行这一事态相矛盾。在这种情况下，观念-事物平行论成立，而属性间平行论不成立。

现在让我们看看相反的情况，即属性间平行论成立，观

[①] 我们或许可以说，广延与思想、思想与C之间的平行关系具有传递性，因此广延与C也具有平行关系。在第六章第6节中我会谈到这一问题，并且说明这一推理实际上预设了其想要证明的前提。

念-事物平行论不成立的情况是否可能。这似乎可以发生在牵扯到观念的观念，或者说高阶观念的情况中。观念-事物平行论要求，由于观念同时也是事物，①并且神认识事物的方式是拥有关于这一事物的观念（E2p3），②因此对象是一阶观念的二阶观念必须也与一阶观念具有平行关系。与之相对，属性间平行论完全没有任何关于观念与高阶观念间的平行关系的规定（因为所有观念，不管它是几阶观念，都属于同一个属性）。因此，如果不同阶的观念之间不具有平行关系，那么观念-事物平行论不成立，但属性间平行论却可以成立。

属性间平行论成立，观念-事物平行论不成立的情况还有可能在另一种情形下发生。在此，我们需要考虑到斯宾诺莎的"神的观念"（即神关于自身的观念）这一概念所蕴含的一些复杂细节。在《伦理学》的很多处文本中，斯宾诺莎将实体称作"思想的事物"（*res cogitans*）以及"有广延的事物"（*res extensa*），因此，很明显神或实体也是一个事物。那么，根据观念-事物平行论，在思想属性下必须也存在关于这个事物的观念（即神的观念）。而由于我（一个事物）与神（另一个事物）具有因果关系，那么这一因果关系就必须同时也是我的观念与神的观念之间的因果关系。③在 E2pp3、pp4 中，斯宾诺莎

---

① 对斯宾诺莎来说，所有现实的东西（神、他的属性以及所有样态）都是事物（*res*）。参考德拉·罗卡，《斯宾诺莎》，90-91。

② 斯宾诺莎常常将"观念"与"认识"（*cognitio*）当作同义词来使用。参见 E2p19d，E2p20d 以及 Ep. 72。

③ 斯宾诺莎也认为在思想中存在着关于神的属性的观念。参见 E2p3，E2p5 以及 E2p20d。我会在第六章第 6 节讨论神及其属性的观念。

明确地证明了神的观念的存在，这一观念表象了神的"本质以及所有必然从其本质中得出的事物的观念"。我们在第4章第3节中已经看到，神的观念就是思想的直接无限样态。因此，根据属性间平行论，神的观念也与所有其他属性的直接无限样态平行。属性间平行论关于神的观念的规定仅止于此。但让我们进一步考虑如下情况：假设思想的直接无限样态不是神的观念，而仅仅是所有属性下的所有样态的观念（即所生自然的观念）。在这种情况中，属性间平行论仍成立，因为所有其他属性的直接无限样态都对应着与它们平行的一个思想样态。但观念-事物平行论此时还成立吗？我认为并不成立，因为此时在观念秩序中并没有与神相平行的观念。与神相平行的观念必须是涵盖范围最广、最全的观念，因为所有事物都在神之中。但是，此时这一观念本来所在的位置（即思想的直接无限样态）却被所生自然的观念占据了。当然，一个可能的反驳是，思想的直接无限样态只能是神的观念。这一点当然是对的，但思想的直接无限样态之所以只能是神的观念的原因却并不在于属性间平行论，而在于观念-事物平行论。由于属性间平行论仅仅让思想的直接无限样态与其他属性的直接无限样态（即所生自然）相对应，那么此时思想的直接无限样态就很难同时表象生生自然与所生自然。①在第6章中我会试图解决这一难题，而在此我仅仅想要指出，属性间平行论并不要求思想的直接无限

---

① 有些学者基于这一困难提出，神的观念并不表象神。我认为这一主张是错的。见第六章第6节。

第二部分 斯宾诺莎关于思想的形而上学

样态就是神的观念（即所有存在之物的观念）。因此，在思想的直接无限样态不是神的观念的情况中，属性间平行论仍然成立，但观念-事物平行论却并不成立。

至此我们证明了，这两种平行论都有不能从另一者中推出的后果，并且这两种平行论成立的条件也并不相同。

§2 四点重要的观察

在我们继续讨论之前，我们需要首先做出几点重要的观察。第一，我们应当注意，"平行论"这一术语虽然在学术著作中被广泛提及，但斯宾诺莎却从未使用过它。[①]因此，我们在使用这一术语时必须注意，在一般语境下，两种事物相互"平行"的说法意味着这两种事物是不同的，但斯宾诺莎的平行论却并不总是符合这一点。正如我们即将看到的那样，根据属性间平行论，

---

① 葛扈（《斯宾诺莎》，2:64n39）与马舍雷（《导论》(Introduction)，2:72n1）指出，莱布尼茨是第一位在哲学语境下使用"平行论"这一术语的人。不过莱布尼茨却是用这一术语来指他自己（而不是斯宾诺莎）关于"自然与恩典领域之间的和谐平行"(《神正论》，第18节；哈加德［Huggard］译本134页；《哲学作品集》第6卷113页）以及灵魂与身体之间的平行（《对单一普遍精神学说的反思》(Reflections on the Doctrine of a Single Universal Spirit)，罗姆克译本556页；《哲学作品集》第6卷553页）的学说。我并不知道，确切来说，这一术语是从什么时候开始被用来描述斯宾诺莎的上述两种平行论。黑格尔熟知他所属时代的关于斯宾诺莎的论著，但他在讨论斯宾诺莎系统中的身心关系时也并未提及任何"平行论"(《哲学史讲演录》，3：271-274），而是仅仅指出，对斯宾诺莎来说心灵（或意识）与身体既同一又分离。我的假设是，"平行论"这一术语从19世纪中叶开始被用来描述斯宾诺莎在E2p7提出的理论。

相互平行的样态同时也是彼此同一的。所以，在相互平行的事物是否彼此不同的问题上，我们应保持对术语"平行论"的中立。

这也将我们引向我想说的第二点。在 E2p7 的附释中，斯宾诺莎提出在不同属性下相互平行的样态实际上是"同一个事物"（una, eademque est res）。因此属性间平行论蕴含了同一性（即在不同属性下相互平行的样态同时也彼此同一）。斯宾诺莎对观念-事物平行论却没有提出类似的论断，这一点是很合理的。因为有些观念不能与其对象同一，比如说神的观念（idea Dei）：[①]根据斯宾诺莎，神的观念是思想的一个无限样态，[②]而这一观念的对象是神；由于神是实体而神的观念仅仅是一个样态，并且实体与样态之间的区分在斯宾诺莎的系统中再明显不过，因此，神应该不能与神的观念同一。

第三，我们也应注意到两种平行论学说之间的又一点重要区别，即观念-事物平行论是一种表象性的平行论（事物 X 的观念并不仅仅与 X 对应，而且是关于 X 的观念，或者说表象了 X 的观念）。[③]属性间平行论并不一定如此：与拿破仑的身体相

---

① 见 E2p3 与 E2p4。

② 在 E1p21 中，斯宾诺莎将神的观念当作是一个无限样态。在 E1p31 中，斯宾诺莎断言神的理智仅仅是一个样态（参考 Ep. 9），同时在另外几处文本中他也将神的观念等同于无限理智。见 E2p4d 以及 KV I 22, 注释 a, I/101/30-32; E2p3d 对于 E1p16 的援引也支持这一等同。最后，E2a3 的最后一句话似乎也暗示了观念是样态。第四章第 3 节以及第六章第 6 节中也有对神的观念的进一步讨论。

③ E2p7 的证明清楚地表明了这一点，因为它将某事物的观念称为对这一事物的"认识"。E2p7 的推论进一步支持了这一点，因为它将观念-事物平行论解释为观念的对象内容与外在事物的形式存在之间的关系。

对应的观念的确关于拿破仑的身体,但在第三种(未知的)属性下与拿破仑的身体相对应的样态却并不关于拿破仑的身体,而且拿破仑的身体也并不关于这一样态。这之所以如此,是由于有且仅有思想样态具有表象性的特征。因此,与具有表象性特征的观念-事物平行论不同,属性间平行论是一种单纯的,或者说"盲目的"平行论。①

最后,我们应当注意,属性间平行论与观念-事物平行论都蕴含了心灵(思想样态)与身体或物体(广延样态)之间的这一更为具体的平行关系。②因此,心灵与身体之间的平行同时具有属性间平行论与观念-事物平行论的特征(即它同时蕴含了同一与表象关系)由于心灵与身体之间的关系是观念与事物之间的关系,它们之间的平行也就具有表象性;而由于心灵与身体是两个不同属性下的样态,每个心灵(即思想样态)也就与和它平行的身体(即广延样态)同一。不过,我们仍应当仔细区分心灵-身体平行论这两个特征的不同来源。正是由于这两种更一般的学说,即观念-事物平行论与属性间平行论,在心灵与身体的关系这里产生了重叠,我们才会容易混淆这两种学说本身。心灵与身体的关系是这两种平行论迄今为止明显的应用,因此我们也就会很自然地将这两种平行论混为一谈,

---

① 关于表象性平行论与单纯的(或"盲目的")平行论之间的区分,见德拉·罗卡(《表象》,19)以及葛鼋(《斯宾诺莎》,2:76)。

② 在此读者或许会疑惑,由于观念-事物平行论要求存在表象身体之外的其他样态的观念,那么它又何以能够蕴含心灵与身体之间的平行关系呢?我会在第六章详细讨论这一问题。在此我仅仅给出一个简要答复:表象了不同属性下相互平行的样态的心灵(即观念)只不过是神的理智中同一观念的不同方面而已。

并且认为它们都同时都具有表象性特征与平行事项的同一性。

§3 斯宾诺莎对两种平行论的使用与推导

就这一点还有另外两个问题值得我们考虑。第一，斯宾诺莎在《伦理学》之后的文本中是否意识到了这两种平行论之间的区分，以及他是否在应使用一种平行论证明某一论点时误用了另一种平行论学说（比如说，他有没有错误地使用属性间平行论来证明二阶观念的存在）？如果我们考察一下斯宾诺莎在《伦理学》其余部分对 E2p7、E2p7c 以及 E2p7d 的使用的话，尽管不是结论性的，我们会发现斯宾诺莎对它们的使用总是连贯的，甚至倾向于证实他很可能有意识地区分了这两种平行论。虽然，由于《伦理学》之后几部分主要将这两种学说运用在了心灵与身体（或物体）关系的问题上，并且因为身心平行既是观念-事物平行论也是属性间平行论的直接结果，我们因此也就很难从这些文本中得出决定性的结论；但是，一个很清楚的事实是，斯宾诺莎并未将这两个学说相互混淆，并且他从未在试图说明相互平行的东西"是同一个事物"这一点时援引 E2p7。这是很重要的，因为正如我先前所提出的那样，只有属性间平行论才要求相互平行的事物同一。①

---

① 一个重要的例证位于 E2p20 以及 E2p21s。在这两处，斯宾诺莎同时援引了两种平行论，但他却用它们来证明不同的论点。E2p7 被用来说明观念的观念与一阶观念相对应，而 E2p7s 则被用来说明观念的观念与一阶观念同一（这是因为观念的观念只不过是原本观念的方面，这一点我会在第六章第 2 节讨论）。如果斯宾诺莎意识到了这两种学说的区别，那么它就完全符合我们的预期。

第二部分 斯宾诺莎关于思想的形而上学

第二，虽然我们已经证明，这两种平行论并不相互蕴含，但它们背后的动机是什么以及它们在何种程度上有着共同的基础仍是值得我们探究的问题。我接下来会论证，令人惊讶的是，斯宾诺莎对这两种平行论的辩护几乎完全不同，并且他也并未以其中一者为基础来证明另一者。①

斯宾诺莎对E2p7的证明十分简短："这一点由第1部分公理4显然可得。因为关于任何结果的观念都依赖于对其原因的认识。"斯宾诺莎在此所援引的E1a4的内容是："对于结果的认识依赖于，并且包含了对于其原因的认识"（*Effectus cognitio a cognitione causae dependet, et eandem involvit*）。尽管这一证明十分晦涩，但如果我们将E2p7d以及E1a4所说的依赖关系解释为因果关系的话，它的基本含义还是可以理解的。②根据这一解释，E1a4所说的即是结果的观念由原因的观念所产生。相互平行的事物链条与观念链条即由这一公理的反复应用产生。

尽管E2p7的证明初看十分简短，但它却包含了若干问

---

① 这一结论甚至让我都有些惊讶，因为如此相似的两种学说似乎很自然地应当具有相同的基础。E1p10很可能即是它们的共同基础，但我并不认为E1p10在E2p7的论证中起到了任何推动作用。此外，如果E1p16（通过E2p3）在E2p7中起到了推动作用的话，那么它也会是两种平行论的共同基础，但注意247页注①，E2p3在E2p7中起到的推动作用。

② 正如德拉·罗卡所指出的那样（《表象》，22），在E2p9d处斯宾诺莎明确将观念秩序等同为因果秩序。斯宾诺莎在此援引了E2p7来支持这一主张，这说明他认为E2p7也意味着观念相互之间有因果关系。莫里森在《限制斯宾诺莎的因果公理》（*Restricting Spinoza's Causal Axiom*）一文中认为E1a4仅仅适用于内持因果关系。

第五章　斯宾诺莎的两种平行论学说

题。[1]幸运的是，这一论证中的大部分漏洞已经被之前的学者填补了。[2]我们现在只需指出，斯宾诺莎对观念-事物平行论的辩护（E2p7）主要依赖于E1a4，而显然不依赖于属性间平行论（E2p7s）。[3]

那么，属性间平行论是否依赖于观念-事物平行论呢？这

---

[1]　见本内特（《研究》，127-130）。斯宾诺莎在E5p1处重述了观念-事物平行论（"观念的秩序和连结与事物的秩序和连结相同，并且反之亦然，即事物的秩序和连结与观念的秩序和连结相同"），而这一重述似乎意味着E2p7仅仅给出了观念-事物平行论的两个方面中的一个。值得注意的是，E5p1同时援引了E2p7与E2p6c来支持这一双重表述。这似乎意味着，E2p7并未触及的平行论的另一面（"事物的秩序和连结与观念的秩序和连结相同"）实际上包含在了E2p6c中。的确，E2p6c的后半部分内容如下："我们已证明观念从思想属性中得出，而观念以同一种方式及必然性从它们的属性中得出和被推出。"E2p6c在此发挥的作用可以填补至少一个先前被认为存在于斯宾诺莎对观念-事物平行论的论证中的漏洞。

[2]　见德拉·罗卡（《表象》，22-23）。德拉·罗卡与本内特都曾试图填补的一个具体漏洞是，E1a4本身（这是E2p7d所引的唯一文本）似乎并不排除实际上不存在任何思想样态的可能性，或者说不存在足够多的思想样态来匹配事物的因果秩序的可能性。由此两位学者提出，在E2p7d处，斯宾诺莎在未提及的情况下根据E2p3排除了这些可能性。这的确是一种可能的解决策略，尽管同一结论还可以由其他路径得出。以下即是另一种证明的轮廓：根据E1a2，我们可以得出所有事物都被构想这一结论，而E2d3和E2a3说明了观念是思想和构想的首要承载物，因此，如果存在任何具体思想（参考E2p1）的话，那么就至少存在一个观念。此处的另一个疑虑在于，"结果的观念只会在因果链条中继续传递有限步"（德拉·罗卡，《表象》，22-23）。这一疑虑可以用以下方式回答：假设M是在因果链条中有与之平行的观念的最后一个样态；但是，链条中的下一个样态（M的结果）M+1仍必须被构想（E1a2）；因此，必须存在M+1的观念，我们将其称之为I（M+1）；而由于M+1是M的结果，I（M+1）也就必须依赖于I（M），即通过后者而被构想（E1a4：因果关系蕴含构想关系）；而最后这一点与M是在因果链条中有与之平行的观念的最后一个样态这一预设相矛盾。

[3]　德拉·罗卡对于E2p7d的重构（《表象》，22-23）并未援引属性间平行论。

或许是一个自然的想法，但我认为这个问题的答案仍是否定的。正如我已经指出（并且之后也会证明①）的那样，观念-事物平行论不蕴含任何非思想属性间的平行，而属性间平行论则明确指出，无论我们在哪个属性下理解自然，我们都会发现同一个因果秩序和连结（E2p7s）。

斯宾诺莎是如何辩护由 E2p7s 提出的属性间平行论的呢？E2p7s 的文本本身并未援引 E2p7，并且它也没有对属性间平行论给出任何明确的证明。在这段文本的开头，斯宾诺莎让读者回忆第 1 部分已经给出的两个学说，即属性的定义（E1d4）和实体一元论（E1p14）。由此我认为属性间平行论显然依赖于这两个学说，而问题是它是如何从中得出的。

这两个学说与属性间平行论之间的一个重要联系似乎在于不同属性下的样态的同一性（即不同属性下的样态是"同一个事物"）。由不同属性下样态的同一性出发，斯宾诺莎可以推出属性间平行论。②在属性间平行论被正式提出前，注意（斯宾诺莎使用了表推断的）拉丁语小词 *ideo*：

> 比如说，在自然中存在的圆与也存在于神之中的关于这个圆的观念都是同一个事物，只不过它被通过不同的属性阐明了而已；同理 [*et ideo*]，无论我们是通过广延属性、思想属性还是其他任何属性来理解自然，我们都会发

---

① 第六章第 6 节会说明我们为何不能用传递性来支撑这一推理。
② 在这一点上我同意本内特，《研究》，142。

现同一个秩序或者说原因之间的连结,这也就是说,我们会发现同样的事物从彼此中得出。

回忆我们在第二章第3节区分了神的样态(即所有属性下的样态)和某一属性的样态(属于某一个别属性的样态)。当斯宾诺莎说某一物体和与之平行的样态(不管是在思想还是其他属性下)都是"同一个事物"时,我对这一论断的理解是,这一物体和与之平行的样态都是同一个神的样态的不同方面。神的样态与无限多属性下的无限多样态(它们是前者的方面)之间的关系,和神(所有属性下的实体)与个别属性下的实体(有广延的实体、思想的实体等)之间的关系完全相同。问题在于,斯宾诺莎是如何证明不同属性下的平行样态之间的同一性的?(换句话说,斯宾诺莎是如何证明不同属性下的平行样态就是同一个神的样态的方面的?)

很多学者认为,样态同一性学说(以及属性间平行论)只不过是斯宾诺莎系统中的一个缺乏足够辩护的附加物。①不管这一论断在历史事实上是否准确,斯宾诺莎能否成功地填补这一至关重要的空缺仍是值得思考的问题。一个更为有趣的尝试是德拉·罗卡曾试图辩护属性间平行论。以下是他对样态同一性学说的证明的总结。值得注意的是,德拉·罗卡认为样态同一性学说依赖于E2p7(观念-属性平行论):

---

① 见德拉·罗卡,《表象》,197n37。

第二部分　斯宾诺莎关于思想的形而上学

　　这一论证简单来说可总结如下：平行论向我们指出，心灵与身体具有相同的中性[①]性质。由于所有外延性质都是中性的，并且心灵与身体必须具有某些外延性质，因此，心灵与身体具有相同的外延性质。由莱布尼茨同一律可得，心灵=身体。（137）

我认为这一论证在逻辑上是有效的，同时它的前提对斯宾诺莎来说也是可以接受的。但德拉·罗卡的这一证明依赖于E2p7，而这会导致一个我们已经提到过的严重问题，即这一论证仅能证明身体与心灵的同一性。斯宾诺莎显然认为样态同一性学说的适用范围包括其他属性的样态，而正如我曾不止一次指出的那样，E2p7却完全没有谈及思想之外的属性下的样态。因此，德拉·罗卡的重构未能建立属性间平行论的这一重要性质。

　　那么，这一学说还有其他的可能辩护吗？首先，让我们仔细看看斯宾诺莎是如何引入样态同一性学说的。这段文本位于E2p7s的第一段：

　　在我们继续讨论之前，我们应当首先回忆一下我们之前所讨论过的一点［NS：在第一部分］，即所有被无限理智认为是构成了实体本质的东西都仅仅属于这唯一实体，因此，思想的实体与有广延的实体是同一个实体，只不过它有时通过后一个属性、有时则通过前一个属性而被理

　　[①]　"中性性质"即是独立于个别属性的性质。

解。所以［*sic etiam*］广延的样态与关于这一样态的观念也都是同一个事物，只不过它被以两种方式表达了而已。

对于这段文本的常见理解是，它援引了E1p14所证明的实体一元论学说或思想实体与广延实体的同一性学说。① 这当然是对的，但这段文本的内容不止于此。我认为，在斯宾诺莎要求读者"回忆一下我们之前所讨论过的一点"时，他所指的不仅仅是思想实体与广延实体的同一，同时也包括思想样态与广延样态的同一。这两点分别出现在"*sic etiam*"这一连结词的两边。那么，斯宾诺莎又是在《伦理学》第1部分的什么地方讨论了样态之间的同一性呢？

在E1p16处，斯宾诺莎指出，"从神的本性的必然性之中必有无限多事物以无限种方式得出"（*infinita infinitis modis sequi debent*）。注意这一句话提到了两次无限。一种看似合理的对E1p16的解读是，无限种属性从神的本性中得出，并且每种属性都有无限多样态。但是，这一解读并不正确。对斯宾诺莎来说，属性并不从神的本性中得出，相反，它们就是神的本性。从神的本质或本性中得出的只能是样态。② 因此，E1p16所说的从神的本性中得出的无限多事物必须是样态。然而E1p16

---

① 见德拉·罗卡，《表象》，129-130。
② 参考E1p29s："由所生自然一词我所理解的是所有从神本性的必然中得出的东西，或者说从神的任一属性中得出的东西，这就是说，［所生自然是］神的属性的所有样态，就它们被看作是在神之中并且没有神就无法存在或者被构想的东西而言。"

第二部分　斯宾诺莎关于思想的形而上学

在此之上又叠加了一层无限，即所有这些事物或者样态以无限种方式（modi）从神的本性中得出。这第二层无限并不仅仅是笔误，因为斯宾诺莎在讨论神的观念是什么时又重复了同样的说法（E2p4）。那么，每个样态以无限种方式从神本性中得出的意思究竟是什么？我认为，从神的本性中得出的事物实际上是我称之为"神的样态"的具有无限多面的单元（即无限多属性下的样态），而每个神的样态以无限种方式从神的本性中得出这一论断中的"无限种方式"即指的是每个属性下的样态，它们都是同一个神的样态的不同方面。① 根据我对E1p16的解读，我的身体与我的心灵只不过是从神的本性中得出的神的样态的无限多方面中的两个方面而已。② 每一个方面实际上就是从神的本性中得出的就其在某属性下被构想而言的事物本身。因此，不同属性样态之间的同一性在E1p16处就已经被证明了，而E2p7s所做的仅仅是援引这一结论。③ 我们可以进一

---

① 关于方面的概念，见第二章第3节。契恩豪斯在第65封信中似乎表达了同样的想法："每一个事物都以无限种方式被表达……尽管构成我的心灵的个别样态与表达了我的身体的个别样态都是同一个样态，它却以无限种方式被表达，即它通过思想被表达为一个样态、通过广延被表达为另一个样态、通过不为我所知的某属性被表达为第三个样态，等等直至无穷。"

② 根据一种解读，E1p16将属性的样态等同为神的样态的样态（斯宾诺莎明确允许样态的样态存在，见E3d3）。这一解读的问题在于，神的样态与属性的样态的关系本来应当与实体与属性的关系相同，但属性却并不是实体的样态（换句话说，实体与属性之间的区分是一种理性上的区分，而非样态上的区分。见CM II 5, I/257/22-258/4）。

③ 杰出的斯宾诺莎学者葛瑰提出了在E2p7s对E1p16（《斯宾诺莎》，1:339）的依赖关系上的观点相同："建立了'平行论'的E2p7s只不过强调了［E1p16所提出的］同一性而已。"

步追问，斯宾诺莎在E1p16处提出样态具有无限多面结构的理由是什么。E1p16d只援引了一个文本，即对神的定义（E1d6），这一问题的答案应该就在于此。的确，上述的双重无限已经出现在了这一重要定义中。当然，对神的定义中的这一双重无限的全部意涵，只有在斯宾诺莎哲学系统中的其他重要元素被澄清之后方可显现（特别是E1p10提出的属性间壁垒）。[①]但是不管怎样，这些元素在E1p16之前就已经得到了澄清，因此在我看来，E1p16处的双重无限已然能够说明在斯宾诺莎系统中存在无限多面的神的样态。[②]

以上勾勒的解读有几点重要的优势。首先，它能够支持所有属性的样态之间的同一性，而不仅仅是思想样态与广延样态之间的同一性（对E2p7s的标准解读就只能做到后者）。其次，它能够解释E1p16中难以理解的双重无限是什么。最后，考虑到《伦理学》第2部分处理的是"心灵的本性与起源"，并且由于不同属性样态的同一性更属于斯宾诺莎存在论的核心，而只是略微触及对人类心灵的讨论（这是《伦理学》第2部分的主题），因此在第1部分证明这一学说对斯宾诺莎来说也更为合理；与之相对，由于观念-事物平行论处理的是表象及思想的本性，它才真正属于《伦理学》第2部分。

[①] 我们可以追问斯宾诺莎为何如此定义神，但这个重要问题离题太远。我在《为什么斯宾诺莎不是埃利亚派一元论者》一文中回答了这一问题的一些方面。

[②] 关于我对E1p16d的解读，见第1章第6节。

第二部分　斯宾诺莎关于思想的形而上学

总结

本章所描绘的主张是，斯宾诺莎的平行论学说不仅只有一种，而是有两种，并且E2p7提出的观念-事物平行论独立于E2p7s提出的属性间平行论。此外，这两种平行论都具有另一者所不具有的特征：观念-事物平行论是一种表象性的平行论，但它并不蕴含平行项的同一性；属性间平行论则与之相反，它要求不同属性下的平行项相互同一，但它却并不包含平行项之间的任何表象关系。我们可以将这两种学说总结如下：

属性间平行论：每个属性下事物的因果秩序与每一个其他属性下事物的因果秩序相对应。同时，平行项只不过是同一个事物的不同方面。

观念-事物平行论：观念的因果秩序与事物的因果秩序相对应。同时，观念表象与之平行的事物。

我还论证了，斯宾诺莎对这两种学说的辩护并不相同，并且他还仔细区分了它们。我们之所以容易混淆这两种学说，是因为它们都（相互独立地）蕴含心灵与身体之间的平行关系。这种平行关系是《伦理学》第2到第5部分的重要主题，并且显然是在人类心灵视角下这两种学说最明显的应用。①在最后一章中，我们会进一步考察我的解读的文本证据，解决这两种平行论之间的可能矛盾，并探究斯宾诺莎系统中观念所具有的无限多面结构。

下表是对两种学说之间差异的总结：

表5.1

观念-事物平行论	属性间平行论
E2p7	E2p7s（或E1p16）
具有表象性	不具有
不同一	平行项同一
蕴含二阶观念	不蕴含
不蕴含	蕴含广延与其他属性的平行
蕴含心灵-身体平行	蕴含心灵-身体平行

---

① 一个自然的质疑是，如果这两种学说的确相互独立，那斯宾诺莎又为何将它们一起提出。我对此的回应是，属性间平行论出现于E2p7的附释，而非推论。斯宾诺莎有时会在对某一命题的附释中讨论与之相似或相关但却并不能从此命题中推出的学说。"附释"（*scholium*）即是对相关问题的简短探讨。德拉·罗卡（《表象》，115）认为E2p35与E2p35s的关系与之类似。感谢加伯指出了这一点。

第六章　观念的无限多面结构与思想的优先性

§1 观念方面（idea-aspects）

在上一章我们讨论了两种平行论之间的区分，它能够帮助我们解决斯宾诺莎形而上学中最核心也最古老的问题之一。在下文中，我会通过我所提出的两种平行论的区分来重新刻画这个问题，由此我们也会更清晰地意识到这一古老问题的困难所在。

根据属性间平行论，观念或思想样态的因果秩序与其他属性中样态的因果秩序相同。如果任何一个属性的样态比其他属性的样态在数量上更多的话，那属性间的一一对应关系（即属性间平行论）就不成立了。但是，根据观念-事物平行论，思想物的因果秩序又应该与事物的因果秩序相同，而后者却包含了所有无限多属性下的所有样态。因此，思想样态的数量似乎是任何其他属性的样态的无限倍。换句话说，两种平行论之间似乎有着难以调和的矛盾。

第六章 观念的无限多面结构与思想的优先性

$$
(1)\text{实体}\begin{cases}\text{广延}\\X\\Y\\Z,\text{等等}\end{cases}\Bigg\}\text{思想}
$$

$$
(2)\text{实体}\begin{cases}\text{广延}\\\text{表象广延的思想}\\X\\\text{表象X的思想}\\Y\\\text{表象Y的思想}\end{cases}
$$

$$
(3)\text{实体}\begin{cases}\text{广延}\\\text{思想}\\X\\Y\\Z,\text{等等}\end{cases}
$$

图6.1

我接下来会给出斯宾诺莎对这一问题的解决。但在此之前,让我们先来看看科利是如何通过三种图示(见图6.1)来简洁地总结问题所在的:

> 我们的选项要么是(1),即思想属性涵盖了其他所有属性加起来所涵盖的领域;要么是(2),即以相同的方式存在着与广延属性相对应的思想属性,以及与任何一个未知属性相对应的无限多的其他思想属性……但这两种图景都与我们的预期不符,因为我们的预期看起来与(3)更接近。[1]

---

[1] 科利,《斯宾诺莎的形而上学》,145-147。

155 科利对这一问题的图示化描述十分具有启发意义，但我并不认为《伦理学》所给出的图景仅仅是（3）。虽然斯宾诺莎的确提出了（3），即E2p7s的属性间平行论，但他同时也显然赞同（1），因为（1）大致就对应着E2p7的观念–事物平行论（但它们并不完全相同，因为根据观念–事物平行论，思想本身也是思想的对象之一，这也就是说思想应当同时出现在（1）的中间及右侧）。最后，我认为图示（2）在某种意义上也是对的。那么，这三种图示何以能够同时为真呢？

为了给出斯宾诺莎对这个重要问题的解决方案，我们需要首先回答另外一个问题，它长久以来都被看作斯宾诺莎形而上学中最棘手、最神秘的问题。斯宾诺莎将神定义为有无限多属性的实体（E1d6），但同时他却将人类知识限制在了广延与思想属性中（E2a5）。换句话说，神或自然有着无限多与思想和广延同样广阔的方面，但它们却无法为我们的心灵所触及。①我们何以无法获得关于这些属性的知识？在我回答这个问题之前，我首先要大致描述一下如何解决两种平行论之间的矛盾。

斯宾诺莎对两种平行论之间的矛盾的解决方案十分简单。观念秩序与任何其他属性下的样态秩序相同。但是，与其他

---

① 斯宾诺莎系统中的"其他属性"可作为蒂莫西·威廉森［Timothy Williamson］所说的"难以捉摸的对象"（即其本性完全无法为我们所把握的对象）（《哲学的哲学》（*Philosophy of Philosophy*），17）。事实上，正如我们马上会看到的那样，斯宾诺莎在第66封信中所提出的主张意味着某个对象是否难以捉摸取决于我们所处的属性。我们（即我们的身体和心灵）对于未知属性的样态来说也是难以捉摸的。

第六章 观念的无限多面结构与思想的优先性

属性的样态不同，思想样态是多面的，确切来说，是无限多面的。每个观念都具有无限多的方面，而其中每个方面都可以表象在其他属性下与之平行的样态。因此，一个更准确的图示应该是（4）（见图6.2）。

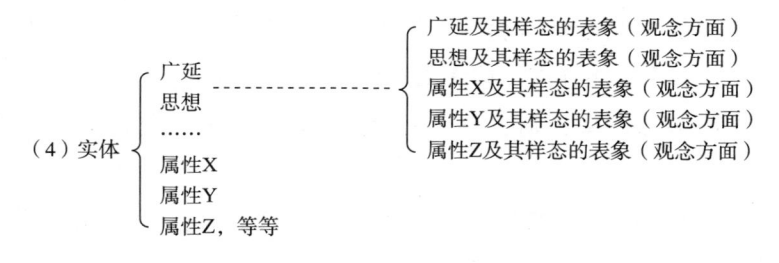

$$(4)\ 实体 \begin{cases} 广延 \\ 思想 \\ \cdots\cdots \\ 属性X \\ 属性Y \\ 属性Z, 等等 \end{cases} ------ \begin{cases} 广延及其样态的表象（观念方面）\\ 思想及其样态的表象（观念方面）\\ 属性X及其样态的表象（观念方面）\\ 属性Y及其样态的表象（观念方面）\\ 属性Z及其样态的表象（观念方面）\end{cases}$$

图6.2

我们之前看到，神的样态（即所有属性下的样态）有无限多方面，其中每一个方面都是某属性下的样态（见第2章第3节及第5章第3节）。神的样态与其无限多方面之间的关系，与神与其无限多属性之间的关系相同，因为这两种关系都是同一事物与其无限多方面间的关系，并且这些方面都相互在因果及构想关系上独立。而如果思想能够完全反映样态秩序（E2p7）的话，思想样态（即观念）必须有着与它们所表象的神的样态相同的无限多面结构。因此，我认为每个观念都有无限多方面，并且每一个观念方面都唯一地表象了某一个别属性下的神的样态（即它表象了某一属性的样态）。这些观念方面与无限多面的观念本身的关系、无限多属性的样态与神的样态的关系，以及无限多属性与神的关系都是同一种关系，因为这三种关系都是某个事物（实体、神的样态、无限多面的观

第二部分　斯宾诺莎关于思想的形而上学

念）与其无限多的方面之间的关系（每个方面都来源于某一个别属性，并且每个方面都相互在因果及构想关系上独立①）。因此，虽然思想样态（即无限多面的观念）的数量与秩序与任何其他属性下的样态的数量与秩序相同，但与其他属性下的样态不同的是，每个思想样态都进一步包含了无限多方面。由此，每一个思想样态（即无限多面的观念）都可通过其所具有的无限多方面来分别表象在无限多属性下与其平行的无限多样态。②

在本章的剩余部分，我将进一步阐述这一观点，指出它的文本证据，回答一些反驳与问题，并最终论证，斯宾诺莎的理论立场十分不同寻常，根据这种立场，思想相对于其他属性具有明显的优先性，但同时事物也并不能以任何方式被还原为观念。③现在，我首先要处理一个与之关系紧密的问题，即我们为何对思想与广延外的所有属性一无所知。

---

① 我马上会指出，对斯宾诺莎来说，对不同属性样态的表象（观念方面）之间不能相互作用。换句话说，不仅属性之间有着因果与构想关系上的壁垒（E1p10、E2p6），思想内部也存在着以不同属性样态为对象的表象（观念方面）之间的内部壁垒。

② 之前我曾指出（第五章第3节，注28），属性的样态并不是神的样态的样态，因为属性的样态与神的样态的关系与属性与神的关系相同（属性是神的属性而非样态）。同理，观念方面并不是无限多面的观念的样态，因为它们与后者的关系与属性与神的关系相同。

③ 我在本章所发展的解释的一些主张曾被两位之前的研究者独立提出，他们是葛崑（《斯宾诺莎》，2：78—83）与乔尔·弗里德曼［Joel Friedman］（《其他心灵》（Other Minds））。关于对这些研究的详细讨论与批评，见我的博士论文，第四章第5节。

§2 第66封信：关于其他属性的其他心灵

斯宾诺莎在E2a5处指出，"除了物体及思想样态之外，我们无法感觉或把握任何个别物［NS：或所生自然中的任何事物］。"斯宾诺莎最敏锐的通信者之一，厄亨弗里德·瓦尔特·冯·契恩豪斯男爵，对于斯宾诺莎将人类知识局限于广延与思想样态的做法十分不解。[①]在1675年7月25日，斯宾诺莎与契恩豪斯共同的朋友G. H. 舒勒向斯宾诺莎转达了契恩豪斯提出的一些问题，其中第一个问题如下：

> 不知您是否可以用正面论证而非归谬论证[②]向他［契恩豪斯］证明，我们无法拥有关于思想与广延以外的任何神的属性的知识？同时，这一点难道不会导致，由任何其他属性构成的存在物也无法拥有任何关于广延的观念吗？这样一来，神的每个属性似乎都会构成一个独立的世界……并且，就像我们在思想之外只能把握广延，其他那些世界的存在物也只能把握他们所在世界的属性以及思

---

① 关于契恩豪斯，见范·帕尔森［van Peursen］,《契恩豪斯论发现的技艺》(E. W. von Tschirnhaus and the *Ars Inveniendi*)；温特［Winter］,《契恩豪斯与中东欧的早期启蒙运动》(*E. W. Tschirnhaus und die Frühaufklärung in Mittel und Osteuropa*)；以及拉尔克，《作为斯宾诺莎读者的莱布尼茨》。

② 契恩豪斯所说的归谬论证到底是什么是一个有趣的问题（当然，这问题预设了契恩豪斯的确在指一个具体的论证，而非仅仅在表达对于斯宾诺莎论证的不满）。我并不知道有文献对这一点给出了有说服力的解释。

第二部分　斯宾诺莎关于思想的形而上学

想。(Ep. 63)①

四天之后，斯宾诺莎答复如下：

人类心灵能够认识的只有关于现实存在的身体的观念所包含的东西，以及能够从这一观念之中推出的东西。这是因为，所有事物的力量都仅仅被其本质所定义（由《伦理学》第3部分命题7），而且，（由第2部分命题13）心灵的本质即是关于现实存在的身体或物体②的观念，因此，心灵理解事物的力量仅被限于这一关于身体或物体的观念在自身之中包含的东西，以及那些从这一观念中得出的东西。但是，这一关于身体或物体的观念所包含及表达的神的属性仅仅是广延与思想。这是因为，这一观念的对象（ideate [*ideatum*]），即身体或物体，（由第2部分命题6）仅仅是神所产生的结果，就其在广延属性而非其他

---

① 莱布尼茨在他所记录的与契恩豪斯关于斯宾诺莎哲学的谈话中也表露出对斯宾诺莎观点的相似理解："他［斯宾诺莎］认为在思想与广延以外存在着无限多其他属性，而所有这些属性也都具有思想，就像广延一样。"我们马上会讨论这一重要文本。关于斯宾诺莎-契恩豪斯-莱布尼茨之间的关系，见库斯塔德［Kulstad］，《莱布尼茨、斯宾诺莎与契恩豪斯》(Leibniz, Spinoza, and Tschirnhaus)。

② 拉丁文 *corpus* 一词的意思既可以是一般而言的有广延的物体，也可以具体指人的身体。斯宾诺莎同时也持有一种泛灵论立场，即所有物体都有与其对应的心灵或观念。因此，对斯宾诺莎来说，一般意义上的心灵是关于物体的观念，而人类心灵则是关于人类身体的观念。在拉丁语中这两种表述是类似的，但在中文翻译中则需要酌情将 *corpus* 翻译为"物体"、"身体"或者"身体或物体"。——译者

属性之下被考量而言；因此，（由第1部分公理6）这一关于身体或物体的观念所包含的只是对于仅就其在广延属性之下被考量而言的神的认识。① 同时，这个观念，就它是思想样态而言，（由同一命题）也仅是神，就其是思想的事物而非在其他属性之下被考量而言，所产生的结果；因此，（由同一公理）关于这个观念的观念也仅包含对于就其在思想而非其他属性之下被考量而言的神的认识。因此，人类心灵，或者说关于人类身体的观念，并不包含及表达除了这两个属性之外的神的属性。此外，（根据第1部分命题10②）神的任何其他属性都无法从这两个属性及它们的样态中被推出或构想 [*nullum aliud Dei attributum concludi, neque concipi potest*]。由此，我的结论是，在这两个属性之外，人类心灵无法认识神的其他属性。至于你进一步提出的问题，即这是否意味着每个属性都构成了一

---

① E1a6（"真观念必须符合其对象"）与此处所处理的问题之间的关系是什么并不完全清楚。或许，斯宾诺莎的想法是，由于关于物体的观念的对象（即物体）只由有广延的事物产生，关于物体的真观念（显然神的所有观念都是真的）就必须符合其对象，从而只能包含关于有广延物的观念（见E1p30d）。如果这是对的，那么E1a6的重要性就比我们通常认为的那样要大得多。根据以上解读，它似乎是对观念–事物平行论的一种原始论述。不过，E2p7d并未援引E1a6。

② 在舍利的译本中，斯宾诺莎指的是E2p10，而不是E1p10。这似乎是一个错误，因为E2p10（"实体的存在不涉及人的本质，或实体不构成人的形式"）与当前的问题无关。E1p10阐述了属性的概念上的分离，完全符合文本。格布哈特的版本在此处（Ⅳ/278/3）提到了E1p10，他对这封信（Ⅳ/424）的注释没有提到拉丁文或荷兰语原版中特别的困难之处。范·弗洛滕（J.von.Vloten）和兰德（J.P.N.Land）版也是如此。最后，我查阅了耶鲁图书馆拉丁语版《遗作》的副本，此处也有E1p10（592）。

个独立的世界,请参见《伦理学》第2部分命题7的附释。(Ep. 64,着重为后加)

在这段文本中,斯宾诺莎认为人类心灵就是关于人类身体的观念。更重要的是,斯宾诺莎明确指出,从关于身体或物体的观念中我们无法得出关于思想与广延之外的任何属性的认识或观念。斯宾诺莎对后一点的辩护基于属性之间在构想关系上的相互独立(E1p10);而由于斯宾诺莎在此讨论的是我们是否可能拥有关于其他属性的认识或观念,E1p10在这一讨论中所发挥的作用似乎说明,不仅不同属性的样态相互独立,在同一属性下的关于不同属性的样态的观念也在构想关系上相互独立。这一有趣的观点在斯宾诺莎的下一封信中得到了明确的阐述。在上一段引文中,斯宾诺莎仅按照契恩豪斯的要求解释了为何我们在理论上不可能认识其他属性的样态。①

契恩豪斯对斯宾诺莎的回应并不满意,并且进一步向斯宾诺莎提出了一个很好的反驳:如果我的心灵拥有关于我的身体的认识,而我的身体又与第三种属性下的某样态同一(正如E2p7s主张的那样,它们是"同一个事物"),那么我为何在认识了我的身体的同时又对在第三种属性下与之对应的样态一无所知呢?

---

① "那些无法被我们把握的属性的不可构想性不仅是一个事实真理,而且还是一个能够从关于神本质的充分观念中先天地演绎出的理性真理"(葛虒,《斯宾诺莎》,2:46)。

第六章　观念的无限多面结构与思想的优先性

您认为灵魂无法把握广延与思想之外的神的其他属性，那么您能否向我证明一下您的这个论断呢？虽然我十分清楚这个论断的意思，但我认为相反的论断可以从《伦理学》第2部分命题7的附释中得出……

一方面，我从这段文本中得知，世界是独一的；另一方面，这段文本也清楚地说明，世界本身被以无限多种方式表达，并且每个个别物因此也被以无限多种方式表达。由此可得，虽然构成了我的心灵的样态与表达了我的身体的样态都是同一个样态，但它却被以无限多种方式表达，即通过思想、广延或者我所不知道的神的某个属性等等而被表达。①这是因为，虽然神的属性是无限的，但在所有这些属性下样态的秩序与连结却是相同的。现在问题出现了：既然心灵表象了某个别样态，并且这一个别样态不仅被广延表达，也同时也被以无限多种其他方式②表达，那么，为何心灵仅能把握通过广延表达的那个个别样态呢？这就是说，为何心灵仅能把握人的身体，而不能把握其他属性下的其他表达呢？（Ep. 65）

---

① 在这句话中，契恩豪斯所表达的观点与我之前所提出的关于神的样态与属性的样态之间关系的观点（第二章第3节、第五章第3节）相同。契恩豪斯将它们之间的关系称为"表达"，但我却没有使用这一概念，因为我不确定这一概念是否在斯宾诺莎的作品中有固定的含义。值得注意的是，在下一封信中，斯宾诺莎接受了契恩豪斯关于神的样态与属性的样态之间关系的观点。

② 契恩豪斯在此处似乎混淆了属性与样态（笛卡尔偶尔也会这样），或者他可能指的是广延的样态，而非广延本身。

第二部分　斯宾诺莎关于思想的形而上学

对这个问题，斯宾诺莎的回应是：

> ……然而，对于您的问题，我的回答是，尽管在神的无限理智中，每个事物都被以无限种方式表达，但这些表达了它的无限多的观念①并不能构成个别事物的单一心灵[unam eandemque rei singularis Mentem]；相反，它们构成了无限多的心灵。这是因为，这些无限多的观念之间没有任何连结[quandoquidem unaquaeque harum infinitarum idearum nullam connexionem cum invicem habent]，正如我在《伦理学》第2部分命题7的附释中阐明的那样。这一点也可由第1部分命题10得知。如果您略微注意这些地方，那么您就不会再有任何困难，等等。（Ep. 66；着重为后加）

乔纳森·本内特对这封信及它之前的几封信的评论是："在两封晚期通信中，斯宾诺莎试图避免[我们应当拥有关于第三种属性的样态的认识，如果这种属性存在的话]这一结论。但他的做法是如此唐突、刻意与缺乏解释，以至于我们甚至无法确定它所违背的是斯宾诺莎的形而上学还是他的认识论。"②约阿希姆的判断虽然没有这么严厉和自信，但他似乎也不抱有任何希望："还没有人能够成功解释斯宾诺莎在第66封信中[对契

---

① 用我的术语来说，这即是说每个观念（其对象是神的样态）被无限多的观念方面或心灵所表达。
② 本内特，《研究》，78。

第六章 观念的无限多面结构与思想的优先性

恩豪斯］的回应"。①

我们首先应当注意，我所引的最后一封信显然只是一封更长的信的片段（我已经完整引用了这封信的全部现存文本）。②但这一点对回答现存文本中所包含的问题并无帮助。这些问题包括：（1）事物何以能够在"在神的无限理智中……被以无限种方式表达"？（2）为何表达了同一事物的无限多观念之间没有任何连结？（3）为何关于某个别事物的无限多观念不能构成此事物的"单一心灵"？（4）这些无限多的观念与神的无限理智之间的关系是什么？以及最后，（5）斯宾诺莎是如何从E1p10（属性间构想关系上的壁垒）与E2p7s（不同属性下的平行样态的同一性）中得出他在第66封信中的观点的？我们或许可以加上一个关于第64封信的问题：（6）契恩豪斯提出"神的每个属性似乎都会构成一个独立的世界"，斯宾诺莎对此的回应究竟是什么？

契恩豪斯对斯宾诺莎的回应仍不满意。他又试图从一个略微不同的角度给出了他的反驳：

> 我不能同意您提出的解释的第二个原因是，这样一来思想属性所涵盖的范围就会比其他属性更广得多。而由于每个属性都构成了神的本质，我不知道这两点如何能够不相互矛盾。（Ep. 70，着重为后加）

---

① 约阿希姆，《斯宾诺莎的〈理智改进论〉》(*Spinoza's "Tractatus"*)，76n1。
② 约阿希姆，《斯宾诺莎的〈理智改进论〉》，76n1；参考波洛克，《斯宾诺莎》，160。这封信的原始文本已经丢失，见格布哈特对这封信的注释（IV/424）。

第二部分 斯宾诺莎关于思想的形而上学

契恩豪斯的反驳显然是合理的。如果表象了所有物体的无限多的观念与表象了其他属性的所有样态的无限多的观念之间没有任何连结的话，那么思想所涵盖的范围就似乎比广延更广得多。

不幸的是，契恩豪斯在这个重要问题之前首先提出了另外一个反驳，而这个反驳却是基于对 E2p5 的误解。这一误解或许来源于契恩豪斯所读的《伦理学》手稿的一处讹误（或者是由于舒勒错误地总结了契恩豪斯的反驳）。这让斯宾诺莎得以指出契恩豪斯的文本错误并以此回答他的第一个问题，并借这一机会避免回答更为重要的第二个问题。①

第70封信还牵扯到另一个对我们的讨论非常重要的问题。在第70封信中，契恩豪斯希望斯宾诺莎同意他"将斯宾诺莎的作品交给莱布尼茨"，后者刚刚与契恩豪斯结下友谊。契恩豪斯同时也保证，在他与莱布尼茨的对话中，"他尚未提到任何［斯宾诺莎的作品］"。②斯宾诺莎此时还十分谨慎，他并未答应这一请求，因为他认为契恩豪斯与莱布尼茨结识未久，此时就信任莱布尼茨并与他分享自己的真正观点为时尚早。我们之后会看到，契恩豪斯还是向莱布尼茨分享了他关于《伦理学》所知的内容，而且，正是莱布尼茨对他与契恩豪斯关于相关问题讨论的记录帮助我们澄清了斯宾诺莎在第64与第66封信中的主张。

---

① Ep. 72（S 330）。
② Ep. 70（S 327）。

第六章　观念的无限多面结构与思想的优先性

在本章的第一个附录中，我提出了一种简单的记法，它能够以严格的方式表述出我认为斯宾诺莎在他与契恩豪斯的通信中所表达的观点。在我开始逐一回答我刚刚关于契恩豪斯通信的内容所提出的问题前，我要首先澄清一些术语的用法。我们之前指出，斯宾诺莎所使用的"样态"这一术语实际上可以同时指某一特定属性的样态与神的样态（即所有属性下的样态）；同样，斯宾诺莎所使用的"样态x的观念"这一术语也可以同时指表象特定属性下的样态的观念与表象神的样态（所有属性下的样态）的观念。为了凸显神的样态的观念与特定属性下的样态的观念之间的区别，我将后者称为"观念方面"，而将前者仅称为"观念"。

§3 问题与回答：我们为何无法与其他属性样态的心灵沟通？

现在让我们逐一回答我们之前提出的六个问题：

问题一：事物何以能够在"在神的无限理智中……被以无限种方式表达"？

在第65封信中，契恩豪斯肯定了"每个个别物因此也被以无限多种方式表达"这一点，或者用我之前的术语说，每个神的样态都有无限多方面。在第66封信中，斯宾诺莎指出，每个关于神的样态的观念也有无限多方面，就像其对象具有无限多面结构一样。斯宾诺莎还强调了，关于神的样态的观念仅仅在神的无限理智中具有无限多方面，神的理智在无限多属性下构想神的样态。人类心灵（它仅仅能够认识思想与广延的样态）之中的关于神的样态的观念则仅限于同一个神的样态的观念的两个方面，即表象了广延属性下的同一个神的样态的观念方面，与表象了思想属性下的同一个神的样态的观念方面。①

问题二：为何无限的观念方面（对同一理念的无限表达）之间没有任何连结？

正如同一个神的样态的无限多方面（或者用斯宾诺莎的术语说，对同一个事物的无限多种表达）相互之间没有任何因果与构想关系上的联系，同样，表象了同一个神的样态的无限多方面的无限多观念方面，相互之间也没有任何因果与构想关系上的联系（根据E2p7）。②因此，不仅属性间存在因果与构想关系上的壁垒（E1p10），在思想内部也存在着与之对应的壁垒，这种壁垒将对不同属性的表象分隔开来。③

问题三：为何关于某个别事物的无限多观念不能构成此事物的"单一心灵"？

表象了所有属性下的同一个神的样态的无限多观念方面，

---

① 神的样态的观念的观念也具有无限多方面。关于高阶观念的结构，见下文第5节。
② 下文第7节对同一观念的不同方面之间在构想关系上的壁垒做出了重要的限定。
③ 德勒兹，《表达主义》，124提出了相似的观点。

第六章　观念的无限多面结构与思想的优先性

并不构成"个别事物的单一心灵",这是因为这个无限多面的观念仅存在于神的理智中,而"心灵"(mens)仅仅指的是关于有限物(即"个别事物")的思想。斯宾诺莎在其所有作品中几乎从未使用过"神的心灵"这一术语。的确,在《神学政治论》中斯宾诺莎明确地批评了圣经中关于神的心灵的说法,他认为这种说法完全是人类中心的,并且他在通信中也对心灵与理智做出了明确的区分。① 在《伦理学》中,斯宾诺莎前后一贯地将理智而非心灵归给神。我们或许会问,为什么一个无限存在物可以拥有理智而不能拥有心灵?虽然斯宾诺莎并未明确回答这一问题,我的看法是,他认为"心灵"一词包括了诸如想象在心理活动,而由于这些活动在本质上是对事物的扭曲,它们也就不能被归给神。②

因此,每个观念方面都是某一特定属性的样态的心灵(比如说,我的心灵即是我的身体的心灵,而它仅仅是神的理智中的一个无限多面的观念的一个方面),而表象了所有属性下的

---

① "由于圣经经常为了迁就大众的理解力而将神描绘为像人一样,并且将心灵、心、灵魂的情感乃至身体与呼吸都归给神,因此,神的灵就经常在圣书中被用来指神的心灵、灵魂、情感、力量以及口中的呼吸……正如我们所说,神的灵的意思也包括神的呼吸,而在圣经中呼吸被错误地归给了神,就像心灵、灵魂、身体一样。"(TTP第1章;III/25-6)。参考E1p15s,在这一解释中斯宾诺莎批评了"那些将神虚构为像人那样由身体与心灵构成,并受激情的困扰"的作者。参考Ep. 2,在这封信中斯宾诺莎批评了培根,他认为后者"经常混淆理智与心灵"(IV/9/9)。莱布尼茨显然对斯宾诺莎的心灵不能归于神这一观点有所了解。见亚当斯,《莱布尼茨》,126。

② 参考E5p40c。关于对斯宾诺莎哲学中心灵与理智的区分的简短而有益的讨论,见伽雷特,《斯宾诺莎论人类身体本质》,293-294。

神的样态的无限多面的观念则不能被称作"心灵",因为神并不是一个"个别事物"(即有限存在物)。以上讨论实质上不过是对术语的精确界定与使用。

问题四:这些无限多的观念与神的无限理智之间的关系是什么?

神的绝对无限的理智中的每个观念都有无限多方面,其中每一个方面都表象了不同属性下的同一个神的样态。值得注意的是,神的观念(我们已经在第四章第3节中指出,它实际上就是神的绝对无限的理智)的无限性可分为两个层次:首先,它由无限多观念所组成,这些观念对应并且表象了所有神的样态;其次,这些观念中的每一个都具有无限多方面。每个观念方面都是某个由无限多观念方面组成的链条的一部分,同一链条中的所有观念方面表象了所有在某一属性下的神的样态。[①]因此,表象了约瑟芬的身体的观念方面(即约瑟芬的心灵)、表象了罗伯斯庇尔的身体的观念方面(罗伯斯庇尔的心灵),以及表象了拿破仑的身体的观念方面(拿破仑的心灵)都是表象了所有有广延物的观念方面的无限链条的一部分。这一链条即是身体或物体的心灵的无限链条。同理,也有相应的观念方面表象了在第三种属性下与约瑟芬、罗伯斯庇尔和拿破仑的身体同一的样态,而这些观念方面则属于表象了这第三种属性的

[①] 参考波洛克,《斯宾诺莎》,161;葛扈,《斯宾诺莎》,2:46;以及马特洪,《个体与共同体》(*Individu et communauté*),31。

第六章 观念的无限多面结构与思想的优先性

所有样态的观念方面所组成的无限链条。这两个由观念方面（或心灵）组成的无限链条在因果与构想关系上相互独立，就像它们的对象一样。观念方面组成的每一个无限链条都是神的绝对无限的理智的一个方面，正如某特定属性下事物的每一个无限链条也是（所有属性下的）神的样态所组成的无限链条的一个方面一样。这也就是说，神的绝对无限的理智与神本身的绝对无限同构。

问题五：斯宾诺莎如何从E1p10与E2p7s中得出他在第66封信中的观点？

E1p10在属性之间树立起了构想关系上的壁垒，而E2p7s则断言不同属性下的平行样态相互同一。由此E1p10与E2p7s在样态内部确立了一种特定的秩序。在第66封信中，斯宾诺莎认为与E1p10和E2p7s类似的主张也应对不同属性样态的表象成立。不同属性样态的心灵相互之间没有任何因果与构想关系上的联系（这即是E1p10在思想属性中的版本），同时。正如神的样态具有无限多方面（即不同属性下的平行样态），关于神的样态的观念也有无限多相互平行的观念方面（这即是E2p7s所主张的平行样态秩序在思想属性中的版本）。

问题六：契恩豪斯提出"神的每个属性似乎都会构成一个独立的世界"，斯宾诺莎在第64封信中对此的回应究竟是什么？

如果不同属性的样态的观念"相互之间没有连结"，我们或许就会认为每个属性及其在思想中的表象（即表象它的观念

第二部分 斯宾诺莎关于思想的形而上学

方面所组成的无限链条)都构成了一个独立的世界。由此，所有物体及其在思想中的表象就构成了一个世界：有广延物及其心灵的世界。与之类似，第三种属性的所有样态及其表象就构成了另一个世界：第三属性样态及其心灵的世界。契恩豪斯之所以会觉得每个属性与其在思想中的表象都构成独立的世界，似乎便是由于不同属性样态的心灵之间的严格分隔。如果不同属性样态的心灵无法通达的话，那么我们似乎就可以认为这些心灵（以及它们的对象）属于不同的世界。斯宾诺莎对于这一描述的唯一反驳是，它没有意识到不同属性下的同一个神的样态仍是"同一个事物"（这即是说属性仅仅是同一个现实的不同方面 [E1d4]）。① 为了更清楚地说明这一点，斯宾诺莎让契恩豪斯参考 E2p7s。斯宾诺莎在这一附释中指出，不同属性下相互平行的样态都是"同一个事物"，它们因此也就属于同一个世界。

§4 观念具有无限多面结构的文本证据

斯宾诺莎在第64和第66封信中提出了以下两个主张：

---

① "我们说过，尽管自然有着不同属性，但它仍旧是同一个唯一存在物；所有这些属性都谓述它。"（KV II 20, §4; I/97/11; C 137）。参考刘易斯·罗宾逊 [Lewis Robinson]，《斯宾诺莎〈伦理学〉评注》（*Kommentar zu Spinozas Ethik*），282。我在《斯宾诺莎、契恩豪斯与莱布尼茨：什么是一个世界？》（*Spinoza, Tschirnhaus et Leibniz: Qu'est un monde?*）一文中讨论了早期近代哲学家关于什么能够构成一个独立的世界的看法。

第六章 观念的无限多面结构与思想的优先性

　　主张一：未知属性的样态有它们的观念（严格来说是观念方面），这些观念即是它们的心灵，就像我们身体的观念（严格来说是观念方面）即我们身体的心灵。

　　主张二：不同属性的样态的心灵或观念（严格来说是观念方面）"相互之间没有任何连结"。

通过说明斯宾诺莎在其作品中一贯地持有这两种观点，我希望能阻止任何将第64和第66封信贬低为与斯宾诺莎形而上学的核心无关的边缘文本的企图。在此之后，我会从文本说明斯宾诺莎甚至持有以下这一更强的主张：

　　主张三：如果 Xn 和 Xm 是被分别构想在属性 n 和属性 m（n 与 m 不同）之下的同一个神的样态的两个方面，那么 Xn 的表象和 Xm 的表象就都是神的理智中的同一个观念的两个方面。

在我即将引用的出自《理智改进论》的文本中，斯宾诺莎仅仅接受主张二。这一文本从事物与观念（斯宾诺莎在此将观念称作"对象本质"①）之间的平行关系出发，进而推出了事物之间没有相互作用当且仅当其观念之间没有相互作用这一结论：

---

　　①　参考 E2p7c："所有从神的无限本性中形式地得出的东西，都在神之中从神的观念中对象地得出，并且它们之间的秩序与连结是相同的。"（关于此处所说的"形式地"与"对象地"，见第四章注55——译者）

第二部分　斯宾诺莎关于思想的形而上学

> 观念的对象存在即是其对象的现实存在。因此，如果在自然中存在某个与其他事物没有相互作用的事物，并且如果这一事物有必须与其形式本质完全一致的对象本质，那么这个对象本质也就不与其他观念有任何相互作用，这即是说，我们无法推出任何关于它的事实；与之相对，如果与其他事物有相互作用的事物（存在于自然中的所有事物都是如此）被我们所理解，那么这些事物的对象本质就会[与其他事物的对象本质]有着相同的互动，这即是说，我们可以从它们之中推出其他观念，并且这些观念仍会与其他观念有相互作用。①

这段文本的主题并不是关于未知属性的观念，但它仍旧清楚地显示出斯宾诺莎的立场，即关于不同属性样态的观念之间没有相互作用。不过，从这段文本的假设性语气中我们可以看出，斯宾诺莎此时相信自然中并不存在相互之间没有联系的事物。这一点正符合在《理智改进论》中属性间的壁垒尚未被确立这一事实。我之后会对此进行进一步的解释。

出自《短论》的下一段文本明确指出，广延以外的属性的样态同样拥有灵魂②：

> 灵魂的本质仅在于其是思想属性中的一个观念或对

---

① TdIE §41（II/16/26–17/1）。
② "灵魂"与"心灵"对斯宾诺莎来说似乎是同义词。读者可将引文中的第一句话与E2p13进行比较。

第六章 观念的无限多面结构与思想的优先性

象本质，它产生于自然中现实存在的某对象的本质。我在此仅仅说的是一般意义上的现实存在的某对象，而没有对这一表述进行进一步规定，这是因为它不仅包括广延的样态，也包括所有无限种属性的样态，这些样态与广延样态一样拥有灵魂。①

之后，斯宾诺莎在总结他对灵魂本性的讨论时重申了他的这一观点，即未知属性的样态也拥有灵魂：

这就是为什么我们对灵魂的定义如下：灵魂是产生于在自然中存在的某对象的观念。借助这一定义，我们充分地讨论了灵魂一般而言是什么，通过这个表述了解到：这一名称所指的不仅是产生于物体性样态的观念，同时也包括产生于其他属性的每个样态的观念。②

斯宾诺莎在《短论》中对其他属性的讨论具有一个非常有趣的特征，即在这一文本中，斯宾诺莎并不确定我们是否能够认识

---

① KV app 2, §9（I/119/6-13）。在对理解这段文本十分有帮助的一段注释中，科利写道："这意味着，从《短论》所在的时期开始，斯宾诺莎就认为思想属性的范围与其他所有属性之和相同，因此它也就比任何一个单独的其他属性范围更广。这也就是说，斯宾诺莎在对契恩豪斯批评的回应中被看作是破坏性的承认的观点，一直就是其理论的一部分。"（C 154n5）。

② KV app 2, §12（I/120/1-6），着重为后加。参考KV II 22（I/101/15）："如果在同一事物的灵魂中并不存在关于它的观念，那么这一事物就不可能在自然中存在。"

第二部分　斯宾诺莎关于思想的形而上学

思想与广延以外的属性。在《短论》开头的一条值得注意的注释中，斯宾诺莎写道：

> 根据我们之前对于自然的讨论，我们尚未能够在其中找到超过两个属于这一最完善存在物的属性。并且从这些属性出发，我们完全无法断定它们是否就是构成这一完善存在物的全部属性。恰恰相反，我们能够在我们自身之中发现某种东西，它向我们表明，不仅存在着比两个更多的属性，而且存在着无限多完善的属性，这些属性必须属于这一完善存在，否则它就不能被称为完善。（着重为后加）①

斯宾诺莎在此谈论我们对其他属性的无知时的语气是试探性的（"我们尚未能够找到"），这似乎与《短论》的另一个重要特征有关。众所周知，《短论》中属性之间的壁垒（如果有任何壁垒的话）比《伦理学》中的要弱得多：②《短论》的一些文本甚至认为观念由其对象产生。③而如果属性间不存在严格的壁垒的话，我们就无法确定某属性是否能通过另一属性被构想，或

---

① KV I 1，注释 d（I/17/35-43）。

② 见德拉·罗卡，《表象》，12，100。在《短论》中（以及斯宾诺莎的其他早期作品中），斯宾诺莎的观点更接近于笛卡尔，后者对于不同属性的区分更不严格。参考多纳甘 [Alan Donagan]，《斯宾诺莎的二元论》(*Spinoza's Dualism*)，101。

③ 比如刚刚引自《短论》的附录二的文本。在这些文本中斯宾诺莎认为灵魂"产生于"其对象。

第六章 观念的无限多面结构与思想的优先性

者说不同属性样态的心灵之间是否能够具有因果互动。因此，由于斯宾诺莎早期尚未在属性间树立壁垒，我们也就仍旧可能在某一时刻通过我们关于广延与思想的知识获得关于其他属性的知识。

我接下来要考察的文本是莱布尼茨在与契恩豪斯讨论了《伦理学》的理论之后所写的一系列笔记：

> 他[斯宾诺莎]认为在广延与思想之外还存在着无限多的其他肯定性属性。但思想存在于所有这些属性中，就像思想存在于广延之中。但我们并不能构想这些属性究竟如何，并且每一个属性都自类无限，正如此处的空间一样（*Putat infinita alia esse attributa affirmativa praeter cogitationem et extensionem, sed in omnibus esse cogitationem ut hic in extensione; qualia autem sint illa a nobis concipi non posse, unumquodque in suo genere esse infinitum, ut hic spatium*）。①

很明显，莱布尼茨在这些笔记中的主张与契恩豪斯在第63和第65封信中的主张相似。② 两者都承认思想的优先性，因为思想

---

① 波洛克，《斯宾诺莎》，161。莱布尼茨，《全集》（*Sämtliche Schriften*），VI：3，385（莱布尼茨科学院版全集，第六系列第三卷，第385页）。

② 根据莱布尼茨科学院版全集的编者，这一系列笔记的写作时间在1675年10月至1676年2月之间，并且更可能与后者更接近。若果真如此，那么它们就比第66封信（1675年8月）更晚，并且可能也比第70封信更晚。

第二部分　斯宾诺莎关于思想的形而上学

具有关于每个属性的观念；两者也都将思想外的某属性与其在思想中的表象看作构成了一个独立的世界或领域（注意莱布尼茨所用的索引词，"正如此处［hic］的空间一样"）；最后，两者都认为斯宾诺莎主张这些"世界"相互之间不是可通达的。这即是说，莱布尼茨也认为斯宾诺莎主张（1）其他属性的样态具有与其平行的观念，以及（2）不同属性样态的观念相互独立。

我现在要处理《伦理学》中的一处有些困难但却重要的文本。《伦理学》第2部分命题13的内容如下：

> 构成人类心灵的观念的对象是身体，或者说广延的某个现实存在的样态，除此之外并无他物（*Objectum ideae, humanam Mentis constituentis, est Corpus, sive certus Extensionis modus actu existens, et nihil aliud*）。

这一命题意在排除两种情形的可能性：（1）人类心灵的对象是身体以外的某种东西，（2）人类心灵的对象既包括身体也包括另外的某种东西。但斯宾诺莎在此试图将其排除在人类心灵的可能对象之外的"他物"究竟指的是什么？对此有两种可能的回答：它要么指的是其他的身体或物体，要么指的是身体或物体之外的某种样态（即某种未知属性的样态）。当然，这两种回答有可能同时成立。我接下来想要论证的仅仅在于，在这一命题中，斯宾诺莎的意图至少包括了排除其他属性的样态。斯宾诺莎对这一命题的证明如下：

第六章　观念的无限多面结构与思想的优先性

　　证明：这是因为，如果身体不是人类心灵的对象，那么关于身体性状的观念，就其构成了我们的心灵而言，就不会存在于神之中（由本卷命题9推论），而就其构成了另外某物的心灵而言，会存在于神之中，这即是说（由本卷命题11推论）关于身体性状的观念不存在于我们的心灵之中；但是（由公理4），我们的确拥有关于身体性状的观念。因此，构成人类心灵的观念的对象是身体，并且（由本卷命题11）它现实存在。

　　其次，如果在身体之外心灵还有另外的对象，那么，由于（由第1卷命题36）没有存在物不产生某种结果，我们的心灵中就必然存在关于它的某种结果的观念（由本卷命题12）。但是，（由本卷公理5）并不存在关于这种结果的观念。因此，我们心灵的对象只是现实存在的身体，除此之外并无他物。证毕。

让我们首先考察这一证明的第二部分。斯宾诺莎在此试图证明，人类心灵的对象在身体之外并无他物。斯宾诺莎的证明依赖于E2a5，即：

　　除了物体及思想样态之外，我们无法感觉或把握任何个别物［NS：或所生自然的任何事物］。

根据E2a5，我们不可能把握到广延与思想以外的任何属性的样态。只有在斯宾诺莎试图通过E2a5说明我们并不拥有关于物

287

体（及观念）以外的事物的观念（这即是说，这些事物不能是构成了我们心灵的观念的对象）的情况下，他在E2p13d中对这一公理的使用才合理。[①] 如果此处的问题在于其他物体能否作为人类心灵的对象，那么E2a5就无法发挥任何作用。

现在让我们回到这一证明的第一部分，它意在证明身体必须是人类心灵的对象。这一证明大体可总结如下：如果身体不是人类心灵的对象，那么（考虑到神的全知以及观念-事物平行论）它就只能存在于"另外某物"的心灵而不是我们的心灵之中；但这是不可能的，因为根据E2a4（"我们感觉到某身体被以多种方式作用"），我们的确拥有关于身体的观念。注意斯宾诺莎并没有说，如果身体不是我们心灵的对象，那么它就只能在"另外某身体或物体（body）"的心灵之中，而是"另外某物（thing）"的心灵之中。这似乎说明，斯宾诺莎在此意图排除的情形是人类的身体被另外某物的心灵所把握，不管这事物是否是一个身体或物体。

但是，让我们暂且假设"另外某物"是一个身体或物体，比如说一只乌龟。此时，E2a4应该发挥的作用是排除我的身体被乌龟的心灵而非我的心灵所把握这一情形的可能性。然而，E2a4所说的仅仅是我们感觉到某个身体或物体，那如果我们感觉到的是乌龟的身体呢（此时乌龟的心灵"感觉"到了我们的身体）？这种可能性在我看来并不与E2a4矛盾，因此，E2a4的靶子并不在此。此外，斯宾诺莎为什么要被我的身体可能是

---

① 参考德拉·罗卡，《表象》，28。

第六章　观念的无限多面结构与思想的优先性

另外某身体的心灵的对象（而我对我的身体一无所知）这种怪异的情形所困扰？斯宾诺莎当然可以回应这种怪异的可能情形，但我认为情况更可能是，他（在证明的两个部分）所意图讨论的主要是——尽管不全是①——以下问题：由于我的身体、我的心灵，以及在第三属性下与我的身体同一的样态以及那个样态的心灵，它们都相互平行，那么心灵就有可能与其对象产生错位（比如说人类心灵的对象并不是与其平行的人类身体，而是第三属性下的平行样态）。E2a4 与 E2a5 所排除的正是这种错位的可能性，因为它们指出，人类心灵有且仅有关于身体的认识。如果斯宾诺莎在 E2p13 中的确意图论证这一点，那么我们就能理解为什么他在证明的第一部分说的是"另外某物的心灵"而不是"另外某身体或物体的心灵"。斯宾诺莎此处所考虑的心灵是对于人类心灵未知的属性样态的心灵。

在我开始讨论主张三之前，我还希望考察最后一处文本，它出自 E2p13 的附释，就在关于身体或物体的本质的插曲开始之前：

> 我们至此所说明的观点是完全一般的，它们既适用于人，也适用于其他个体。尽管程度不同，但所有这些事物都是有灵魂的 [animata]。这是因为，在神之中必然存在关于每个事物的观念，并且神是这一观念的原因与

---

① 斯宾诺莎在之后的命题中对 E2p13 的使用方式似乎表明，E2p13 的目的两者兼有。

他是人的身体的观念的原因相同。所以我们关于人的身体的观念的所有讨论也必须适用于每个事物的观念 [de cujuscunque rei idea necessario dicendum est]。

在这一段文本中，斯宾诺莎指出所有事物或个体都有灵魂，而不仅仅是所有身体或物体。所有事物，比如人类、石头、香蕉以及27种属性的所有样态，都有灵魂这一主张看起来非常反直觉，但我认为，从斯宾诺莎对它的辩护来看，这一主张是不可避免的。某事物是有灵魂或者心灵的这一点仅仅需要的是，在神之中存在着关于每一事物的观念。正如神关于人的身体的观念就是人的心灵，神关于任何其他（有限）事物的观念也就是此事物的心灵。

至此我们讨论了几处能够支持斯宾诺莎在第64和第66封信中的前两个主张的文本。这两个主张分别是，（1）其他属性的样态也像身体或物体那样拥有心灵，（2）不同属性样态的心灵相互之间没有联系。（2）实际上是对我们刚刚讨论的E2a5的概括。

现在我们要给出第三个主张的文本证据。这一主张是，如果 X_n 和 X_m 是被分别构想在属性 n 和属性 m（n 与 m 不同）之下的同一个神的样态的两个方面，那么 X_n 的表象和 X_m 的表象就都是神的理智中的同一个观念的两个方面。

我们已经看到，在第66封信中，斯宾诺莎提出，"尽管在神的无限理智中，每个事物都被以无限种方式表达 [quamvis unaquaeque res infinitis modis expressa sit in infinito Dei *intellectu*]，但这些表达了它的无限多的观念并不能构成个别事物的单一心灵；相反，它们构成了无限多的心灵。""表达"（*expressa*）一词在这里的含义并不容易理解。《伦理学》中与这段文本最接近的文本在E2p7s："所以广延的样态与关于这一样态的观念也都是同一个事物，只不过它被以两种方式表达了而已"（*Sic etiam modus extensionis, et idea illius modi una, eademque est res, sed duobus modis expressa*）。由于斯宾诺莎在下一句话中引用了E2p7s，他在这两段文本中所用的"表达"一词很可能具有同样的含义。E2p7s中的"表达"的含义似乎更容易理解。E2p7s中的这个说法的意思是，物体与其观念都是被构想在不同属性下的同一个事物；换句话说，"a表达了b"的意思即是a是b的一个方面（即神的样态与其无限多的属性的样态之间的关系）。那么现在，我们应如何用这一点来理解第66封信？

"神的无限理智中"的"无限种方式"显然指的是表象了每个属性下的神的样态的无限多观念（严格来说是观念方面）。不过，我们需要注意，在神的理智之中的并不是这一神的样态的无限多方面，而是这些方面的表象。对每一个属性下的神的样态的所有表象即是神所拥有的关于这一神的样态的观念的无限多方面。①

---

① 正如我已经说明的那样（见第五章注28），观念方面并不是那个它们是其方面的观念的样态，因为观念与其方面之间的关系和实体与其属性之间的关系相同（并且与属性的样态与它们所属的神的样态之间的关系相同）。换句话说，观念与其方面之间的区别是一种理性上的区别，而非样态上的区别。

还有另外一处文本支持将关于不同属性样态的观念等同为同一个观念，这处文本即是E2p4："有无限多事物以无限种方式从中得出的神的观念是独一的"（*Idea Dei, ex qua infinita infinitis modis sequuntur, unica tantum esse potest*）。显然这一命题是我们之前讨论过的E1p16在思想属性下的对应命题，因为E2p4将E1p16归给神的性质归给了神的观念，（即有无限多事物以无限种方式从中得出）。由于神的观念是思想的样态，而斯宾诺莎又否定了不同属性样态间互动的可能性（E1p10），因此从神的观念中只能得出一类事物，即观念。确实，有无限多观念从神的观念中得出，但这个命题在此之上又叠加了一重无限性（即"以无限种样态"或者说"以无限种方式"）[①]，这又是什么意思？我认为，E2p4中所说的"以无限种方式"的意思与作为其模版的E1p16中这一表达的意思相同。[②] 每个观念从神的观念中得出的"无限种方式"即神的理智中同一观念的无限多方面，通过这些方面，同一个观念就可以表象无限多样态。《伦理学》的很多处文本都将这种双重无限性（"无限多事物以无限种方式"）归给了思想或者神的观念。[③] 斯宾诺莎从未关于广延或者其他属性做出过类似表述。因此，斯宾诺莎在这些地方所提出的是观念的无限多面结构，即同一个观念能够其

---

① 帕金森、舍利和怀特用"以无限种方式"翻译第二个无限。就目前而言，两者之间没有太大区别。[原文中 *infinitis modis* 中的 *modus* 概念即可理解为一般意义上的"方式"，又可理解为斯宾诺莎的严格的哲学术语，"样态"。前者似乎在此更为自然。——译者]

② 我在第二章第3节讨论了E1p16中 infinita infinitis modis 这一表达的意思。

③ 比如说，E2p1s和E2p3d。

第六章　观念的无限多面结构与思想的优先性

所具有的不同观念方面来表象不同属性的样态。

在对二阶观念的讨论中斯宾诺莎明确提出，相互同一的样态的观念也相互同一。在某种程度上，这或许是最适合用来讨论这一问题的地方了，因为早在《伦理学》第2部分的前言中，斯宾诺莎就告诉读者，从现在开始他要阐述：

> 从神或永恒的无限存在物中必然得出的东西。当然我们并不阐述全部，因为我们已经在第1部分命题16证明，有无限多事物以无限种方式必然从中得出；我们仅要阐述那些能够使得对人类心灵及其至高幸福的认识变得仿佛唾手可得的东西。（着重为后加）

由于斯宾诺莎在《伦理学》的剩余部分中主要聚焦于人类心灵及其至高幸福，这就使得对其他属性的心灵的讨论与主线几乎没有什么关系。人类心灵与其他属性的心灵"没有任何联系"，因此后者在《伦理学》的剩余部分中仅仅偶尔出现在一些边缘的讨论中（比如在E2p13中那样）。在思想与广延属性内部，不同属性的观念之间的同一性仅仅在于关于广延样态与思想样态的观念之间的同一性（这些观念的对象也是同一的）；但由于那个与某物体同一的思想样态就是关于这个物体的观念，因此这两者之间的同一性实际上是某观念与其观念的观念即二阶观念之间的同一性。

斯宾诺莎在E2p21明确地提出了这种同一性："关于这个心灵的观念与这个心灵本身统一，就像心灵与身体或物体统

第二部分 斯宾诺莎关于思想的形而上学

一。"在这一命题的附释中,斯宾诺莎进一步发展了这一观点,即观念与其二阶观念之间的同一性与身体与其观念之间的同一性相同,后者即是E2p7s的内容:

> 我们可以通过本卷命题7的附释更好地理解这一命题。在那里,我们说明了物体与关于它的观念,这也就是说(由本卷命题13),心灵与身体,是同一个个体,只不过这个个体既在思想属性下被构想,也在广延属性下被构想。因此,关于心灵的观念与心灵本身也是同一个事物,但它仅在同一个属性下被构想,这即是思想属性。(着重为后加)

在此命题的证明中,斯宾诺莎的出发点是神的样态的多面结构(身体或物体与其心灵的同一性),斯宾诺莎由此推出的结论是,这两者的观念(严格来说是观念方面)也必须具有同样的关系(即它们都是同一个多面观念的不同方面)。这一附释则十分清楚地指出,如果X_n和X_m是两个不同属性的样态,或者说它们是同一个神的样态的两个方面,那么关于它们的观念也必须是同一的(或者说它们必须是同一个观念的两个方面)。

至此我们已经可以大体断定,有坚实的文本证据证明斯宾诺莎在第64和第66封信中的主张不仅不与他系统的其他主张矛盾,而且是《伦理学》中一些最重要的学说的直接且必然的结果。

我们现在可以回答我们刚刚没有回答的问题:思想属性

何以能够在与整个实体同构（根据E2p7的观念-事物平行论）的同时，又仅仅是一个与其他属性拥有相同的样态秩序的属性（根据属性间平行论）？斯宾诺莎对这一问题的解决十分简单。首先，观念秩序的确与其他任何属性下的样态秩序相同。但是，思想样态与其他任何属性样态的不同之处在于，思想样态是多面的，并且严格来说，是无限多面的。每个观念都有无限多方面，其中每一个方面都表象了另外一个属性下的平行样态。

现在让我们看看观念的这种无限多面结构如何能够化解两种平行论之间的冲突。根据属性间平行论，思想样态的秩序必须与其他任何属性下的样态秩序相同。这一点现在已经被满足了，因为思想样态的秩序（即无限多面观念本身的秩序）与物体的秩序（以及任何其他属性样态的秩序）平行。观念-事物平行论则规定，认识的秩序又必须与事物的秩序平行，而现在在无限多面的观念与其对象（即神以及无限多面的样态）之间的确有着完美的对应关系：每一个无限多面的思想单元都对应着一个无限多面的对象（即神或者神的样态），并且每个观念方面都对应着某个属性下的样态（或实体）。

§5 观念的观念，或神的水晶宫殿

至此我论证了，正如我的身体与在第三属性下和它平行的样态是同一个神的样态的两个方面，对这些平行样态的表象也是同一个无限多面观念的两个方面。我有意地推迟了对观念的观念的讨论，这是为了暂时避免这一问题所包含的困难。而在澄清了观念的基本结构之后，我们现在已经可以开始讨论观念的观念这一问题了。

让我们首先考虑任意一个神的样态（MG）。在本章之前的几节中我论证了，在神的理智中表象了MG的观念是无限多面的，就像MG本身一样。现在，让我们开始考虑MG的观念的观念。由于MG的观念是无限多面的，MG的观念的观念也必须如此。这一步仅仅是对观念-事物平行论的一种简单应用：由于表象了某对象的观念本身的结构必须与其对象的结构一致，并且在当前的情形中，此对象本身即是一个观念，因此，观念-事物平行论就要求此对象的观念（即MG的观念的观念）与对象本身（MG的观念）同构。通过同样的步骤可得，MG的所有高阶观念都必须与其对象一样具有无限多方面。①

由此，思想属性内部的无限性就又多了一个维度。思想不仅仅表象了无限多属性下的无限多样态，并且每一个样态的观念本身又是无限多高阶观念的对象。在其中的每一阶上，都有对应着每一个神的样态的无限多面的观念。

我之前提到过，斯宾诺莎平行论学说的一些后果并未得到恰当的阐述，比如广延之外属性样态的心灵/观念以及非人物体的心灵等，因为这些内容与《伦理学》第2到第5部分的主题无关，后者的焦点在于人类心灵的本性及至高幸福。不过，如果我们仔细阅读的话，我们就能合理地推断出他关于这些问题所持的观点。高阶观念即是这些问题的其中之一。

---

① 我在我的博士论文的第四章第3.1节中给出了对这一点的半正式的表述。

第六章　观念的无限多面结构与思想的优先性

斯宾诺莎明确承认了，观念的反身性会生成无限阶观点。在E2p21s中他写道："在某人知道了 [scit] 什么的同时，他就由此知道了他知道 [eo ipso scit se id scire]，并且也同时知道了他知道他知道，如此直至无穷"（着重为后加）。在《理智改进论》中斯宾诺莎也做出了相似的论断。[①] 一旦我们承认这种无限的反身性，我们就能根据观念-事物平行论从中推出，在每个观念阶层中都存在无限多面的观念。此时的图景非常美丽：神关于事物的观念就像是一束光照进了一幢黑暗的水晶宫殿，在每一层上都被无限次折射。

在此，我想要讨论三个与斯宾诺莎对高阶观念的讨论相关的问题。当然，这些问题并不涵盖这一理论的所有层面，我所探讨的只是那些与思想属性的本性与结构直接相关的问题。第一个问题是：是否存在某些高阶观念，它们的最低阶观念并不是关于其他属性样态的观念？这个问题初看起来似乎向斯宾诺莎的理论提出了很大的挑战，因为如果存在这样的无内容观念的话，那么观念-事物平行论就似乎不成立了（即这种观念的秩序不再有与其平行的事物秩序）。[②] 但如果我们否认这种观念

---

① TdIE §§33-34（II/14-15）："观念，就其作为现实本质而言，可以是另外一对象本质的对象，并且后者就其自身而言也是某种现实存在的可理解物，如此直至无穷……由于关于彼得的观念是某种具有个别本质的现实之物，它本身也是可理解的，这即是说是第二个观念的对象，后者在其自身之中对象地包含了关于彼得的观念的形式存在；同理，关于彼得的观念的观念也有其本质，并且也可以是另一个观念的对象，如此直至无穷。"

② 当然，如果存在无内容的观念的话，它们就会是高阶观念的对象，因为所有观念同时也是事物，因此它们也是高阶观念的对象。

存在的话（我认为我们应当这么做），那么我们就会面对另一个反驳，即这样一来思想属性就不再自足了（这也就是说，思想属性就会依赖于它的外在对象，由此属性间的壁垒（E1p10）也受到了损害）。考虑到斯宾诺莎在 E2p23 处对自我意识的讨论中（"心灵并不认识 [*cognoscit*] 自身，除非就其把握到关于其身体性状的观念而言"）将 x 具有自我意识等同为 x 具有关于心灵的观念（即 x 具有二阶观念），[①]这一困境就显得愈发重要了。我们可以很轻易地想到，唯心论者会强烈反对让自我意识成为一种关于某些非思想样态（物体、第三属性的样态等）的自我意识，甚至于（在神的思想这一情形中）关于所有种类样态的自我意识。E2p23 似乎没有给纯粹的自我意识（即完全不牵扯到其外在对象的心灵认识）留下任何余地。因此，在所有这些情形中，唯心论者都会认为思想失去了它的自足性。

斯宾诺莎对 E2p23 的辩护基于对观念–事物平行论的一般性考量，[②]因此它似乎完全可应用在任何其他属性的样态上。这一命题确实排除了自我意识不表象外在事物的可能性，但我认为，我们并不应批评斯宾诺莎否认了思想的自足。属性间壁垒（E1p10）指出，观念既不是其对象的原因，也不是其对象

[①] 参考 E3p53d。一些关于斯宾诺莎自我意识理论的讨论包括伽雷特，《表象与意识》(Representation and Consciousness)；勒布菲 [LeBuffe]，《意识理论》(Theories about Consciousness)；纳德勒，《斯宾诺莎与意识》(Spinoza and Consciousness)。

[②] E2p23 主要依赖于 E2p20，而后者从 E2p7 中得出。

第六章 观念的无限多面结构与思想的优先性

的结果。事实上，斯宾诺莎所秉持的立场恰恰保持了思想与对象间的某种平衡：它既否认观念是其对象的原因（这是唯心论者所肯定的），也否认对象是观念的原因（这是唯物论者，或者还原的X-属性论者，所肯定的）。对斯宾诺莎来说，观念所表象的内容并不来自于外，而是属于作为思想样态的观念的本性。我的身体是我的心灵（即关于我的身体的观念）所表象的内容，但这一内容根植于观念本身之中，而非来自于外。

无内容的观念对斯宾诺莎来说不啻于一种字面矛盾。在《形而上学思想》中，斯宾诺莎批评了将意志视作"缺乏任何思想并且能够接受任何图像的白板"这一观点。[①] 与之相对，斯宾诺莎认为，"试图构想某种缺乏任何思想的思想物就像是试图构想某种缺乏广延的有广延物"（I/280/31）。对无思想的意志的这一批评同样适用于无内容的观念：观念必须具有内容，这不是因为它们被其外在对象作用或者必须从外界接受某些内容，而是因为它们的本性要求它们具有内容。其内容可以有无限种，但这些可能的内容种类都被转化到了思想属性内部。这也是为什么关于我身体的观念的内容与我的身体本身相互平行，但它们之间却并没有任何因果关系上的互动。"神的思想的现实力量与他行动的现实力量相等"（E2p7c）这一论断所指的是似乎就是思想与其对象之间的这种微妙均势。在本章最后我会再次讨论这一重要的均势，我在那里会说明，虽然思想在斯宾诺莎系统中具有明显的优先性，但斯宾诺莎却明确拒

[①] CM II 12（I/279/23）。

绝了任何还原的唯心论，并且提出了一种由存在与思想组成的二元论。

我希望讨论的第二个问题可概括如下。在E2p20处斯宾诺莎从观念-事物平行论出发证明了高阶观念的存在：因为观念也是事物，所以它们必须被高阶观念表象。现在我们或许会问，观念I（x）与这一观念的观念I（I（x））之间的关系又是如何反映在思想内部的。这一问题并不难回答：I（I（I（x）））是I（I（x））的观念，I（x）与I（I（x））之间的关系就在思想内部被反映为I（I（x））与I（I（I（x）））之间的关系。

接下来，由于I（x）与其对象x在因果关系上独立，根据观念-事物平行论，关于I（x）的观念就似乎也与其对象在因果关系上独立；换句话说，观念应当与其高阶观念在因果关系上独立。但在下面一段文本中，斯宾诺莎的表述似乎暗示了观念产生了其高阶观念，或者说是后者的原因："在某人知道了什么的同时，他就由此知道了他知道 [eo ipso scit]，并且也同时 [simul] 知道了他知道他知道，如此直至无穷"（E1p21s）。① 这段话中的"由此"（eo ipso）意味着什么？如果它指向某种因果关系的话，那我们就有麻烦了；但幸运的是，这似乎并不是斯宾诺莎的想法。斯宾诺莎在《理智改进论》中也讨论到了高阶观念，并且这段讨论与《伦理学》中的讨论同样重要。斯宾诺莎如此写道：

---

① E2p13s包含一段十分相关的表述："没有人能够充分地或分明地理解 [心灵与身体的统一]，除非他在此之前已经对身体或物体的本性有了充分的认识。"

第六章　观念的无限多面结构与思想的优先性

　　由此很清楚的是，我们要理解彼得的本质并不需要首先理解［intelligere］关于彼得的观念，更不要说理解关于彼得的二阶观念。这就像是说，在我知道［sciam］之前我没有必要首先知道我知道，更不要说知道我知道我知道——理解三角形的本质对理解圆的本质来说并不是必要的。在这些观念中真实的情况恰恰相反，因为在我知道我知道之前，我必须首先知道［Nam ut sciam me scire, neccesario debeo prius scire］。①

　　几段之后，斯宾诺莎再次写道："在观念的观念存在之前，必须首先存在观念"（non datur idea ideae, nisi prius datur idea）。②
　　这些文本所表达的观念是，虽然二阶观念并不由原始的一阶观念产生，但却预设了后者的存在。在我刚引用的文本中，斯宾诺莎似乎是在回应笛卡尔式的"我思"以及对心灵的认识优先于对身体的认识这一观点。尽管斯宾诺莎的观念与之相反，③但他也并不认为我们对心灵的认识由我们对身体的认识所因致。
　　E2p21s中的"由此"所表达的意思正在于此（即斯宾诺莎否认了对心灵的认识先于对身体或物体的认识，相反，他认为前者预设了后者）。斯宾诺莎认为心灵的观念预设了身体或物

----

①　TdIE §34（II/14/30-15/6）。
②　TdIE §38（II/16/1-2）。
③　关于斯宾诺莎在这一点上对笛卡尔的批判，见切赫特，《存在与时间性》，第3章。

301

体的观念的理由是什么？并且，此处所说的预设关系似乎也是一种因果关系；但我们已经知道，由于属性相互之间在因果关系上独立，对不同属性样态的表象（或观念）也必须相互之间在因果关系上独立（根据E2p7）；那么，我们又该如何理解心灵的观念与身体或物体的观念之间的这种预设关系？我对这些问题的回答大致如下：对心灵的认识预设了对身体或物体的认识这一点对斯宾诺莎来说仅仅意味着对无内容或虚浮观念的拒斥。虽然所有观念都必须总是关于某对象的观念；但像我已经指出的那样，观念必须有内容，而且一定是有具体的内容来源于其本性，而不是依赖的某外在之物。

接下来我要开始讨论我的第三个问题。之前我们说过，关于任意一个神的样态MG，神的理智中都在与之对应的一个无限多面的观念。MG拥有无限多的方面，其中有一个方面在思想属性之下，这即是表象了MG的观念。初看起来，关于MG的观念似乎是一个一阶观念；但是，问题实际上要比这更复杂，因为我们会面临如下困境：如果关于MG的观念表象了MG的所有方面，包括MG的观念本身，我们就会陷入某种循环或者观念阶层的无限回溯。我们已经看到，斯宾诺莎否认了观念能够不表象任何思想之外的内容，因此，我认为斯宾诺莎不会接受循环的情形，这即是说，某观念不可能在不指向任何外在于思想的内容的情况下表象自身。同样的考虑也适用于无限回溯的情形。如果MG的观念的一个方面是没有任何思想之外的基础的观念的观念的观念……，那么斯宾诺莎也必须放弃他本来的立场，即观念必须（最终）以思想之外

第六章 观念的无限多面结构与思想的优先性

的某物为对象。

除此之外我们还有什么选择呢？假设MG的观念表象了MG除其思想之下的方面以外的所有方面，这就显然违背了观念-事物平行论，因为MG的一个方面在MG的观念中并没有与之平行的对应物。让我们试着修改一下这个方案。假设MG的观念表象了MG的所有方面，包括它在思想之下的方面，而MG在思想之下的方面则仅仅表象了思想之外的样态以及这些样态的观念等。① 如果我没犯错的话，这一方案对斯宾诺莎来说是可以接受的，并且它也并不包含任何矛盾。不过，这一复杂方案再次显示出思想在斯宾诺莎系统中的位置非常难以被精确刻画。②

在本节中，我阐述了我关于观念本性的解释在高阶观念问题上所蕴含的一些后果。我们看到，每个神的样态在每一个观念阶层上都有一个以它为对象的神的观念，这一观念又进一步具有无限多方面。这为思想的无限性赋予了第三个维度，前两个维度分别对应无限多属性下的无限多样态。此外，我还讨论了与高阶观念相关的一些问题，并且强调了思想与其对象之间的一种重要均势。现在，我们将要开始讨论思想中最完善的存在物——神的观念。

---

① 我在此将这些观念仅仅限制为关于思想之外的样态的观念。这并不是仅仅为了解决问题而提出的刻意限制，因为斯宾诺莎另有理由认为观念必须具有思想之外的内容。

② 感谢史蒂芬·施密特［Stephan Schmidt］迫使我更加深入地思考了以上两段中的问题。

第二部分　斯宾诺莎关于思想的形而上学

§6 葛厄论观念的折射[①]

在 E2p7 的推论中，斯宾诺莎提出"神的思想的现实力量与他行动的现实力量相等"，而这一大胆陈述也激发了葛厄对思想结构的讨论。他认为 E2p1s、E2p3d 以及 E2p4 都说明"由于思想之物产生了与在自然中形式地存在的样态数量相等的观念，它仅靠自己就必然会产生与神所产生的样态数量相等的样态，即无限倍无限多的样态"。[②] 葛厄对斯宾诺莎将神的行动力量等同于他的思想力量的做法并不满意："由于神的行动力量就是他的本质本身（E1p24），思想属性的本质也就与神或实体的本质相等。"[③] 这一点在葛厄看来是荒谬的。在他第一次尝试重新解释神的行动力量与他的思想力量的相等时，他提出："在斯宾诺莎宣称神的思想力量与他的行动力量相等时，他的意思不可能是前者本身就是一种与后者相等的力量；相反，他只是在说，前者与后者呈现在思想中的大小相等，这就是说，前者并不在绝对意义与后者相等，而只是在其类别［genre］中与后者相等，因为它在自己的类别中拥有的样态与神在所有

[①] 此节来自作者提供的补充内容。牛津出版社出版的原书中并不包含此节，因此此节不标注原书页码。原书中的小节编号从此节开始也比本书中的小节编号小 1。——译者

[②] 葛厄，《斯宾诺莎》，2：78。

[③] 葛厄，《斯宾诺莎》，2：79。（葛厄此处引用的是 E1p24，但这一命题与他此处所说似乎并无关系。葛厄似乎将 E1p34 误写作 E1p24。——译者）

第六章 观念的无限多面结构与思想的优先性

类别中拥有的样态数量相等。"①在葛岊看来，神的力量本身在绝对意义上比他的思想力量要大无限倍。②

不过，葛岊认为这一解决方案仍旧会使思想属性远比其他属性范围更广，因此也更完善："我们不可能认为思想属性所具有的无限倍无限多的样态，相比于其他属性所具有的简单无限的样态，不构成一种更高的完善性与现实。"③为了使所有属性的范围与力量相等，葛岊接下来给出了他的第二个方案，这一方案基于思想的行动力量与思想的思想力量之间的区分。思想的行动力量与任何其他属性的行动力量相等：思想产生无限多的形式本质，这与其他属性相同；但是，思想所产生的每一个形式本质都"折射出无限多映像"，其中的每一个映像都表象了某属性下的平行样态。但是，这种折射并不改变每个观念本身的形式本质。④由此，他也就可以认为"思想的行动力量与任何其他一个属性的行动力量相等；但是，它的思想力量似乎要比其他属性要大无限倍，因为它将它所产生的每一个形式本质都折射为无限多对象本质。在这种意义上，它的思想力量与神的行动力量相等。"⑤此外，葛岊还认为我们可以从另一角度得到同一结果：

---

① 葛岊，《斯宾诺莎》，2：80。
② 葛岊，《斯宾诺莎》，2：80-81。我并不明白葛岊是如何得到这一结论的：如果思想"在自己的类别中拥有的样态与神在所有类别中拥有的样态数量相等"，思想的力量不就与神的力量在绝对意义上相等吗？
③ 葛岊，《斯宾诺莎》，2：81。
④ 葛岊，《斯宾诺莎》，2：83。
⑤ 葛岊，《斯宾诺莎》，2：84。

第二部分 斯宾诺莎关于思想的形而上学

如果［思想中］存在无限倍无限多的事物的话，这是由于必然产生了这些事物的神或实体的本性的双重无限性，而不是由于表象了它们的属性［的无限性］；因此，表象了这些事物的对象本质的双重无限性也不是基于思想属性的无限本性，而是基于神的实体的绝对无限的本性，并且思想属性必然会通过其思想力量在神的观念中认识到这一本性。这就是为什么［对象本质的双重无限性］只能从表象了神或实体及其样态的神的观念中推出，而不能从思想属性的本性中推出，因为后者就其自身而言，即如果我们不考虑它所表象的事物的话，仅产生出无限多，而不是无限倍无限多的形式本质或原因。①

那么，我的观点与葛扈的观点有哪些一致与分歧呢？能够预料的是，我同意葛扈关于每个观念都被折射为无限多观念的观点，因为它使得观念能够表象在其他属性下与之平行的所有样态。同时，我也倾向于接受葛扈的另一个提议，即某观念的无限多折射映像构成了这一观念的无限多样态（因此，它们也就是样态的样态）。②这一提议符合我在第 1 章中所论证的一个主张，即斯宾诺莎允许样态的样态存在。③

此外，我也认为葛扈对思想的行动力量与它的思想力量的区分非常有趣。不过，我们需要注意葛扈并没有为这一解释提

---

① 葛扈，《斯宾诺莎》，2：84。
② 同上。
③ 见第 1 章第 4 节。

第六章　观念的无限多面结构与思想的优先性

供任何文本证据。神的观念的对象本质与神同一这一点显然是正确的，但与葛扈不同，我并不认为神的思想力量与他的行动力量相等这一点仍旧会使所有属性的地位相同。斯宾诺莎从未说过神的运动与静止的力量（即斯宾诺莎物理学中物体的本质特征）与其行动力量相等，我认为这并不是一个巧合。通过将神的思想力量等同为其行动力量，斯宾诺莎或许是在向我们指出一个关键的事实，即虽然思想仅仅是一个属性，但它却是唯一一个在某种意义上与神地位相同的属性。我们已经看到，只有思想所包含的无限性在某种意义上与神的无限性相等。由此我们可以开始讨论我与葛扈关于思想在斯宾诺莎形而上学中所占位置的解释的第二点分歧。

在我刚刚引用的大段文本中，葛扈认为"表象了这些事物的对象本质的双重无限性也不是基于思想属性的无限本性，而是基于神或实体的绝对无限的本性"。这一点在我看来明显违背了属性间的构想关系的分隔。如果我们保持属性间的分隔的话，我们就应该认为，神与神的观念（的对象性内容）都是绝对无限的，但它们的绝对无限性都不来源于对方。正如思想所表象的内容必须内在于思想，神的观念的绝对无限性也必须内在于思想。如果神的观念不仅由作为思想之物的神因致，那么属性间的构想关系壁垒也就所剩无几了。

我与葛扈的第三点分歧在于某一（表象了同一个神的样态的）观念的所有"折射映像"是否都具有同一个形式这一点。尽管葛扈的提议十分有趣，但我却并不确定它是否与斯宾诺莎对二阶观念的理解吻合，特别是考虑到斯宾诺莎认为关于观念

X的观念是X的形式。如果关于N（N是一个所有属性下的神的样态）的所有观念之间的区别都仅仅在于它们的表象性内容而不是他们的形式，那么它们就具有同一个二阶观念，即关于N的观念的形式。但这一点似乎违背了观念-事物平行论，因为表象了N的无限多观念一旦作为事物必须被无限多二阶观念所表象（虽然这些二阶观念都是同一个二阶观念的方面，它们之间仍旧可以作为不同方面而被区分）。因此，N_1的观念与N_3的观念之间的区分不仅是对象的区分，还是形式的区分；这也就是说，一者的形式包含了它是关于某身体或物体的观念这一点，而另一者的形式则包含了它是关于某第三属性样态的观念这一点。①

总的来说，我认为我与葛扈的主要分歧在于，葛扈试图将思想放在与其他属性完全相同的地位上，而我则认为，尽管斯宾诺莎承认属性间平行论，但思想仍相对于其他属性具有明显的优先性。我将在下文中讨论这一点何以可能，以及我们究竟应当如何刻画思想在斯宾诺莎形而上学中的优先性。

§7 神的观念或绝对无限的理智

在本节中，我会讨论神关于自身的观念的本性及结构。根

---

① 埃罗尔·哈里斯（Errol Harris）从一个稍有不同的角度批评了葛扈的相同的主张。他认为，如果神的同一个样态的所有观念都具有相同的形式，这些观念或心灵就必须彼此知晓，特别是我们必须能够知道其他属性的样态。(《属性的无限》(Infinity of Attributes)，13-14)

第六章　观念的无限多面结构与思想的优先性

据观念-事物平行论，这一样态所对应的正是神本身，它因此也是唯一一个斯宾诺莎认为在某种意义上具有绝对无限性的样态。我在这一节也会回应对我至此所发展的解释的几个反驳，这样一来我对观念结构的解释也就完成了。本节后半部分所讨论的一些问题十分技术化，不过虽然如此，我还是鼓励读者仔细思考这一节的内容。

（一）神、神的观念，以及观念-事物平行论

E2p7指出，"观念的秩序与连结与事物的秩序与连结相同"（*Ordo et connexio idearum idem est, ac ordo et connexio rerum*）。关于这一命题我们可以问，"事物"一词所指的都有哪些东西？具体来讲，"事物"是否仅仅包括样态还是也可以包括神本身？《伦理学》的很多处文本都将神明确称为"事物"，因此，"事物"显然也包括神本身。举例来说，E2p1认为"神是一个思想的事物［*res cogitans*］"，E2p2指出"神是一个有广延的事物［*res extensa*］"。[①]此外，斯宾诺莎通常也非常仔细地区分了一般而言的"事物"（它也可以指实体）与"个别事物"，后者仅仅指的是样态。在E2a5处斯宾诺莎说："除了物体及思想样态之外，我们无法感觉或把握任何个别物[②]"。而

---

① 另外的例子包括E1p14c2、E2d1、E2p5、E2p7s以及E2p9d。
② ［同时代的荷兰语此处写作："我们无法感觉或把握个别物或所生自然中的任何事物。"——译者］所生自然即是（有限与无限）样态的领域，它与生生自然相对，后者只包括神与其属性（见E1p29s）。在NS版本中样态与个别物是可以互换的。E2p1d与E2p8也将样态等同为个别物。

第二部分　斯宾诺莎关于思想的形而上学

如果神的确是事物的话，那么就必须存在一个与它平行并表象了它的观念。的确，神的观念（以及神的属性的观念①）在斯宾诺莎的形而上学中扮演了重要的角色。

斯宾诺莎在一处文本中明确讨论了神与神的观念之间的平行关系，这处文本就是E2p8c。②E2p8本身是《伦理学》中最有趣且最难解的文本之一，因此除了说明我的观点所需的内容，我不打算在这里对这个文本进行全面的解读。下面就是这一命题、它的证明以及推论的前半部分：

> E2p8：并不存在的个别事物或样态的观念必须被包含[*debent comprehendi*]在神的无限观念中，这与个别事物或样态的形式本质被包含[*continentur*]在神的属性中的方式一致。
>
> 证明：这一命题可从前一命题中轻易得出，但我们可以从上一条附释出发更清楚地理解它。
>
> 推论：由此可得，如果个别事物仅仅就其被包含在神的属性中而言[*nisi quatenus in Dei attributis comprehenduntur*]存在，它们的对象存在或观念也仅仅就神的无限观念存在而言存在。

---

① 关于神属性的观念的讨论可见E2p3、E2p5、E2p20d，以及E2p38d、E2p38c。如果我们承认存在关于属性的观念的话，那么根据E2p7，属性也应该被看作"事物"，因为它们即是与这些观念相平行的东西。不过弗里德曼（《其他心灵》，101）提出了相反的观点。

② 除此之外，E2p7c也清楚地表明斯宾诺莎将神的观念与神的关系看作一种观念与事物的平行关系。

第六章 观念的无限多面结构与思想的优先性

这一命题的大致意思是，关于不存在的样态（比如"滑铁卢战役的胜者拿破仑"）的观念被"包含"（compreherded）在了神的观念中，就像这些观念的对象（即它们理论上的可能性或者说形式本质）被"包含"（contained）在了这些对象所属的属性中。斯宾诺莎所使用的"包含"这一动词很可能具有严格的技术性含义，不过这与我们现在的讨论关系不大。我们只需注意，首先，斯宾诺莎是从 E2p7 的观念-事物平行论中推出这一命题的（见证明）。其次，对斯宾诺莎来说，神的观念与不存在的事物的观念之间的关系和神的属性与不存在的事物之间的关系相同。不管我们如何解释这一命题，有一点都是确定的，即观念-事物平行论的适用范围包括神（即神的属性）与神的观念，因为如果不是这样的话，斯宾诺莎在 E2p8d 中对 E2p7 的引用就无法解释了。

神的观念初看起来似乎并不唯一：我有关于神的观念，你有关于神的观念，神也有关于自己的观念。这些观念之间的关系并不清楚，特别是考虑到在斯宾诺莎的系统中神与其属性似乎只能被充分地构想。①但我在这里并不会讨论这一问题，因为它会使我们离题太远。②我要讨论的仅仅是神关于自身的观念，它显然是关于神的观念中最完善的一个。

在《伦理学》中，斯宾诺莎在 E2p3 处正式引入了神的观念：

---

① 见 E2p38、E2p46、E2p47s 以及 E5p4d。
② 我在《〈神学政治论〉中的形而上学》（131-132）以及对勒布菲著作的书评（154-155）中讨论了斯宾诺莎这一出人意料的观点。

第二部分 斯宾诺莎关于思想的形而上学

> 在神之中必然存在关于其本质以及所有必然从其本质中得出的事物的观念。
>
> 证明：因为神（由本部分命题1）可以在无限多种样态下思考无限多事物，或者说（由第1部分命题16，这两者是一个意思）神可以形成关于他自己本质以及所有必然从中得出的事物的观念。而任何神可以做到的事都必然会发生（由第1部分命题35）；因此，这样的观念必然存在，并且（由第1部分命题15）它只能存在于神之中。证毕。

在《伦理学》及其他作品中，斯宾诺莎在很多地方都强调了神的观念包含所有事物。因为所有事物都在神之中，神关于自己的观念也就是关于所有事物的观念：

> 由于自然或神拥有无限多属性并且在自身之中包含了所有受造物的本质，在思想中也就会必然产生一个关于所有这些东西的无限观念，这一观念在其自身之中对象地包含了实际存在的整个自然。①
>
> 我认为在自然中存在着一种无限的思想力量，由于这种力量是无限的，它就在自身之中对象地包含了整个自然 [continent in se objective totam naturam]，并且它的思想的运行方式与自然即其对象 [的运行方式] 相同。②

---

① KV, app 2, §4（I/117/25-29）。
② Ep. 32（IV/172-173）。

第六章 观念的无限多面结构与思想的优先性

至此我们或许会疑惑，神的观念与思想属性之间的区别到底是什么，因为两者都是无限的并且都"包含"（在某种意义上）了关于所有事物的所有观念。在回答这一问题之前我们应当注意的一点是，本书已经在之前的讨论中指出，斯宾诺莎将神的观念等同为了神的无限样态。[①] 斯宾诺莎在 E2p4d 中对这两个概念（神的观念与神的理智）的使用方式表明它们完全是可以互换的。[②] 在《短论》（I/48/6）以及第 64 封信中，斯宾诺莎认为（绝对）无限的理智就是思想属性的直接无限样态；而由于神的观念等同于无限理智，神的观念因此也就应该是一个样态。的确，在 E1p21d 处斯宾诺莎也将神的观念用作直接无限样态的一个例子。除非我们认为斯宾诺莎对概念的使用前后完全不一致（此时我们就应解释这种不一致），否则我们的结论就应该是，神的观念就是思想属性的无限样态，或者说神的绝对无限的理智。

同时，斯宾诺莎在 E2p5d 中也认为，"观念的形式存在就是思想的样态（这一点是自明的）"，这说明对他来说所有观念都是样态。换句话说，尽管观念的对象存在（及它所表象的内容）并不恒定，但它们作为样态的形式存在却是不变的，这一点甚至是自明的。斯宾诺莎在别处也给出了相同的论断，比如 E2a3："即使不存在思想的其他样态，观念也能够存在"（着重为后加）。

---

① 见第四章第 3 节。
② 斯宾诺莎在《短论》中也将它们当作可以互换的（II 22，注释 a；I/101/29-33）。

第二部分　斯宾诺莎关于思想的形而上学

不管怎么说，如果有哪个观念可以超出样态范畴的话，那就只能是神的观念了。不过，我们已经有了坚实的文本证据说明神的观念仅仅是一个样态（尽管是无限样态）。我刚刚已经说过，在E1p21d中斯宾诺莎将神的观念当作直接无限样态的一个例子。另外的证据来自斯宾诺莎对神的无限理智与神的观念的等同，因为斯宾诺莎曾经强调，不管理智有限还是无限，它都仅仅是一个样态："现实的理智，不管它是有限的还是无限的，都必须与意志、欲望、爱等等一样属于所生自然，而不是生生自然"（E1p31）。①

我们由此可以得出结论：神的观念或者无限理智仅仅是一个样态。这一点可以清楚且轻松地回答之前的问题，即思想属性与神的观念的区别是什么：前者是一个属性，因此它属于生生自然；后者仅仅是一个样态，因此它属于所生自然。我们应当注意，就思想属于生生自然而言，它的无限性与任何一种可分性矛盾，而神的观念的无限性却不与可分性矛盾。的确，就像我在第四章所指出的那样，斯宾诺莎在很多地方都做出过人类心灵是神的理智的一部分这一论断，②但他却从未说过人类心灵或是其他什么东西是思想属性的一部分。因此，属于所生自然的思想物是神的观念的部分（即神通过它来认识所有事物的那个无限样态），但却是思想属性的样态。

---

① 参考Ep. 9："哪怕无限理智也属于所生自然而不是生生自然"，以及斯宾诺莎在E1p17s中的论断，即理智并不属于神的"本性"（II/62/3）或者神的"永恒本质"（II/62/33）。

② 见E2p9c，E2p11c，E5p40s以及Ep. 32。

第六章　观念的无限多面结构与思想的优先性

（二）神的观念的独一性与绝对无限性

在E2p3处，斯宾诺莎正式引入了神的观念。在下一个命题中，他更进一步将一般仅被归给神的两种突出特征归给了这一观念。这两种特征即是绝对无限性以及独一性："有无限多事物以无限种方式从中得出的神的观念一定是独一的"（E2p4）。

斯宾诺莎在E1p14c1中证明了神的独一性，在E1p16中，他证明了"从神的本性的必然性中必有无限多事物以无限种方式得出"。而在E2p3中，这两种性质都被归给了神的观念，这也进一步说明了神与神的观念之间的对应关系。

神的观念的双重无限性（"无限多事物以无限种方式"）似乎说明这一观念是绝对无限的，就像神的定义（E1d6）中的双重无限性说明了神的绝对无限性。此外，斯宾诺莎在E1p14c1中解释神的独一性时，他的原话是："在自然中只存在一个实体，并且这个实体是绝对无限的。"对神的观念的独一性的类似解释说明神的观念也是绝对无限的。的确，在第64封信中，斯宾诺莎在回应契恩豪斯希望得到几个直接与间接无限样态的例子这一请求时，公开将这种无限性归给了神的理智："最后，你询问的第一类事物的例子包括：在思想中，绝对无限的理智［*intellectus absolute infinitus*］……"

斯宾诺莎从未将独一性与绝对无限性归给任何其他无限样态（甚至任何其他属性）。考虑到这一点，斯宾诺莎将他一般只会归给神的性质归给神的观念的做法着实值得注意。为了能

184

够理解斯宾诺莎为何将绝对无限性归给神的观念，我们需要首先澄清神的观念的内容与结构。

（三）神的观念的结构与其绝对无限性

根据E1p16、E2p3以及E2p4，神的理智或观念包含所有无限多属性的所有无限多样态。E2p9c（"不管有什么事发生在任何观念的个别对象中，在神之中都有对它的认识，仅就神拥有关于同一对象的观念而言"）清楚地表明，神认识事物的方式仅仅是拥有关于它的观念。如果神不拥有关于某对象的观念的话，他就没法认识这一对象。因此，神的观念必须包含所有观念。①

我们已经看到，思想之中存在着表象了无限多神的样态的无限多观念，其中每一个观念都具有无限多方面，并且其中每一个方面都表象了在某一属性下的同一个神的样态。与广延不同，思想的样态具有无限多方面，这也是为什么思想被认为"以无限种方式"包含了"无限多事物"（E2p4）。②这一点解释了斯宾诺莎为何将绝对无限性归给神的观念。在E1d6中，斯宾诺莎区分了属性的"自类无限"与神的"绝对无限"；而由于神的观念对象地包含了所有在神之中的事物，斯宾诺莎也就将同样的绝对无限性赋予了属性。但是，我们应当注意，神的

---

① 参考本节之前引用过的出自KV附录2以及Ep. 32的两段文本。
② 我在下文第8节（英文版第7节）会讨论是否有某未知属性也像思想一样具有无限多方面。

观念不能形式地"绝对无限。"因为根据E1d6，若某物"绝对无限"，那么"任何表达了某本质并且不包含否定的事物都属于它的本质"。虽然在某种意义上，即就神的观念表象了所有事物而言，所有事物（"任何表达了某本质并且不包含否定的事物"）都属于神的观念，但它们真的属于后者的本质吗？举例来说，拿破仑的身体属于神的观念的本质吗？如果我们对这一问题的回答是肯定的，那么我们就违反了属性间在构想关系上的壁垒。根据斯宾诺莎对本质的定义（E2d2），事物与其本质之间在构想关系上相互依赖，这种依赖不能存在于不同属性的样态之间，因为不同属性在构想关系上相互独立。因此，我认为我们必须否认神的观念形式地"绝对无限"。与之相对，神的观念仅仅对象地"绝对无限"，这样一来斯宾诺莎既可以将神本身的一些性质归给神的观念，又可以保留属性之间在构想关系上的壁垒。

（四）生生自然的观念与所生自然的观念

我们刚刚提到，斯宾诺莎认为人类理智是无限理智的一个部分，因此无限理智或神的观念应该就是可分的。但是，神的观念的对象却是不可分的，这一点如何能与神的观念的可分性自洽仍不清楚。假设神的观念有n个部分，那么这些部分就似乎都有同一个对象（即神）。神的观念不能表象神的部分，因为神没有任何部分。但如果神的观念的所有部分都有同一个对象的话，那它们又应如何相互区分？

或许是因为这种压力，或是其他什么原因，斯宾诺莎在他

第二部分 斯宾诺莎关于思想的形而上学

的早期作品《形而上学思想》中认为神的观念只能是单纯的：

> 我们应当令人满意地回答，在神中是否存在多于一个观念，还是仅仅存在一个绝对单纯的观念。我的回答是，使神全知的神的观念是独一的、绝对单纯的。① 因为神之所以被称为全知的，这仅仅是因为他拥有关于自身的观念，这一观念一直就存在于神之中。②

显然，斯宾诺莎在写作《伦理学》的时候并未遵循这一观点，因为，正如我们已经看到的那样，他明确指出有限观念或者有限理智是神的无限观念或理智的部分。既然如此，我们又应如何解释神的观念可分性与其对象的不可分性？

E2p3 说："在神之中必然存在关于其本质以及所有必然从其本质中得出的事物的观念。"这即是说，神的观念既表象了"神的本质"（生生自然），又表象了"所有必然从其本质中得出的事物"（所生自然）；换句话说，它同时表象了不可分物与可分物。而由于神的观念表象了可分物，那么它本身也可能是可分的。当然，神的观念中表象了生生自然的成分必须是单纯

---

① 我们应当注意，尽管斯宾诺莎的早期作品以及《伦理学》都将独一性归给神的观念，但在《伦理学》中，神的观念的绝对单纯性却被绝对无限性取代了。

② CM II 7（I/263/11-17）。斯宾诺莎在这段文本中关于神的全知性的观点或许是被迈蒙尼德在其法律规章的开头处所表达的观点所影响："神通过认识自身来认识万物，因为所有事物都倚靠 [nismach] 于神"（《知识之书》(Book of Knowledge)，法律基础 [Foundations of the Law]，2：10）。在此书对神的知识的讨论中，迈蒙尼德很急切地否认了神的思想具有任何多元性。

第六章　观念的无限多面结构与思想的优先性

且不可分的。

现在让我们再次回到斯宾诺莎在 E2p4 中的论断："有无限多事物以无限种方式从中得出的神的观念是独一的。"他说的并不是在神的观念中有无限多事物以无限种方式得出，而是从神的观念中有无限多事物以无限种方式得出。E2p7c 同样如此："所有从神的无限本性中形式地得出的东西，都在神之中从神的观念中 [ex Dei idea] 对象地得出，并且它们之间的秩序与连结是相同的。"因此，在这两段文本中，"神的观念"的所指要比斯宾诺莎通常使用这一短语时它的所指要更窄：它仅仅指的是关于生生自然的观念，而不是同时关于生生自然与所生自然的神的观念。根据 E2p7c，所生自然的对象存在或者观念从神的观念中得出，因此，对所生自然的表象应当在某种意义上与神的观念不同。斯宾诺莎在 E2p7c 以及 E2p4 中表达的观念应该是，关于所生自然的观念从关于生生自然的观念（即关于所有样态下的神的观念）中得出。的确，E2p7c 也强调了，这一过程与所生自然从生生自然中得出的过程完全一致（"它们之间的秩序与连结是相同的"）。因此，所生自然的观念与生生自然的观念之间的关系完美地符合了它们对象之间的关系。关于思想属性（或者说思想实体）的观念因而就是关于神本身的观念的一个方面，其他属性与之同理。这也就是说，应该只存在一个关于生生自然的观念，而关于属性的观念都是这一观念的不同方面。关于所有物体的总和（这也是广延的一个无限样态）的观念也应从关于广延的观念中得出，正如广延的无限样态从广延中得出一样（关于其他属性的无限样态的观念也是如此）。

以上解释能够回答神的观念是否可分这一问题。首先，神的观念必须具有一个不可分的内核（即生生自然的观念）。而正如神在拥有可分的无限样态的同时作为生生自然仍不可分，神的观念也有表象了可分的无限样态的成分，正是这些成分（或者说作为所生自然的观念的神的观念）中包含了作为其部分的人类心灵。①

虽然上述解释有推测的成分，但考虑到斯宾诺莎不断强调观念在思想或神的理智中与其对象以"相同的秩序与连结"得出，我认为我们应当尽可能一贯且严格地保留这种对应关系。

（五）神的观念与神同一吗？

我们在这一节中应该回答的另一个重要问题是，神与神的观念之间的平行关系是否意味着这两者同一？当然，在一种意义上这种同一性是完全不足道的，即神的观念的对象存在或表

---

① 此处仍有一个问题。我之前提出，生生自然的观念与其对象一样是不可分的。但是，由于观念仍是样态，而样态就其本性而言就是可分的（见第四章第2节），斯宾诺莎的晚期系统似乎并不允许不可分的观念的存在。这一问题可以以如下方式解决：在每个属性中，样态都可以依据不同的特征进行分割。在思想属性中，样态的分割是依据观念的内容进行的。就神的观念而言，这一样态虽然作为样态形式地可分，但由于这一观念的内容却是不可分的，因此神的观念在形式上也不可分。换句话说，观念的形式可分性可被视作一种倾向（disposition，分析哲学术语——译者），如果观念的对象是生生自然的话，这一倾向的条件就无法被满足。

第六章　观念的无限多面结构与思想的优先性

象的内容就是神。不过对这一问题的回答不应仅止于此，因为我们仍需回答，神的观念和神就是同一个事物吗（就像拿破仑的身体和拿破仑的心灵是"同一个事物"那样）？

如果神和神的观念就是同一个事物，这就意味着实体与某样态同一。我认为这是一个完全不可接受的立场，因为这两者最本质的性质就完全不同：前者是自因的，后者不是；前者是通过自身而被构想的，后者不是。幸运的是，斯宾诺莎并不需要接受这一立场。我在第五章讨论观念-事物平行论的两个学说时曾经指出，观念-事物平行论在观念与其所表象的事物之间的同一性问题上完全中立（这即是说，有些观念与其对象同一，有些则不同一，比如生生自然的观念就不与其对象同一）。我们之所以会认为所有观念都与其对象同一，乃是因为我们没有区分观念-事物平行论与属性间平行论，只有后者才规定不同属性下的相互平行之物是"同一个事物"。

只有在E2p7s中论述属性间平行论时，斯宾诺莎才做出了同一（"同一个事物"）这一论断。在这段文本中，斯宾诺莎认为，如果两事物之间的区别仅仅在于它们被构想在其下的属性，那么这两个事物就是同一个事物。由此，一个思想的样态与其在广延下的平行样态同一，就像思想实体与广延实体同一一样。但是，神与神的观念之间的关键区别并不是属性的区别，而是在于前者是实体而后者是样态。E2p7s中的属性间平行论的确意味着神与思想领域中的某物同一，但这个东西是思想实体，（而不是神的观念，它仅仅是一个样态）。神与思想实体之间的区别的确在于它们被构想在其下的属性：神被构想在

321

第二部分　斯宾诺莎关于思想的形而上学

无限多属性下，而思想实体仅仅被构想在思想属性下。因此，这两者是"同一个事物"。同理，神的观念，即思想属性的直接无限样态，与广延属性的直接无限样态（以及第三个未知属性的直接无限样态）同一。斯宾诺莎从未谈到过神的直接无限样态，这即是说所有属性之下的无限样态（当他谈起所生自然时，他将它当作一个领域而非是一个存在物）。①但我认为，这种事物在斯宾诺莎形而上学的框架内是可以存在的。假设所有属性下的无限样态的名字是"尼古莱"。E2p7s指出，尼古莱与神的观念以及所有其他属性下的无限样态是同一个事物，它们之间的唯一区别在于它们所属的属性不同。用我们在第二章引入的术语来说，所有无限样态都是同一个事物（即尼古莱）的不同方面。不过，我们应注意尼古莱并不是神。尽管尼古莱像神一样存在于所有属性之下，它仍旧是一个样态，因而它与神有着本质的区别。同样，神的观念也不与神同一。这并不是因为神的观念仅仅存在于思想属性之下而神却存在于所有属性之下，而是因为神的观念是一个样态，而神却是实体。对斯宾诺

---

① 尽管所有属性下的无限样态这一概念在我看来是有意义的，并且它也与斯宾诺莎的形而上学自洽，但似乎有两个理由迫使斯宾诺莎没有去正面阐述这一概念。第一，正如我之前所说，斯宾诺莎并未深入描述神所把握到的宇宙的细节。《伦理学》第1部分对它进行了非常笼统的描述，并给出了它的主要原则，但此书的余下部分却将讨论局限在了这一图景中与"人的救赎"相关的部分。第二，神的无限样态这一概念或许会让人误以为存在不依赖于任何属性的神的样态。我在第二章第3节曾经指出，斯宾诺莎无法接受这样的样态存在，因为如果它们不属于任何属性，那么它们就是无法理解的。

第六章 观念的无限多面结构与思想的优先性

莎来说没有什么区别是比这更大的了。①

（六）神本身是否也像神的观念那样从思想属性中得出？

一个与我们刚刚讨论的问题紧密相关的问题是：在E1p21中，斯宾诺莎指出神的观念（作为一个直接无限样态）从思想属性中得出。但是，一个可能的反驳是，由于神本身并不从任何东西中得出（除了他自身），因此，神的观念就具有一个神本身不具有的关系性质，而这一事实似乎违背了E2p7的观念-事物平行论。

尽管这一反驳初看非常致命，但我认为它是可以解决的。

---

① 因此神的观念既与尼古莱同一也表象了神。这一点初看起来似乎十分怪异，但这只是因为我们总是倾向于混淆观念-事物之间的表象性的平行关系与属性间蕴含同一性的平行关系。除此之外这一立场是完全自洽的。表象了尼古莱的观念从生生自然的观念中直接得出，正如尼古莱从生生自然中直接得出。尼古莱的观念不与尼古莱同一，而是神的观念的一部分，神的观念则与尼古莱同一。在无限样态领域内部，在某观念的对象与和这一观念同一的事物之间总是有着一步的差异或者说延迟。这一点似乎是无法避免的，因为神的观念作为样态不能与神同一。因此如果你同意神的观念仅仅是一个样态，那你就只能接受这一点，不管你最终是否接受我的整个解释。不过我们要注意，这一步之差仅仅存在于无限样态的领域中（E1p22否认了从无限样态到达样态的可能性）。如果有限的观念不与其所表象的对象同一的话，那我们就会面对难以克服的困难，因为斯宾诺莎显然承认人类心灵是对其身体的表象，并且它与它的身体同一。斯宾诺莎在E1p22中所持有的立场应该能够确保这种情况不会发生。无限样态领域中的一步之差可以在这领域内无限地进行下去，就像希尔伯特的旅馆（即希尔伯特讨论无穷集合时假想的一种情景——译者）一样。在第四章第1节中我曾说明传统上对斯宾诺莎的解释，即每个属性下只存在两个无限样态，是一种误解。斯宾诺莎从未承认在每个属性下只有一个间接无限样态，并且其系统内部的原则也会迫使他承认在每个属性下（的无限多中介层级上）存在着无限多无限样态。

E2p7指出了事物与观念之间的同构，而神（关于自身）的观念就是在观念领域中与事物领域中的神相对应的东西。现在，正如神不是由自身之外任何事物所因致，神的观念也没有由任何别的观念所因致。在观念领域内，神的观念平行于神本身所具有的所有关系。当我们说到思想属性与神的观念之间的关系时，我们所谈论的实际上是两个事物之间的关系，因为思想属性并不是观念。因此，E2p7并没有说这一关系与另外一组事物间的关系平行，而是说它与一组观念间的关系平行。而这一（观念领域中的）平行关系，就是思想属性的观念与关于神的观念的观念之间的关系（这即是说，关于神的观念的观念从关于思想属性的观念中得出）。观念-事物平行论仅仅要求神的观念在观念领域内自足（正如其对象在事物领域内自足一样）。神的观念与思想之间的关系并不是两个观念之间的关系（思想是属于生生自然的一个属性，而观念则是样态），因此并不需要有两个事物之间的关系与之平行。思想与神的观念是两个事物，因此必须有两个观念之间的关系与思想与神的观念之间的关系平行。而正如我所说，这种关系即是关于思想的观念与关于神的观念的观念之间的关系。

（七）从观念-事物平行论中能否推出属性间平行论？

在第五章第1节中，我论证了E2p7中的观念-事物平行论与E2p7s中的属性间平行论是并不蕴含彼此的两个独立学说。而现在，在我们更完整地描述了思想属性的内部结构之后，我们终于可以回应对两种平行论之间的独立性的一个重

第六章 观念的无限多面结构与思想的优先性

要反驳了。这一反驳指出,属性间平行论可以从观念-事物平行论中通过传递性推出:假设广延样态的秩序(A_1,B_1,C_1,D_1……)与思想中的观念秩序(A_2,B_2,C_2,D_2……)平行,并且第三属性下的样态秩序(A_2,B_2,C_2,D_2……)也与观念的秩序平行,那么我们似乎就可以通过传递性推出广延样态的秩序与第三属性下的样态秩序平行,因为这两者都与观念秩序平行。如果这一借助了传递性的推理确实成立,那么,与我在第五章中的论断相反,我们确实可以从 E2p7 中的观念-事物平行论推出 E2p7s 的属性间平行论。[1]

这一推理的一个显著问题是它或许违背了属性间在构想关系上的壁垒。如果广延与第三属性是因为它们与思想的关系而相互平行,那么关于思想的两个事实(即它与广延和第三属性相互平行)就可以解释这两个外在于思想的属性之间的关系;因此,有关这两个属性的一些关键事实就会依赖于思想属性并通过后者而被构想。

但是,我们真的能够断定这一推理违背了构想关系壁垒吗?以下是对这一推理的一个可能辩护:[2] 观念与物体具有某些相同的结构性特征,比如说,根据 E2p8,不在时间中存在的物体的形式本质也具有与之平行的观念,并且这些观念也不在时间中存在。如果我们知道"滑铁卢的胜者拿破仑"是一个不

---

[1] 正如我在第五章中所说的,这一传递性论证显然不同于斯宾诺莎对属性间平行论的正式解释。但不管怎样,如果这一论证成立,那么它就会破坏两种平行论之间的独立性。

[2] 德拉·罗卡(《表象》,20)提出了一个相似论证。

第二部分 斯宾诺莎关于思想的形而上学

在时间中存在的事物，那么我们就能从中得出"关于滑铁卢的胜者拿破仑的观念"也不在时间中存在这一结论。斯宾诺莎显然不认为这种推理违背了构想关系壁垒，因为这样的推理仅仅指出了观念秩序与物体秩序所共有的一个共同特征，但对这两种事物的解释仍然来自其所属的秩序内部（这即是说，"关于滑铁卢的胜者拿破仑的观念"不在时间中存在这一点仅通过其他观念被解释）。同理，我们可以说，这一从观念-事物平行论推出属性间平行论的推理，仅仅依赖于思想与广延和思想与第三属性间结构上相似的类似考量，因此它不应被认定是违背了构想关系壁垒。

那么，难道我们的结论只能是这一借助传递性从观念-事物平行论推出属性间平行论的推理最终是成立的吗？完全不是。以下即是我的理由：在我一开始给出这一推理时，我提出广延样态的秩序（A_1，B_1，C_1，D_1……）与观念的秩序（A_2，B_2，C_2，D_2……）平行，并且同样的观念也与第三属性样态的秩序（A_3，B_3，C_3，D_3……）平行。然而，我们此时还不能预设关于不同属性的观念之间的同一性（甚至是平行关系）。请记住，我们是在试图从观念-事物平行论（E2p7）出发证明属性间平行论（E2p7s）。E2p7所要求的仅仅是观念秩序与其对象的秩序相同。如果A_1与A_3同一（或者相互平行）的话，那么根据E2p7，A_1的观念与A_3的观念也相互同一（或者平行）。当然，斯宾诺莎确实认为A_1与A_3相互同一（这即是说它们是同一个神的样态的两个方面）并且平行，但这是我们正在试图证明的属性间平行论。但是显然，如果我们此时就预设A_1与

A_3 同一或平行的话，我们就犯了乞题谬误，这即是说我们预设了我们想要证明的结论。

但是，如果我们不依赖属性间平行论的话，我们就没有理由认为表象了不同属性的观念链条相互平行。换句话说，如果物体 A_1 是物体 B_1 的原因，E2p7 就要求物体 A_1 的观念也是物体 B_1 的观念的原因；同理，如果第三属性的样态 A_3 是第三属性的另一样态 B_3 的原因，A_3 的观念也必须 B_3 的观念的原因。然而，如果我们问 A_1 的观念与 A_3 的观念之间的关系是什么，那么（在不预设 E2p7s 的属性间平行论的情况下）我们就无法给出任何答案。A_1 的观念或许与 A_3 的观念平行，或许与 B_3 的观念平行，又或许与两者都不平行。换句话说，关于不同属性的观念（严格来说是观念方面）之间的平行关系以属性间平行论（以及观念-事物平行论）为前提，因此它不能被用来证明属性间平行论。但如果在关于不同属性的观念之间没有平行关系的话，那么传递性也就不适用于此了，因为我们没有理由认为与广延样态平行的观念和与第三属性样态平行的观念是同一些观念。

§8 思想的优先性以及斯宾诺莎对唯心论的否定

我在本章中对观念的本性与结构的讨论会让读者认为，根据我的解读，思想属性相对于其他属性具有优先性。在这一节中，我会具体解释思想究竟在何种意义上与其他属性地位不同；但同时，我也会论证，斯宾诺莎拒绝所有将其他属性还原为思想的唯心论的还原。在我深入讨论这一问题之前，我想先回答一个与之相关的问题。我相信有些读者已经注意到了这个问题。

（一）为何没有无限多的思想属性？

我们已经不止一次地解释了属性间在因果与构想关系上的壁垒（E1p10与E2p6d）。思想样态与广延样态之间没有因果互动，也无法通过彼此被构想。这对任何其他两种属性的样态都是如此。我们还看到，对两种不同属性样态的表象（即观念方面）之间也没有类似的关系。因此，如果观念秩序完美地反映了事物秩序的话，那么在思想属性内部，具体来说是（在表象不同属性的观念方面之间）必须存在一种反映了原本的属性间壁垒的思想内壁垒。斯宾诺莎在第66封信中明确提出了这一点。但在此我们可以也应当继续追问下去，因为首先，表象了不同属性样态的观念方面的链条彼此之间在因果与构想关系上独立，其次，属性之为属性正是在于它因果与构想关系上的独立性，那么，为何这些由观念方面组成的链条不能是不同的思想属性呢？不同属性彼此之间在因果与构想关系上独立，同时这些观念方面的链条彼此之间也在因果与构想关系上独立，因此后者似乎也应被看作完整意义上的独立属性。①尽管这一提议实际上是错误的，但它却能帮助我们理解思想内部的构想关

---

① 参考本章第1节中给出的科利对"多重思想属性"观点的图示化表达（图6.1和图6.2）。

第六章　观念的无限多面结构与思想的优先性

系壁垒的一个有趣特征，即这一壁垒比原本的属性间壁垒要略微更弱一些。

表象不同属性样态的观念方面的链条并不能构成不同的思想属性，因为它们本质上都属于思想属性，因此它们彼此之间的独立程度并不像不同属性样态之间那样彻底。这一点也可以从另一个角度理解。不同属性的样态独立于彼此，但有些结构性的特征却可以贯穿所有属性。这些特征包括所有属性都通过自身而被构想，以及所有属性的样态之间的秩序都基于因果关系，等等。斯宾诺莎显然允许这样的跨属性特征存在，并且他并不认为它们对属性间壁垒构成了任何威胁。与之类似，我们可以将不同的观念方面链条之间的关系看作这些共同层级加上一个关键的组成部分。观念方面的链条不仅仅共同具有这些结构性的特征（比如具有基于因果关系的秩序），而且还共有以下基本事实，即它们全部都是有意向化的表象。因此，尽管表象了不同属性样态的观念方面相互之间在因果与构想关系上独立，这种壁垒比原本存在于不同属性样态间的壁垒要更弱。思想之中有着彻底的构想关系的壁垒，那么意味着表象了不同属性的观念方面的链条之间存在着完全不同的本性。但这恰恰是错误的，因为所有这些样态都共有一个基本事实，即它们都是观念。①

---

① 一种反对观念方面的链条变成彻底的属性的考量是这样的，即如果这样，那么神的观念就会成为一个由属于无限多属性（即所有思想属性；这些属性并不包括所有其他非思想的属性）的样态所构成的样态。这一点再次强调了，相比于其他不同的属性，思想属性之间的共同之处远远比前者更多。

第二部分　斯宾诺莎关于思想的形而上学

（二）思想在属性之中具有何种优先性？

我在本章中曾多次指出，对斯宾诺莎来说思想相对于其他属性具有明显的优先性。现在，我即将开始正面讨论这种优先性究竟是什么。不过我首先要指出这种优先性不是什么：思想相对于其他属性具有优先性这一点并不意味着其他属性都依赖于思想，或者说可以被还原为思想（我马上会证明这一点）。

那么思想的优先性究竟是什么？虽然我们可以以不同的方式发现是哪种特征使得思想属性优先于其他属性，但从本质上来说，这些特征描述的都是同一个事实。思想之所以在属性中具有优先性，乃是因为只有它包含了具有绝对无限性以及独一性的样态（即神的观念），而这两种性质除此之外只属于神。此外，也只有思想的样态像神的样态（作为所有属性之下的样态）一样具有无限多面。契恩豪斯和莱布尼茨显然意识到了思想的突出地位，因为根据他们对斯宾诺莎的理解，不仅存在着无限多世界，而且其中每个世界都由思想与另一属性构成（见本章第2、第4节）。我们已经看到，斯宾诺莎并不认为"世界"一词可以被如此理解，但契恩豪斯这一解读背后的理由仍是十分清楚的：在斯宾诺莎式的宇宙中，个别物由（思想外的）样态与其心灵构成，并且正如我们之前所见，不同属性样态的心灵之间也无法通达。由此，我们也就得到了无限多组由每个属性与其在思想中的对象构成的领域不同领域中的存在物彼此之间无法通达，不过，它们都具有这样一个事实，即它们

第六章 观念的无限多面结构与思想的优先性

都具有灵魂或心灵。在这个意义上，所有属性都被构想或表象在思想中，这也是斯宾诺莎形而上学中少见的几个跨属性特征之一。就像所有属性的秩序基于因果关系，并且它们也都被思想表象。①

我们还可以从如下角度理解思想的优先性。与个别属性相对应的是个别的观念链条（或者说观念方面的链条），但与整个思想属性对应的只有神。②因此，正如我之前指出的那样，斯宾诺莎认为在所有属性中只有思想的力量与神本身的力量相等（E2p7c）。

（三）是否可以存在另外一个像思想一样包含了所有事物的属性？

我刚刚论证了，斯宾诺莎在其作品中为思想赋予了相对于广延及其他属性的优先性。不过，一个值得思考的问题是，斯宾诺莎何以能够排除在未知属性中存在某与思想一样包含万物的属性的可能性。关于其他的属性我们已经知道它们具有某些不依赖于具体属性的结构性特征（比如具有基于因果关系的秩序）。虽然所有这些属性都被表象在了思想之中，但我们何以

---

① 换句话说，所有事物都可被思想表象，这个特征不依赖于任何属性。一个可能的反驳是，所有属性也都具有与广延平行这一不依赖于具体属性的特征。但是，在思想这里，所有属性不仅与思想平行，而且被后者表象。因此，虽然每个属性都具有与所有其他属性平行这一特征，只有思想具有表象其他属性这一额外的不依赖于具体属性的特征。

② 波洛克（《斯宾诺莎》，161-162）与哈勒特（《要义》（*Elements*），41）也承认并强调了这一点。

第二部分　斯宾诺莎关于思想的形而上学

能够排除上述这种可能性，即或许其中的一种属性可以像思想一样反映整个实体？

让我们来考虑对这个问题的三种可能回应。首先，如果某未知属性A在某种意义上"包含"了整个自然（就像思想一样）的话，那它事实上就是一个表象性的属性，因此它也就与思想同一。我认为这一回应并不充分，因为它并未辩护它的一个关键预设，即这一属性"包含"所有其他属性的所有样态的方式仅仅是表象后者。第二种回应在我看来比第一种好一些，但它仍不完美：假设属性A以某种（我们所不知道的）方式"包含"了所有属性的所有样态。此时，A与思想属性之间立刻就会出现某种竞争关系，因为它们都声称"包含"了另一者。但只要对部分与整体之间的关系略加思考，我们就会发现两个事物不能同时是对方的真子集。因此，如果我们想要避免这一荒谬结果的话，我们就只能否认存在任何可以"包含"思想的其他属性。这一论证在我看来主要有两个问题：首先，由于我们并不知道另一属性究竟是什么以及它在何种意义上"包含"了整个自然（就像思想属性是在对象的意义上"包含"了整个自然），我们因此也就无法确定这两种"包含"关系相互冲突。其次，我们关于整体部分关系的一些传统直觉对于无限集来说并不成立，比如"整体大于其部分"；[1] 由此，两种包含

---

[1]　斯宾诺莎似乎部分地意识到了这一问题，因为他允许在无限集与其无限真子集间存在一一映射。这一点是观念-事物平行论的一个后果，因为所有观念的集合是所有事物的集合的真子集。

万物的属性之间的竞争关系所导致的所谓荒谬结果似乎也就不复存在了。

第三种可能回应是，如果在思想之外还存在另外某种包含万物的属性的话，那么我们就应该拥有关于它的某种认识，因为它以某种方式"包含"了我们的身体（与心灵），就像思想对象地包含了它们。但是，在E2a5中斯宾诺莎明确地断言了我们并不拥有关于身体或物体与心灵之外的样态的认识。这样一来，我们也就无法把握关于这一未知且包含万物的属性，但斯宾诺莎却并没有解释这一事实。当然，这并不意味着这个事实是无法解释的。考虑到我们对这一问题的讨论是高度推测性的，我在此只能将进一步的讨论留给未来的研究者，或者是来自其他属性的斯宾诺莎学者。

（四）为什么斯宾诺莎不能是一位还原的唯心论者？

由于斯宾诺莎为思想赋予了特殊的结构、角色以及核心地位，我们或许会认为他是一位唯心论者。由于思想与神所涵盖的范围相同（这即是说，所有事物都在思想中有其对应物，要么是对应了神的样态的观念，要么是对应了个别属性的样态的观念方面），我们为什么不更进一步并由此断言，思想不仅表象了所有事物，它还是所有事物的本原？如果斯宾诺莎认为思想与其他属性之间的关系是不对称的，因为思想更加复杂而且只有它才能包含绝对无限性，那么，他为什么不更进一步并通过将思想作为其他属性的本原来解释它们之间的不对称呢？

第二部分　斯宾诺莎关于思想的形而上学

就好像他意识到了唯心论的吸引力一样，斯宾诺莎明确指出并马上拒斥了这种可能性：

> 不是思想样态的事物的形式存在［*esse formale rerum, quae modi non sunt cogitandi*］并不是因为神首先认识到了它们才从神的本性中得出，相反，正如我们刚刚证明了观念从思想属性中得出，作为观念对象的事物正是以同一种方式与同一种必然性从其属性中得出或推出的。（E2p6c）

为什么斯宾诺莎在承认思想的优先性的情况下如此轻易地就拒绝了唯心论？对这一问题的回答十分简单：斯宾诺莎之所以无法接受唯心论，是因为他预设了属性间存在构想关系上的壁垒。如果有任何其他属性能够还原为思想的话，那么这个属性就不再"通过自身而被构想"了（E1p10），因此它也就不再是属性了。属性间的构想关系壁垒排除了将任意一种属性还原为其他一种的可能性。

对这一壁垒的主要威胁正是来自于思想，因为思想远比其他属性要更复杂，这使得它最有可能成为那个其他属性能够被还原至此的原初属性。但是斯宾诺莎关于属性间的构想关系壁垒的理论排除了这种还原的可能性。由此，我们也就得到了一种与实体一元论并存的属性多元论。虽然斯宾诺莎为思想赋予的优先性使得他的立场相比于唯物论更接近于唯心论，但这却远不能满足唯心论者。如果一位唯心论者试图

第六章　观念的无限多面结构与思想的优先性

在斯宾诺莎的系统中找到某种唯心论，那他就会处于一种非常折磨人的处境中：虽然他能隐约看到陆地，但他却永远无法到达那里。

§9 结论：斯宾诺莎的思想——存在二元论

在德拉·罗卡最近出版的激动人心的著作中，他以充足理由律为前提并由此认为可构想性与存在（或者用我的术语来说，思想与存在）具有相同外延这一事实同样不能没有理由。为了解释存在与可构想性具有相同广延这一事实，德拉·罗卡认为存在必须被还原为可构想性。根据德拉·罗卡"对充足理由律的双重应用"，每个事物不仅都能被理解，并且它们必须能够被理解为（或者说被还原为）可构想性或思想。①尽管我十分同意德拉·罗卡关于充足理由律在斯宾诺莎系统中占有核心地位的观点，并且我也同意他所说的"存在就是被构想"这句口号，②但我认为这句口号所断言的应该是思想与存在之间的一种非还原性的均势。我拒绝德拉·罗卡将存在还原为可构想性的做法，我的理由也十分简单，即这种还原与属性间壁垒

---

①　"对斯宾诺莎来说，存在可以一般地被还原为可构想性"（德拉·罗卡，《斯宾诺莎》，50）。也参考此书261-267页以及德拉·罗卡的文章《理性狂徒》。
②　德拉·罗卡，《斯宾诺莎》，9。

335

第二部分　斯宾诺莎关于思想的形而上学

197 矛盾。① 同时，我也不同意他的前一主张，即如果事物不能被还原为思想，那么存在与可构想性同外延这一事实就缺乏任何理由。德拉·罗卡由此强调可构想性属于所有现实事物的本质（我也同意这一点）。但是，正如我在本章第 5 节中所论证的那样，所有观念的本质也都要求它们必须拥有外在于思想的内容（如果用一句口号表达，那我们或许可以说"被构想即是存在"）。因此，思想与存在都具有被还原为另一者的倾向，这就形成了它们之间的均势。这种均势本身，即思想与存在具有相同外延这一事实，产生自存在与思想的本性。因此思想与存在的共存并非没有理由，并且我们也不应由此将存在

---

① 德拉·罗卡也曾尝试化解他的观点与属性间壁垒的矛盾，见他的《理性主义、唯心论与一元论》。在这篇文章中，德拉·罗卡尝试在斯库拉，即他将所有事物还原为可构想性的做法，与卡律布狄斯，即属性间壁垒的破坏，之间找到一条中间道路（斯库拉与卡律布狄斯是《奥德赛》中位于意大利南部与西西里岛之间的海峡两侧的怪物，常被用来比喻两难境地——译者）。他指出，在他的解读中"每个有广延物仅通过有广延物被解释"，并且属性的本性"仅仅在于它们可被思想触及"（第 2 节）。尽管我同意后面这些主张与属性间壁垒相容，但是它们却似乎迫使德拉·罗卡在很大程度上放弃了他在他著作中的更强主张，即所有事物都可以通过可构想性解释，并且也都可以被还原为后者。如果"每个有广延物仅通过有广延物被解释"，那它们就不能被还原为可构想性；而如果有广延物被还原为了可构想性，那它们就不能"仅通过有广延物被解释"。同时，我也不清楚某物"可被思想触及"这一点何以能够说明它可被还原为思想。主流的有神论思想普遍认为所有事物都可被神的思想触及，但似乎这一主张并不意味着所有事物都是神的（就它们可被神的思想触及而言）。纽兰兹在其《另一种斯宾诺莎式的一元论》（Another kind of Spinozistic Monism）一文中以富有洞见的方式在不接受唯心论的同时辩护了德拉·罗卡"对充足理由律的双重应用"。尽管我在很多地方都与纽兰兹意见相同，但我却不同意他的主要主张，即对斯宾诺莎来说"构想"并不是一个只属于思想属性的关系。

还原为思想。[1]

(一)斯宾诺莎的实体一元论与属性多元论

在之前两章中我提出了三个大胆的主张。第一，我认为一般所说的"斯宾诺莎的平行论学说"实际上混杂了两种完整且相互独立的平行论学说。第二，我认为，在斯宾诺莎看来观念都具有无限多面，并且通过它的这种特点同一个观念可以表象无限多与之平行的样态。这样一来，思想也就能够同时与其他个别属性以及所有属性的全体相平行，而这也解决了斯宾诺莎形而上学中最重要且顽固的问题之一。第三，我指出，对斯宾诺莎来说我们之所以无法认识思想与广延外的任何属性，是因为不同属性样态的心灵之间因果上是分开的，就像这些心灵的对象一样。对斯宾诺莎哲学核心的这一新颖解释显然还需要进一步的澄清，而我在上两章中的意图在于，揭露斯宾诺莎的形而上学中一些至今尚未被注意更未被讨论的核心元素。

在哲学史中斯宾诺莎一般被认为是一位伟大的近代一元论者。在第二章中，我描述并批评了德国唯心论者对斯宾诺莎哲学的"无世界论"解释，即斯宾诺莎哲学否认了有限物世界的现实性并仅仅承认神本身存在。在德国唯心论者看来，斯宾诺

---

[1] 我在《PSR 专列：德拉·罗卡被劫持的火车》（PSR Express: Della Rocca's Hijacked Train）第 4 节中更详细地描述了这一批评。早期也有评论者被思想与存在同外延这一事实误导，并由此将斯宾诺莎看作一位唯心论者，见波洛克，《斯宾诺莎》，161-162："属性间表面上的平等是无法维持的，并且，尽管斯宾诺莎的系统可以逃脱主观唯心论的陷阱，但它却无法完全避免陷入唯心论。"

莎在近代复兴了爱利亚学派的观点，即只有存在者存在，而任何多、个别或变化都不存在。我指出，虽然这种对斯宾诺莎的无世界论解读符合斯宾诺莎思想的某些面向，但它却与他的形而上学的基本原则矛盾，因而它也必须被拒斥。不过无法否认的是，斯宾诺莎就是一个激进的一元论者，确切来说是一位否认了神以外的任何实体存在的实体一元论者。但同时，斯宾诺莎也是一位激进的多元论者，因为他认为实体有着无限多相互独立的无限属性，并且每一个属性都构成了与我们所在的物理世界同样无垠的领域。属性间在构想关系上分隔的关键学说也进一步强化了属性的无限多元性，因为它排除了任何一个属性被还原为另一个的可能。这也就是说，斯宾诺莎不仅接受实体一元论，他还是一位激进的属性多元论者。斯宾诺莎成功地将这两种表面上相对的倾向融合到了一起，这是他的哲学系统最引人入胜的成就之一。

（二）斯宾诺莎的二元论

从第三个视角看，斯宾诺莎是一位二元论者。这一描述乍看起来是一种无关紧要的描述，因为很多评论者将斯宾诺莎看作一位心灵-身体（或思想-广延）二元论者。但将斯宾诺莎描述为一位身心二元论者并不准确，因为这没有凸显出思想在斯宾诺莎的形而上学中所占有的突出地位。对斯宾诺莎来说，思想不是与物理世界范围相同，而是与整个实体范围相同。在这个意义上，斯宾诺莎是一位思想-存在二元论者：每个事物，包括神，都在思想中有其平行对应物。确实，斯宾诺

第六章　观念的无限多面结构与思想的优先性

莎明确指出："神的现实的思想力量与他现实的行动力量相等"（E2p7c）。这种二元论有些出人意料，因为思想仅仅是宇宙的一个方面；但是，我认为这仍是一种一致的立场，并且我在本章中也曾试图对它进行澄清与辩护。

斯宾诺莎的思想-存在二元论也能帮助我们理解，为什么《伦理学》开头处斯宾诺莎对存在论的基本概念的定义有两种版本，即先是其存在论版本，而后是可构想性版本。① 举例来说，"自因"首先被在存在论上定义为"其本质包含存在之物"，然后由通过可构想性被定义为"其本性只能被构想为存在之物"（E1d1）。与之类似，"实体"首先被定义为"在其自身之中"的东西，然后被定义为"通过自身而被构想"的东西（E1d3）。显然，对斯宾诺莎来说，事物被思想表象或者说被构想这一事实与事物的存在本身同样基本。

（三）哲学意义

在本书中，我试图澄清了斯宾诺莎的形而上学并纠正了我们对它的理解。这本身就是一个重要的工作，但同时，斯宾诺莎关于思想的角色与结构的观点，也会向我们对思想本性的理

---

① 莱布尼茨抱怨（《哲学作品选》（*Philosophical Papers*），196页）斯宾诺莎对实体的定义过于模糊，因为它并未解释它的两个部分（"在自身之中"以及"通过自身而被构想"）之间的关系是什么。根据我的解读，这种双重定义意在强调存在与思想的二元论。如果斯宾诺莎仅仅给出了这一定义的后一半，即它在思想中的版本，我们就会倾向于将他解读为一位还原的唯心论者。同理，如果他仅仅给出了这些基本定义的存在论版本，思想在他的系统中的地位就会下降，并被看作与其他属性地位相同。

第二部分　斯宾诺莎关于思想的形而上学

解提出两点大胆的挑战。第一，斯宾诺莎的思想概念远远超出了我们一般所理解的思想概念。对斯宾诺莎来说，思想不仅属于神与人类，也不仅属于所有有生命的东西，甚至不仅属于所有有广延的事物（对斯宾诺莎来说石头也在某种程度上具有灵魂），而是伴随了所有现实之物，不管它是否可被我们的思想触及。我们人类所理解的"思想"（即关于有广延物的观念）对斯宾诺莎来说仅仅是思想领域的一小部分。正如斯宾诺莎深刻地批判了拟人化并从自己的有限视角评估所有事物的狂妄，他也会认为我们人类中心的思想概念是"人性的，太人性的"。①

第二，在身心关系问题上，斯宾诺莎关于思想的观点（即思想比任何自然其他属性或方面都更复杂、力量更大）也向我们展示了一种出人意料的立场。斯宾诺莎既不是一位唯物论者，也不是一位还原的唯心论者，甚至"双重方面论"（double-aspect theory）②这一标签也不完全适用于他。他的真实观点既承认思想具有极其突出的地位，又没有采用还原的唯心论。这或许就是斯宾诺莎的哲学天才之所在（即他迫使我们悬置对于某些问题的传统处理方式，并从一个不甚熟悉的视角来重新思考它）。

---

① 见我的《斯宾诺莎的反人类主义》（Spinoza's Anti-Humanism）。
② 也作 Dual-aspect theory，当代心灵哲学中一种关于身心关系的立场，即心灵领域与物理领域是同一实体的不同方面或视角。这一理论一般被追溯到斯宾诺莎。——译者

第六章　观念的无限多面结构与思想的优先性

附录一：观念的无限面结构的一种半形式化表述

斯宾诺莎所提出的观念的无限面结构学说十分复杂，因此一种严格的表述方式对澄清它的含义而言非常有用。出于这一目的，我使用了一种简便的半形式化表述。我们首先从一种非常简单的符号入手，即为每个属性赋予编号。广延是第1个属性，思想是第2个，由此我们为所有其他人类无法认识的无限种属性赋予编号。现在，令N为一个神的样态（即所有属性下的样态）。三个构成了N的无限多属性的样态，N_1是N的身体或物体，N_2是表象了N的观念，N_3是第三种（人类不可知的）属性的一个样态，它与N_1、N_2相互同一。在第65封信中，契恩豪斯的反驳是，如果

N_1（N的身体）与N_3同一，　　　　　　　　（1）

并且

N_2（N的心灵）是N_1的观念，　　　　　　　　（2）

那么

N_2就必须同时也是N_3的观念（因为$N_1=N_3$）。　　（3）

第二部分　斯宾诺莎关于思想的形而上学

但是，契恩豪斯指出，关于我们身体的观念（比如N_2）却并不包含对第三种属性的样态（比如N_3）的认识。

在第66封信中，斯宾诺莎对此论证的回应是，N_1的观念（N_1的心灵）与N_3的观念（样态N_3的心灵）在因果关系上相互独立。换句话说，N_2并非是一个单一的表象，而是一个有着无限多方面的观念，这些方面我们记为N_2^1（表象了N_1的观念方面）、N_2^3（表象了N_3的观念方面）、N_2^4（表象了N_4的观念方面）等等直至无穷。N_2^1与N_2^3被斯宾诺莎认为是"相互之间没有连结"的独立心灵，尽管它们都是思想的样态。同样的考量也适用于思想的任何其他样态，最终我们得到的图景是，思想之中包含了无限多条无限长的表象链条，其中每个链条都表象了另外一个属性的样态，并且每个链条都与其他链条在构想关系与因果关系上独立。对此更严格的表述是，如果我们用'X_2^y'来一般地表示任何思想样态，那么'X'（左起第一个符号）指的是相关的神的样态（即所有属性下的样态），'2'（左起第二个符号）的意思是它是一个观念，或者说思想样态，而'y'则指的是这一观念的对象所被构想的属性（广延=1，思想=2，等等）。由此，所有'y'相同的观念都属于同一观念链条。思想属性内部在构想关系及因果关系上的相互独立，意味着具有不同y参数的观念在构想关系及因果关系上相互独立。

具有相同X参数的观念（比如N_1的心灵与N_3的心灵）之间的关系又是怎样的呢？它们都是同一观念的方面。正如N_1与N_3（即观念方面的对象）都是被构想在不同属性下的同一个事物（或者说同一个神的样态的方面），N_1的观念与N_3的观念也都是表象了不同属性的样态的同一个观念。因此，神关于样态N的观念与N本身具有相同的无限多面结构。

观念-事物平行论（E2p7）指出，事物与观念具有相同的秩序。N_1、N_2、N_3、……N_n……（即构成了同一神的样态N的不同属性的样态）都是拥有某种特定秩序的事物：它们彼此之间在构想关系与因果关系上独立，并且是被表达在不同属性下的同一事物。E2p7指出，关于N_1、N_2、N_3、……N_n……的观念也与其对象本身具有相同的秩序：这些表象彼此之间在构想关系与因果关系上独立，并且是具有无限多方面的同一观念（其中每个方面都表象了被构想在另一属性下的N）。

附录二：E1d4 中的"理智"

（一）"理智"是什么？

在这一附录中，我会发展一种对属性定义的解释，这一解释能够符合我们关于观念的多面结构的发现。我承认这一解释在很大程度上依赖于推测，但它的确具有一些文本支持，而且它也能够为我们理解这一关键定义提供一个新的视角。因此，我会首先给出我对E1d4的解读，然后再对它的可信度进行评判。不过需要澄清的是，这一对E1d4的解读并不是我关于观念秩序的观点的必然结果，因此后者并不会因为前者为假而被否定。接下来，我会首先处理"理智"这一概念，然后再处理属性的定义。

第二部分　斯宾诺莎关于思想的形而上学

我们之前看到，思想中的观念秩序至少①具有两个维度的无限性。首先，有无限多观念与无限多神的样态（即所有属性下的样态）对应；其次，每个观念都有无限多方面，其中每个方面都表象了某个属性下的同一个神的样态。有些评论者注意到斯宾诺莎将两重无限性归给了神的观念，并由此提出每一个表象了某一属性下的样态的观念链条都构成神的一个独立的无限理智。②到此为止，这一解释的文本证据仅仅包括斯宾诺莎在第64封信中所提到的"神的绝对无限的理智"，它意味着某一个无限理智与绝对无限的理智是不同的。前者在这里被解读为表象某属性下的所有样态的观念链条（或者用我的术语，观念方面的链条），而后者被等同为表象了所有属性下所有样态的神的观念。这样一来，绝对无限的理智也就由无限多无限理智构成。

这一解释在我看来十分具有启发性，同时我也认为存在另外的一些考量与文本证据可以支持它。我即将引用一段来自E1p32c2的文本，请特别注意其中的"从给定的意志或理智"[*ex data valuntate, sive intellectu*]这一表达：

其次，意志与理智、运动与静止和全体所有自然物

---

① 我之所以说是"至少"，乃是因为思想中的无限层高阶观念构成了第三个维度的无限性。

② 见哈里斯［Harris］，《属性的无限性》（Infinity of Attributes），10n1，以及多纳甘，《斯宾诺莎》，119。不过多纳甘所谈论的却是无限多"无限心灵"；而正如我之前所说，斯宾诺莎系统中的心灵永远是有限的，他也从未将心灵归给一个无限的存在物。

第六章 观念的无限多面结构与思想的优先性

与神的本性之间的关系都是相同的，而自然物（由命题29）必须由神所决定其存在以及产生结果。因为意志，与其他所有东西相同，需要一个原因来决定它以某种方式存在以及产生结果；但是，尽管有无限多事物从<u>给定的意志或理智</u>中得出，但神却不能因此被看作是出于其意志的自由而行动，就像虽然从运动与静止中能够得出某些事物（因为从这些东西之中可以得出无限多事物），但神却不能因为被看作是依据其运动与静止的自由而行动。（着重为后加）

此处所讨论的理智与意志都是神的理智与意志，并且斯宾诺莎在此意在证明，虽然神的理智与意志都是无限的，但它们却并不自由。如果此处所说的无限理智只有一个的话，那"给定"这一限定语的使用就难以理解了。[①]当我们说"给定的X"时，我们同时也就暗示存在着其他的诸X。因此，由于斯宾诺莎在讨论无限理智时用了"给定的理智"这一表达，这表明存在其他的诸无限理智。

同时，在这段文本中，斯宾诺莎认为从无限理智中"有无限多事物得出"，但在《伦理学》的其他文本中，他说的却是从神的理智或观念中有"无限多事物以无限种方式"得出（E2p3）。如果我们将E1p32c2理解为，无限多表象了某一属性所有样态的观念方面组成的无限链条之中的其中一个链条，上

[①] 斯宾诺莎从未说过"给定的神"，因为神只有一个。

述这种差异也就很好解释了。因为与单个链条不同，神的观念包含了所有观念的所有方面，因此也就有"无限多事物以无限种方式"从中得出。

（二）对"属性"的定义

拉丁语没有冠词，但《伦理学》其他语言译本（如果这个语言有冠词的话）的读者却非常可能发现"某个无限理智"（即译者加上了一个不定冠词）这一表达，而这似乎意味着存在多于一个无限理智。科利的英语译本包含不少于五个这样的例子。① 这些例子中有些是以早期荷兰语版《遗作》（*Nagelate Schriften*）为基础添加了不定冠词，它与斯宾诺莎死后很快出版的拉丁语版《遗作》（*Opera Posthuma*）出版于同一时期。② 研究斯宾诺莎的语文学家一般认为，荷兰语版《遗作》中的《伦理学》来自彼得·波林［Pieter Balling］在17世纪60年代之初就在斯宾诺莎友人圈子中传播的早期译本，并在斯宾诺莎死后被扬·亨德里克·格拉茨马克［Jan Hendrik Glazemaker，1619/20-1682］大幅编辑。③ 很多学者认为斯宾诺莎并没有对这一荷兰语译本进行实质性的修正，因此这一译本对解释拉丁

---

① E1p16、E1p16c、E1app（II/83/32）、E2p4d以及E2p7s。
② 在E1p16与E2p4d中荷兰语《遗作》在"无限理智"前添加了不定冠词。
③ 关于对荷兰语《遗作》中的《伦理学》译本的讨论，见弗克·阿克曼［Fokke Akkerman］，《斯宾诺莎遗作研究》（*Studies in the Posthumous Works of Spinoza*），95-101以及126-176。

语版《遗作》中的文本价值有限。①另一些例子是,译者在"无限理智"前使用的不是冠词来自拉丁语原文中的 *aliqui*("某些"),它在中世纪拉丁语中有时被用作不定冠词(而 *ille* 则被用作定冠词)。②

关于斯宾诺莎对属性的定义——*Per attributum intelligo id, quod intellectus de substantia percipit, tanquam ejusdem essentiam constituens*——有着大量讨论。不过,几乎所有人都认为这一定义中的"那个理智"应该指的是带有定冠词的特定理智。③我所知道的唯一例外是帕金森的英语翻译,它保留了没有冠词的"理智":"By attribute I understand that which intellect perceives of substance, as constituting its esseuce."而科利则在此加上了定冠词:"By attribute I understand what the intellect perceives of a substance, as constituting its essence."不过,在 E2p7s 中,斯宾诺莎重述了这一定义,但科利此时所添加的却是不定冠词:"We must recall here what we showed [*NS:in the First Part*], viz, that whatever can be perceived by an infinite intellect as consistuting an essence of substance pertains

---

① 在通信中,皮特·斯坦贝克斯,一位主要的斯宾诺莎手稿与早期出版作品研究者,写道:"荷兰语《遗作》中的写法在任何意义上都不能被看作决定性的。尽管斯宾诺莎本人肯定听说过第1部分与第2部分的译本,但他却似乎并未修订过它们,在每一小节的层面上更是如此。对他来说,拉丁语文本具有权威地位。"参考 C xv。

② 见 C xv, note 13。

③ 荷兰语《遗作》也在此加了定冠词,不过我们必须注意,它在这种问题上的权威性十分有限。

to one substance only [*quicquid ab infinito intellectu percipi potest,tanquam substantiae essentiam constituens,id omne ad unicam tantum substantiam pertinet.*]"。这样看来，从纯粹语言的角度来看，在E1d4中为"理智"加上不定冠词是可行的。但是，这样做又具有怎样的含义呢？

如果我们接受之前的提议，即在思想中存在无限多无限理智，并且每一个观念方面组成的无限链条都构成了一个不同的无限理智，E1d4的含义似乎如下：每个无限理智都仅将一个属性"把握为构成了实体本质"；这即是说，表象了所有广延样态的无限理智（即观念方面组成的无限链条）仅将广延属性把握为构成了实体本质，表象了所有第三属性样态的无限理智仅将第三属性把握为构成了实体本质，等等。

这一解读或许能够回答一个所有关于这一定义的非主观解读都要面对的问题，即斯宾诺莎为什么在笛卡尔的属性定义之上进一步引入了（那个）无限理智？我们的解读对这一问题的回答是，无限理智的引入强调了无限理智与属性之间的一一对应关系，以及属性间与理智间壁垒的隔绝作用：除了每个无限理智所表象的样态所属的属性，没有任何一个无限理智能够构想其他的属性。[1] 只有一种理智能够完整地表象所有属性下的

---

[1] 显然这仅仅是一个可能的解释。我在《斯宾诺莎形而上学的构成要素》一文第2节更详细地讨论了斯宾诺莎和笛卡尔对属性的定义。在这篇文章中，我论证了对斯宾诺莎来说，属性之间的区分是一个"客观理性的区分"（reasoned reason [*distinctio rationis ratiocinatae*]，与"主观理性的区分"[*distinctio rationis ratiocinantis*] 相对，参见苏亚雷斯《形而上学论辩集》论辩7——译者），即一种由理智塑造的，但以事物本身所具有的某种特征为基础的区分。

第六章 观念的无限多面结构与思想的优先性

所有样态，这就是神的绝对无限理智（或神的观念）。与其他仅仅能够把握一种属性下的实体的无限理智不同，绝对无限的理智能够把握作为神（即拥有无限多属性的实体）的实体。

我承认这一解释有很多推测的成分。如果斯宾诺莎的确认为无限理智与属性之间存在一一对应关系的话，他关于这个问题的表述就应该更加明确与清晰。不过，正如我们所见，我们有无法忽视的理由认为斯宾诺莎承认多于一个无限理智存在。而一旦我们接受了这个观点，那我们刚刚所给出的对E1d4的解读看起来也就十分合理了。这一解读当然还需要更多的支持，但由于至今为止在关于E1d4的大量讨论中还几乎没有人尝试研究在"理智"前加上不定冠词的可能性，我认为这一路径至少是一种值得被记住的可能解读。

参考文献

斯宾诺莎作品

Unless otherwise marked, all references to the *Ethics*, the early works of Spinoza, and Letters 1-29 are to Curley's translation. In references to the other letters of Spinoza and to the TP,I used Shirley's translation. For passages from the TTP,I relied on Silverthorne and Israel's transla-tion. Occasionally, when I used one of these translations, I modified it for the sake of clar-ity or accuracy. *The Collected Works of Spinoza*. Edited and translated by Edwin Curley. Vol.I. Princeton, NJ: Princeton University Press, 1985.

Ethics. Translated by G. H. R. Parkinson. Oxford,UK:Oxford University Press, 2000.

Éthique. Translated into French by Bernard Pautrat. Paris: Éditions du Seuil, 1988.

Hebrew Grammar. Translated by Maurice J. Bloom. New York: Philosophical Library, 1962.

De Nagelate Schriften van B. D. S. Amsterdam: 1677.

OEuvres complètes. Translated into French by Roland Caillois, Madeleine Francès, and Robert Misrahi. Paris: Gallimard (Pleiade), 1954.

OEuvres de Spinoza. Translated and annotated by Charles Appuhn.4 vols. Paris: Garnier, 1964.

Opera. Edited by H. E. G. Paulus.2 vols. (edition used by Hegel). Jena, DE: 1802-1803.

Opera. Edited by J. van Vloten and J. P. N. Land. 3 vols. The Hague, NL: Martinum Nijhoff, 1895.

Opera. Edited by Carl Gebhardt.4 vols. Heidelberg, DE: Carl Winter, 1925.

Opera Posthuma. Amsterdam: 1677.

Spinoza: Complete Works. Translated by Samuel Shirley and edited by Michael Morgan. Indianapolis, IN: Hackett, 2002.

Spinoza's Short Treatise on God, Man, and His Well-Being. Translated and edited with an intro-duction and commentary by A. Wolf. London: Adam and Charles Black, 1910.

Theological-Political Treatise. Translated by Michel Silverthorne and Jonathan Israel. Cambridge, UK:Cambridge University Press, 2007.

Torat ha-Midot (*The Ethics*). Translated into Hebrew by Jakob Klatzkin. Ramat Gan, IL: Massada, 1967 [1923].

Traité théologico-politique. Vol.3 of *OEuvres*. Edited by Fokke Akkerman, translated and anno-tated by Jaqueline Lagrée and Pierre-François Moreau. Paris:Presses Universitaires de France, 1999.

The Vatican Manuscript of Spinoza's "Ethica." Edited by Leen Spruit and Pina Totaro. Leiden, DE: Brill,2011.

其他作品

Adams, Robert Merrihew. *Leibniz: Determinist, Theist, Idealist*. Oxford, UK: Oxford University Press, 1994.

Akkerman, Fokke."Studies in the Posthumous Works of Spinoza."Thesis, University of Groningen. Meppel, NL: Krips Repro, 1980.

Allison, Henry E. *Benedict de Spinoza:An Introduction*. New Haven, CT: Yale University Press, 1987.

参考文献

Aquila, Richard. "The Identity of Thought and Object in Spinoza." *Journal of the History of Philosophy* 16 (1978): 271-288.

Ariew, Roger. "The Infinite in Spinoza's Philosophy." In Curley and Moreau, *Spinoza: Issues and* Directions, 16-31. Leiden, DE: Brill, 1990.

Aristotle. *Categories and De Interpretatione*. Edited and translated by J. L. Ackrill. Oxford, UK: Clarendon, 1963.

———. *The Complete Works of Aristotle*. Edited by Jonathan Barnes. 2 vols. Princeton, NJ: Princeton University Press, 1984.

Armstrong, D. M. "Properties." In Mellor and Oliver, *Properties*, 160-172. Oxford, UK: Oxford University Press, 1997.

Arnauld, Antoine, and Nicole Pierre. *La Logique ou l'art de penser*. Edited and translated into French by Pierre Clair and François Girbal. Paris: J. Vrin, 1981.

———. *Logic or the Art of Thinking*. Translated by Jill Vance Buroker. Cambridge, UK: Cambridge University Press, 1996.

Ayers, Michael, ed. *Rationalism, Platonism, and God*. Oxford, UK: Oxford University Press/British Academy, 2007.

Bacon, John. "Tropes." In *The Stanford Encyclopedia of Philosophy*, edited by Edward N. Zalta. Winter 2011 edition, http://plato.stanford.edu/archives/win2011/entries/tropes/.

Barbone, Steve. "What Counts as an Individual for Spinoza?" In Koistinen and Biro, *Spinoza: Metaphysical Themes*, 89-112. Oxford, UK: Oxford University Press, 2003.

Bartuschat, Wolfgang. "The Infinite Intellect and Human Knowledge." In *Spinoza on Knowledge and the Human Mind*, edited by Yirmiyahu Yovel, 187–208. Leiden, DE: Brill, 1994.

Baxter, Don. "Self-Differing and Leibniz's Law." Unpublished manuscript.

Bayle, Pierre. *Dictionnaire historique et critique par Mr. Pierre Bayle*. Amsterdam: Compagnie des Libraires, 1734.

——. *Historical and Critical Dictionary: Selections*. Translated by Richard H. Popkin. Indianapolis, IN: Hackett, 1991.

——. *The Dictionary Historical and Critical of Mr. Peter Bayle*. 5 vols. London: Routledge/Thoemmes, 1997.

Beiser, Fredrick, C. *The Fate of Reason:German Philosophy from Kant to Fichte*. Cambridge, MA: Harvard University Press, 1987.

Bennett, Jonathan. *A Study of Spinoza's "Ethics."* Indianapolis, IN: Hackett, 1984.

——."Spinoza's Metaphysics." In Garrett, *The Cambridge Companion to Spinoza*, 61–88. Cambridge, UK: Cambridge University Press, 1996.

——. *Learningfrom Six Philosophers:Descartes, Spinoza, Leibniz, Locke, Berkeley, Hume*. 2 vols. Oxford, UK: Oxford University Press, 2001.

Beyssade, Jean-Marie. "Sur le mode infini médiat dansl'attribut de lapensée." *Revue Philosophique de la France et de l'Etranger* 184 (1994): 23-26.

Bigelow, John C. "Particulars." In *The Routledge Encyclopedia of Philosophy* (online).

Black, Max. "The Identity of Indiscernibles." *Mind* 61 (1952): 153-164.

Bruno, Giordano. *Cause, Principle and Unity*. Translated and edited by Robert de Lucca. Cambridge, UK:Cambridge University Press, 1998.

Burgersdijk, Franco. *Institutionum logicarum Libri duo*. Cambridge, UK: Roger Daniel, 1647.

Caird, John. *Spinoza*. Edinburgh, UK: Blackwood, 1888.

Campbell, Keith. *Metapbysics:An Introduction*. Encino, CA: Dickenson, 1976.

——."The Metaphysics of Abstract Particulars." In Mellor and Oliver, *Properties*, 123-139. Oxford, UK: Oxford University Press, 1997.

Carriero, John. "Spinoza's Views on Necessity in Historical Perspective." *Philosophical Topics* 19 (1991): 47-96.

——."On the Relationship between Mode and Substance in Spinoza's Metaphysics." *Journal of the History of Philosophy* 33 (1995): 245-273.

参考文献

Chisholm, Roderick M. "Parts as Essential to Their Wholes." *Review of Metaphysics* 26 (1973): 581-603.

Curley, Edwin. *Spinoza's Metaphysics: An Essay in Interpretation*. Cambridge, MA: Harvard University Press, 1969.

——."Man and Nature in Spinoza." In Wetlesen, *Spinoza's Philosophy of Man*, 19-26. Oslo, NO: Universitetsforlaget,1978.

——.*Behind the Geometrical Method: A Reading of Spinoza's "Ethics."* Princeton, NJ: Princeton University Press, 1988.

——."On Bennett's Interpretation of Spinoza's Monism."In Yovel, *God and Nature: Spinoza's Metaphysics*, 35-51. Leiden, DE: Brill, 1991.

——."Kissinger, Spinoza, and Genghis Khan."In Garrett, *The Cambridge Companion to Spinoza*, 315-42. Cambridge, UK: Cambridge University Press, 1996.

Curley, E., and P.-F. Moreau, eds. *Spinoza: Issues and Directions*. Leiden, DE: Brill, 1990.

Davidson, Herbert Alan. *Proofs for Eternity, Creation and the Existence of God in Medieval Islamic and Jewish Philosophy*. Oxford, UK: Oxford University Press, 1987.

Delahunty, R. J. *Spinoza*. London: Routledge and Kegan Paul, 1985.

Deleuze, Gilles. *Expressionism in Philosophy: Spinoza*. Translated by Martin Joughin. New York: Zone Books, 1992.

Della Rocca, Michael. *Representation and the Mind-Body Problem in Spinoza*. Oxford, UK: Oxford University Press, 1996.

——."Spinoza's Metaphysical Psychology."In Garrett, *The Cambridge Companion to Spinoza*, 192-266. Cambridge, UK: Cambridge University Press, 1996.

——."Spinoza's Substance Monism."In Koistinen and Biro, *Spinoza: Metaphysical Themes*, 11-37. Oxford,UK: Oxford University Press, 2003.

——."Rationalism Run Amok: Representation and the Reality of Emotions in Spinoza." In Huenemann, *Interpreting Spinoza: Critical Essays*, 26-52.

Cambridge, UK: Cambridge University Press, 2008.

——.*Spinoza*. London and New York: Routledge, 2009.

——."Rationalism,Idealism,Monism, and Beyond." In Förster and Melamed, *Spinoza and German Idealism*, 7-26. Cambridge, UK: Cambridge University Press, 2012.

——."Predication and Pantheism in Spinoza." Unpublished manuscript.

Descartes, Rene. *Oeuvres de Descartes*. Edited by Charles Adam and Paul Tannery. 12 vols. Paris: J. Vrin, 1964-1976.

——.*Conversation with Burman*. Translated and edited by John Cottingham. Oxford, UK: Clarendon, 1976.

——.*The Philosophical Writings of Descartes*. Translated by John Cottingham, Robert Stoothoff,and Dugald Murdoch. 3 vols. Cambridge, UK: Cambridge University Press, 1985.

Des Chene, Dennis. *Physiologia:Natural Philosophy in Late Aristotelian and Cartesian Thought*.Ithaca, NY: Cornell University Press, 1996.

Donagan, Alan."Essence and the Distinction of Attributes in Spinoza's Metaphysics." In Grene,*Spinoza:A Collection of Critical Essays*,164-181. Garden City, NY: Doubleday/Anchor, 1973.

——."Spinoza's Dualism."In Kennington, *The Philosophy of Baruch Spinoza*, 89-102.

Washington, DC: Catholic University of America Press, 1980.

——.*Spinoza*. Chicago: Chicago University Press, 1988.

Eisenberg, Paul."On the Attributes and Their Alleged Independence of One Another: A Commentary on Spinoza's *Ethics* Ipro." In Curley and Moreau, *Spinoza:Issues and Directions*, 1-15. Leiden, DE: Brill, 1990.

Erdmann, Johann Eduard. *Versuch einer Wissenschflichen Darstellung der neuern Geschichte der Philosophie*. Riga, LV: Eduard Frantzen, 1834.

Förster, Eckart, The Twenty-Five Years of Philosophy: A Sytematic Reconstruction. Translated by Brady Bowman. Cambridge MA: Harvard University Press,

参考文献

2012.

Förster, Eckart, and Yitzhak Y. Melamed, eds. *Spinoza and German Idealism*. Cambridge, UK: Cambridge University Press, 2012.

Franks, Paul W. *All or Notbing: Systematicity, Transcendental Arguments, and Skepticism in German Idealism*. Cambridge, MA: Harvard University Press, 2005.

Frede, Michael. *Essays on Ancient Philosophy*. Minneapolis, MN: University of Minnesota Press, 1987.

Frege, Gottlob. "Function and Concept." In *The Philosophical Writings of Gottlob Frege*, translated by Peter Geach and Max Black. Oxford, UK: Blackwell, 1980.

Freudenthal, J. *Spinoza: sein Leben und seine Lehre, Band I: Das Leben Spinozas*. Stuttgart, DE: Frommann,1904.

———. *Spinozas Leben und Lehre, Zweiter Teil: Die Lehre Spinozas auf Grund des Nachlasses von Freudenthal bearbeitet von Karl Gebhardt*. Heidelberg, DE: Carl Winter, 1927.

Friedman, Joel I. "Spinoza's Problem of 'Other Minds.'" *Synthese* 57 (1983): 99-126.

———."How the Finite Follows from the Infinite in Spinoza's Metaphysical System." *Synthese* 69 (1986): 371-407.

Gabbey, Alan."Spinoza, Infinite Modes, and the Infinitive Mood." *Studia Spinoziana* 16 (2008): 41-65.

Garber, Dan. *Descartes' Metaphysical Physics*. Chicago: University of Chicago Press, 1992.

———."Descartes and Spinoza on Persistence and *Conatus*." *Studia Spinoziana* 10 (1994): 43-67.

Garrett, Don."*Ethics* Ips:Shared Attributes and the Basis of Spinoza's Monism." In *Central Themes in Early Modern Philosophy*, edited by J. A. Cover and M. Kulstad, 69–107. Indianapolis, IN: Hackett, 1990.

——."Spinoza's Necessitarianism."In Yovel, *God and Nature: Spinoza's Metaphysics*, 97-118. Leiden, DE: Brill, 1991.

——."Spinoza's Theory of Metaphysical Individuation."In *Individuation in Early Modern Philosophy*, edited by K. Barber and J. Garcia, 73-101. Albany, NY: SUNY Press, 1994.

——, ed. *The Cambridge Companion to Spinoza*. Cambridge,UK:Cambridge University Press, 1996.

——."Spinoza's *Conatus* Argument." In Koistinen and Biro, *Spinoza: Metaphysical Themes*, 127-158. Oxford,UK:Oxford University Press, 2003.

——."Representation and Consciousness in Spinoza's Naturalistic Theory of the Imagination." In Huenemann, *Interpreting Spinoza: Critical Essays*, 4-25. Cambridge, UK: Cambridge University Press, 2008.

——."Spinoza on the Essence of the Human Body and the Part of the Mind That Is Eternal." in *The Cambridge Companion to Spinoza's "Ethics,"* edited by Olli Koistinen, 284-302. Cambridge, UK: Cambridge University Press, 2009.

——."A Reply on Spinoza's Behalf." In Förster and Melamed, *Spinoza and German Idealism*,248-264. Cambridge, UK:Cambridge University Press, 2012.

Gennaro, Rocco J., and Charles Huenemann, eds. *New Essays on the Rationalists*. Oxford, UK: Oxford University Press, 1999.

Giancotti (-Bocherini), Emilia. *Lexicon Spinozanum*. 2 vols. The Hague, NL: Martinum Nijhoff, 1970.

——."Man as Part of Nature." In Wetlesen, *Spinoza's Philosophy of Man*, 85-96. Oslo, NO: Universitetsforlaget, 1978.

Gilead, Amihud. " 'The Order and Connection of Things': Are They Constructed Mathematically-Deductively According to Spinoza?" *Kant Studien* 76 (1985): 72-78.

——. *The Way of Spinoza's Philosophy toward a Philosophical System* (in Hebrew). Jerusalem: Bialik Institute, 1986.

参考文献

———."Spinoza's Two Causal Chains."*Kant Studien* 81 (1990): 454-475.

Goclenius, Rudolph. *Lexicon Philosophicum, quo tanquam clave philosophiae fores aperiuntur.* Hildesheim, DE: Olms Verlag, 1964 [1613].

Grene, Marjorie, ed. *Spinoza*: A *Collection of Critical Essays*. Garden City, NY: Doubleday/Anchor, 1973.

Gueret, Michel, André Robinet, and Paul Tombeur. *Spinoza Ethica*: *Concordances, Index, Listes defréquences, Tables comparatives.* Louvain-la-Neuve, BE: CETEDOC, Université Catholique de Louvain, 1977.

Gueroult, Martial. *Spinoza.*2 vols. Paris: Aubier-Montaigne, 1968, 1974.

———."Spinoza's Letter on the Infinite." In Grene, *Spinoza*: A *Collection of Critical Essays*, 182–212, (translation by Kathleen McLaughlin of appendix IX of Gueroult, *Spinoza*, vol.1).

Gullan-Whur, Margaret. *Within Reason*: *A Life of Spinoza*. New York: St. Martin's, 1998.

Hacking, Ian."Individual Substance." In *Leibniz: A Collection of Critical Essays*, edited by Harry G. Frankfurt. Garden City, NY: Anchor, 1972.

Hallett, H. F. *Aeternitas*. Oxford, UK: Oxford University Press, 1930.

———. *Benedictus de Spinoza: The Elements of His Philosophy*. London: Athlone, 1957.

Harris, Errol E. "Finite and Infinite in Spinoza's System." In Hessing, *Speculum Spinozanum* 1677-1977, 197-211. London: Routledge, 1977.

———."The Concept of Substance in Spinoza and Hegel." In Harris, *The Substance of Spinoza*, 200-214. Atlantic Highlands, NJ: Humanities Press, 1995.

———."The Infinity of Attributes and *Idea Ideae*." In Harris, *The Substance of Spinoza*, 38-51.

Atlantic Highlands, NJ: Humanities Press, 1995.

———. *The Substance of Spinoza*. Atlantic Highlands,NJ:Humanities Press, 1995.

Harvey, Warren Zev. "A Portrait of Spinoza as a Maimonidean." *Journal of the History of Philosophy* 20 (1981): 151-172.

——. *Physics and Metaphysics in Hasdai Crescas*. Amsterdam: Gieben, 1998.

——."Spinoza's Metaphysical Hebraism."In *Jewish Themes in Spinoza's Philosophy*, edited by Heidi M. Ravven and Lenn E. Goodman, 107-114. Albany, NY: SUNY Press, 2002.

Haserot, Francis S. "Spinoza's Definition of Attribute."In Kashap, *Studies in Spinoza*, 28-42.

Berkeley, CA: University of California Press, 1972.

Hegel, G. W. F. *Gesammelte Werke (Kritische Ausgabe)*. Hamburg, DE: Meiner, 1968.

——.*The Science of Logic*. Translated by A. V. Miller. London: Allen and Unwin, 1969.

——.*Faith and Knowledge*. Translated by W. Cerfand H. S. Harris. Albany, NY: SUNY Press, 1977.

——. *The Phenomenology of Spirit*. Translated by A. V. Miller. Oxford, UK: Oxford University Press, 1977.

——.*Lectures on the Philosophy of Religion*. Edited by Peter C. Hodgson. Berkeley, CA: University of California Press, 1984.

—— *The Jena System of 1804-5: Logic and Metaphysics*. Translatedby J. Bubridge et al. Montreal: McGill-Queen's University Press, 1986.

——.*The Encyclopedia Logic*. Translated and edited by T. F. Geraets, W. A. Suchtig, and H. S. Harris. Indianapolis, IN: Hackett, 1991.

——. *Lectures on the History of Philosophy*. Translated by E. S. Haldane and F. H. Simson. 3 vols. Lincoln, NE: University of Nebraska Press, 1995.

Heidenreich, Karl Heinrich. *Natur und Gott nach Spinoza*. Brussels, BE: Aetas Kantiana, 1973 [1789].

Hessing, Siegfried, ed. *Speculum Spinozanum 1677-1977*. London: Routledge, 1977.

Hobbes, Thomas. *Leviathan*. Edited by Edwin Curley. Indianapolis, IN: Hackett, 1994.

参考文献

Huenemann, Charlie. "Predicative Interpretations of Spinoza's Divine Extension." *History of Philosophy Quarterly* 14 (1997): 53-75.

——, ed. *Interpreting Spinoza: Critical Essays*. Cambridge, UK: Cambridge University Press, 2008.

Hume, David. *A Treatise of Human Nature*. Edited by Ernest C. Mossner. Middlesex, UK: Penguin, 1984 [1739-1740].

Hyppolite, Jean. *Logic and Existence*. Translated by L. Lawlor and A. Sen. Albany, NY: SUNY Press, 1997.

Idel, Moshe. "Attributes and Sephirot in Jewish Theology" (Hebrew). In *Studies in Jewish Thought*, edited by M. Idel and Sarah Heller-Wilenski. Jerusalem: Magnes, 1989.

——."*Deus sive Natura*: The Metamorphosis of a Dictum from Maimonides to Spinoza."In *Maimonides and the Sciences*, edited by Hillel Levine and Robert S. Cohen, 87–110. Dordrecht, NL: Kluwer, 2000.

Israel, Jonathan I. *Radical Enlightenment: Philosophy and the Making of Modernity 1650-1750*. Oxford, UK: Oxford University Press, 2001.

Jacobi, F. H. *The Main Philosophical Writings and the Novel "Allwill."* Translated and edited by George di Giovanni. Montreal: McGill-Queen's University Press, 1994.

——. *Werke*. Edited by Klaus Hammacher and Walter Jaeschke. Hamburg, DE: Meiner, 1998.

Jarrett, Charles. "The Concept of Substance and Mode in Spinoza." *Philosophia* 7 (1977): 83-105.

——."The Logical Structure of Spinoza's *Ethics*, Part 1."*Synthese* 37 (1978): 15–65.

Joachim, Harold H. *A Study of the "Ethics"of Spinoza*. Oxford, UK: Clarendon, 1901.

——.*Spinoza's "Tractatus de Intellectus Emendatione": A Commentary*. Oxford, UK, Clarendon, 1940.

参考文献

Kant, Immanuel. *Critique of Pure Reason*. Translated by Paul Guyer and Allen W. Wood. Cambridge,UK: Cambridge University Press, 1998.

Kashap, S. Paul, ed. *Studies in Spinoza: Critical and Interpretive Essays*. Berkeley, CA: University of California Press, 1972.

Kennington, Richard, ed. *The Philosophy of Baruch Spinoza*. Washington, DC: Catholic University of America Press, 1980.

Kim, Jaegwon, and Ernest Sosa, eds. *A Companion to Metaphysics*. Oxford, UK: Blackwell, 1995.

Klatzkin, Jakob. *Thesaurus philosophicus linguae Hebraicae et veteris recentioris*. Hildesheim, DE: Olms Verlag, 1984 [1928].

Klever, W. N. A."Spinoza's Life and Work."In Garrett, *The Cambridge Companion to Spinoza*, 13–62. Cambridge, UK: Cambridge University Press, 1996.

Koistinen, Olli,and J. I. Biro, eds. *Spinoza:Metaphysical Themes*. Oxford, UK: Oxford University Press, 2003.

Kojève, Alexandre. *Introduction to the Reading of Hegel: Lectures on the Phenomenology of Spirit*.Translated by James H. Nicholas. Ithaca, NY: Cornell University Press, 1969.

Koyre, Alexandre. *From the Closed World to the Infinite Universe*. Baltimore, MD: Johns Hopkins University Press, 1968.

Kroner, Richard. *Von Kant bis Hegel*. 2 vols. Tübingen, DE: Mohr (Paul Siebeck), 1921.

Kulstad, Mark A. "Leibniz, Spinoza and Tschirnhaus: Metaphysics *à Trois*: 1675-1676." In Koistinen and Biro, *Spinoza: Metaphysical Themes*, 182-209. Oxford, UK: Oxford University Press, 2003.

Laerke, Mogens. *Leibniz lecteur de Spinoza*. Paris: Honorè Champion, 2008.

Laerke, Mogens, Eric Schlisser, and Justin Smith, eds. *The Metbodology of the History of Philosophy*. Oxford, UK: Oxford University Press, 2013.

LeBuffe, Michael. "Theories about Consciousness in Spinoza's *Ethics*." *Philosophical Review* 119 (2010): 531-563.

参考文献

Leibniz, G. W. *Sämtliche Schriften und Briefe*. Deutsche Akademi e der Wissenschaften. Multiple vols. in7 series. Cited by series, volume, and page. Berlin: Akademie Verlag, 1923.

———. *Die philosophischen Schriften von Gottfried Wilhelm Leibniz*. Edited by C. J. Gerhardt.7vols. Cited by volume and page. Hildesheim, DE: Olms Verlag, 1965 [1875-1890].

———. *Logical Papers*. Translated and edited by G. H. R. Parkinson. Oxford, UK: Clarendon, 1966.

———. *The Leibniz-Arnauld Correspondence*. Translated and edited by H. T. Mason. Manchester, UK: Manchester University Press, 1967.

———. *New Essays on Human Understanding*. Translated and edited by Peter Remnant and Jonathan Bennett. Cambridge, UK: Cambridge University Press, 1981.

———. *Theodicy*. Translated by E. M. Huggard. La Salle, IL: Open Court, 1985.

———. *Philosophical Essays*. Translated by Roger Ariew and Daniel Garber. Indianapolis, IN: Hackett, 1989.

———. *Philosophical Papers and Letters*. Translated and edited by Leroy E. Loemker. 2nd edition. Dordrecht, NL: Kluwer, 1989.

———. *De Summa Rerum:Metaphysical Papers* 1675-1676. Translated with an introduction and notes by G. H. R. Parkinson. New Haven, CT: Yale University Press, 1992.

Lin, Martin, and Yitzhak Melamed. "The Principle of Sufficient Reason." In *The Stanford Online Encyclopedia of Philosophy*, edited by Edward N. Zalta, http://plato.stanford.edu.

Lin, Martin. "Teleology and Human Action in Spinoza." *Philosophical Review* 115 (2006): 317-354.

Lloyd, Genevieve. *Part of Nature: Self-Knowledge in Spinoza's "Ethics."* Ithaca, NY: Cornell University Press, 1995.

Macherey, Pierre. *Hegel ou Spinoza*. Paris: François Masperos, 1979.

———. *Introduction àl'Ethique de Spinoza:La deuxième partie. La réalité mentale.* Paris: PUF, 1997.

Maimon, Salomon. *Hesheq Shelomo*(Solomon's desire). Posen,PL: 1778. Manuscript 8° 6426 at the National and University Library, Jerusalem.

———. *Gesammelte Werke* [GW]. Edited by Valerio Verra. Hildesheim, DE: Olms Verlag, 1965-1976.

———. *Salomon Maimons Lebensgeschichte.* Edited by Zwi Batscha. Frankfurt, DE: Insel Verlag, 1984 [1792-1793].

———*Autobiography.* Translated byJ. Clark Murray. Urbana and Chicago: University of Illinois Press, 2001.

Maimonides, Moses. *Beur Milot ha-Higayon* (Hebrew: *An Exposition of Logical Terminology*).With commentary by Moses Mendelssohn and Yitzhak Satanov. Berlin: B. Kohen, 1928.

———. *The Guide of the Perplexed.* Translated by Shlomo Pines. 2 vols. Chicago: University of Chicago Press, 1963.

Malebranche, Nicolas. *The Search after Truth.* Translated and edited by Thomas M. Lennon and Paul J. Olscamp. Cambridge, UK: Cambridge University Press, 1997.

Mandelbaum, Maurice, and Eugene Freeman, eds. *Spinoza: Essays in Interpretation.* LaSalle, IL: Open Court, 1975.

Martens, Stanley C. "Spinoza on Attributes." *Synthese* 37(1978): 107-111.

Mason, Richard. *The God of Spinoza.* Cambridge, UK: Cambridge University Press, 1997.

Matheron, Alexandre. *Individu et communauté chez Spinoza.* Paris: Editions de Minuit, 1969.

———. *Études su r Spinoza et lesphilosophies de l'âge classique.* Lyon, FR: ENS Éditions, 2011.

McTaggart, J. M. E. M. *Some Dogmas of Religion.* London: Edward Arnold, 1906.

参考文献

Melamed, Yitzhak Y. "On the Exact Science of Nonbeings: Spinoza's View of Mathematics." *Iyyun:The Jerusalem Philosophical Quarterly* 49 (2000): 3-22.

——."Salomon Maimon and the Rise of Spinozism in German Idealism." *Journal of the History of Philosophy* 42 (2004): 67-96.

——."The Metaphysics of Substance and the Metaphysics of Thought in Spinoza." Ph. D. diss., Yale University, 2005.

——Review of *Causa sive ratio:La Raison dela cause de Suarez à Leibniz*, by Vincent Carraud.*The Leibniz Review* 15 (2005): 163-168.

——. Review of *Rationalism, Platonism, and God,* edited by Michael Ayers. *Notre DamePhilosophical Reviews.* February 24, 2009.

——."The Metaphysics of Spinoza's *Theological-Political Treatise.*" In *Spinoza's "Theological-Political Treatise": A Critical Guide*, edited by Yitzhak Y. Melamed and Michael A. Rosenthal, 128-142. Cambridge, UK: Cambridge University Press, 2010.

——."Spinoza's Anti-Humanism."In *The Rationalists*, edited by Carlos Fraenkel, Dario Perinetti, and Justin Smith, 147-166. Dordrecht, NL: Kluwer (New Synthese Historical Library), 2010.

——. Review of *From Bondage to Freedom:Spinoza on Human Excellence*, by Michael LeBuffe. *Leibniz Review* 21 (2011): 153-159.

——."'*Christus secundum spiritum*': Spinoza, Jesus, and the Infinite Intellect." In *The Jewish Jesus*, edited by Neta Stahl, 140-151. New York: Routledge, 2012.

——."Inherence, Causation, and Conceivability in Spinoza." *Journal of the History of Philosophy* 50 (2012): 365-386.

——."'*Omnis determinatio est negatio*': Determination, Negation, and Self-Negation in Spinoza, Kant, and Hegel." In Förster and Melamed, *Spinoza and German Idealism*, 175-196. Cambridge, UK: Cambridge University Press, 2012.

——."Spinoza's Deification of Existence." *Oxford Studies in Early Modern Philosophy* 6 (2012): 75-104.

——."Why Spinoza Is Not an Eleatic Monist (Or Why Diversity Exists)." In *Spinoza on Monism*, edited by Philip Goff, 206-222. London: Palgrave, 2012.

——."Charitable Interpretations and the Political Domestication of Spinoza, or, Benedict in the Land of the Secular Imagination." In Laerke, Schlisser, and Smith, *The Methodology of the History of Philosophy*. Oxford, UK: Oxford University Press, 2013, 258-277.

——."The Sirens of Elea:Rationalism, Idealism and Monism in Spinoza." In *The Key Debates of Modern Philosophy*, 78-90, edited by Antonia LoLordo and Stewart Duncan. New York and London: Routledge, 2013.

——."The Building Blocks of Spinoza's Metaphysics: Substance, Attributes, and Modes." In *The Oxford Handbook of Spinoza*, edited by Michael Della Rocca. Oxford, UK: Oxford University Press, forthcoming.

——."The Concept of Eternity in Early Modern Philosophy."In Melamed, *Eternity*. Oxford: Oxford University Press, forthcoming.

——, ed. *Eternity*. Oxford: Oxford University Press, forthcoming.

——."Spinoza's Metaphysics of Thought: Parallelisms and the Multifaceted Structure of Ideas." *Philosophy and Phenomenological Research*, forthcoming (published online January 10, 2012).

——."Spinoza, Tschirnhaus et Leibniz: Qu'est un monde?"In *Spinoza/Leibniz. Rencontres,controverses, réceptions*, edited by Pierre-François Moreau, Raphaële Andrault, and Mogens Laerke. Paris: Presses Universitaires de Paris Sorbonne, forthcoming.

——."The Development of Spinoza's Concepts of Substance and Attribute." In Melamed, *The Young Spinoza*. Oxford, UK: Oxford University Press, forthcoming.

——.ed. *The Young Spinoza:A Metaphysician in the Making*. Oxford, UK: Oxford University Press, forthcoming.

参考文献

Mellor, D. H., and Alex Oliver, eds. *Properties*. Oxford, UK: Oxford University Press, 1997.

Mercer, Christia."Leibniz and Spinoza on Substance and Mode." In Derek Pereboom, *The Rationalists: Critical Essays on Descartes, Spinoza, and Leibniz*, 273-300. Lanham, MD: Rowman and Littlefield, 1999.

Moore, G. M. *Philosophical Studies*. London:Kegan Paul, 1922.

Moore, Joseph G. "Saving Substitutivity in Simple Sentences." *Analysis* 59 (1999): 91-105.

Moreau, Pierre-François. *Spinoza*. Paris: Éditions du Seuil, 1975.

——."Spinoza's Reception and Influence." In Garrett, *The Cambridge Companion to Spinoza*, 408-434. Cambridge, UK: Cambridge University Press, 1996.

Morrison, John. "Conception and Causation in Spinoza's Metaphysics." *Philosophers' Imprint* (forthcoming).

——."Restricting Spinoza's Causal Axiom." Unpublished manuscript.

Moyar, Dean. "Thought and Metaphysics: Hegel's Critical Reception of Spinoza." In Förster and Melamed, *Spinoza and German Idealism*, 197-213. Cambridge, UK: Cambridge University Press, 2012.

Nadler, Steven. *Spinoza:A Life*. Cambridge, UK: Cambridge University Press, 1999.

——. *Spinoza's "Ethics": An Introduction*. Cambridge, UK: Cambridge University Press, 2006.

——."Spinoza and Consciousness." *Mind* 117 (2008): 575-601.

Newlands, Samuel. "Another Kind of Spinozistic Monism." *Nous* 33 (2010): 469-502.

Novalis. *Novalis Schriften*. Edited by Richard Samuel, Hans Joachim Mähl, and Gertrud Schulz. Stuttgart, DE: Kohlhammer, 1960-1988.

Owen, G. E. L. "Inherence." *Phronesis* 10 (1965): 97-105.

Parkinson, G. H. R. *Spinoza's Theory of Knowledge*. Oxford, UK: Clarendon, 1954.

——."Hegel, Pantheism and Spinoza." *Journal of the History of Ideas* 38 (1977):

449-459.

———."Spinoza and British Idealism: The Case of H. H. Joachim."*British Journal of the History of Philosophy* 1 (1993): 109-123.

Pasnau, Robert. *Metaphysical Themes 1274-1671*. Oxford, UK: Oxford University Press, 2011.

Pereboom, Derek, ed. *The Rationalists: Critical Essays on Descartes, Spinoza, and Leibniz*. Lanham, MD: Rowman and Littlefield, 1999.

Peterman, Alison."Spinoza's Physics." Ph. D. diss., Northwestern University, 2012.

Pippin, Robert. *Hegel's Idealism*. Cambridge, UK: Cambridge University Press, 1989.

Pollock, Fredrick. *Spinoza: His Life and Philosophy*. 2nd ed. New York: American Scholar, 1966.

Porphyry. *Isagoge*. Translated by Edward W. Warren. Toronto: Pontifical Institute of Medieval Studies, 1975.

Quine, Williard Van Orman. *Word and Object*. Cambridge, MA: MIT Press, 1960.

Radner, Daisie."Spinoza's Theory of Ideas." *Philosophical Review* 80 (1971): 338-359.

Ramond, Charles. *Qualité et quantité dans la philosophie de Spinoza*. Paris: Presses Universitaires de France, 1995.

Ramsey, F. P. "Universals." In Mellor and Oliver, *Properties*, 57-73. Oxford, UK: Oxford University Press, 1997.

Ranke, Leopold von. *Epochen der neueren Geschichte in Aus Werk u nd Nachlass*. Edited by Walther Peter Fuchs. vol. 2. Munich: Olenbourg, 1971.

Rice, Lee."Reflexive Ideas in Spinoza." *Journal of the History of Philosophy* 28 (1990): 201-211.

———."Paradoxes of Parallelism in Spinoza." *Iyyun: The Jerusalem Philosophical Quarterly* 48 (1999): 37-54.

Robinson, Lewis. *Kommentar zu Spinozas Ethik*. Leipzig, DE: Meiner Verlag,

参考文献

1928.

Rozemond, Marleen. *Descartes's Dualism*. Cambridge, MA: Harvard University Press, 1998.

Russell, Bertrand. *An Inquiry into Meaning and Truth*. London: Allen and Unwin, 1940.

Rutherford, Donald P. "Leibniz's Analysis of Multitude and Phenomena into Unities and Reality." *Journal of the History of Philosophy* 28 (1990): 535-552.

Ryle, Gilbert. *The Concept of Mind*. New York: Barnes and Noble, 1949.

Sacksteder, William."Spinoza on Part and Whole: The Worm's Eye View."In Shahan and Biro, *Spinoza: New Perspectives*, 139-159. Norman, OK: University of Oklahoma Press, 1978.

Saw, Ruth L. "Personal Identity in Spinoza."In Kashap, *Studies in Spinoza*, 86-100. Berkeley, CA: University of California Press, 1972.

Schaffer, Jonathan. "Monism."In *Stanford Encyclopedia of Philosophy,* edited by Edward Zalta. Fall 2008 edition, http://plato.stanford.edu/archives/fall2oo8/entries/monism/.

——. "Monism: The Priority of the Whole." *Philosophical Review* 119 (2010): 31-76.

Schechter, Oded. "Existence and Temporality in Spinoza." Ph. D. diss., University of Chicago, 2013.

Schelling, F. W. J. *Ideas for a Philosophy of Nature*. Translated by Errol E. Harris and Peter Heath.Cambridge, UK: Cambridge University Press, 1988.

——. *On the History of Modern Philosophy*. Translated by Andrew Bowie. Cambridge, UK: Cambridge University Press, 1994.

——. *The Ages of the World*. Translated by Jason M. Wirth. Albany, NY: SUNY Press, 2000.

Schmaltz, Tad. "Spinoza's Mediate Infinite Mode." *Journal of the History of Philosophy* 35 (1997): 199-235.

———."Spinoza on the Vacuum." *Archiv für Geschichte der Philosophie* 81 (1999): 174-205.

———. *Radical Cartesianism*. Cambridge,UK:Cambridge University Press, 2002.

Schmitt, Elisabeth. *Die unendlichen Modi bei Spinoza*. Leipzig, DE: Johann Ambrosius Barth, 1910.

Schmitz, Kenneth L."Hegel's Assessment of Spinoza."In Kennington, *The Philosophy of Baruch Spinoza*, 229-243. Washington, DC: Catholic University of America Press, 1980.

Scholz, H. *Die Hauptschriften zur Pantheismusstreit zwischen Jacobi und Mendelssohn*. Berlin: Verlag von Reuther & Reichard, 1916.

Schopenhauer, Arthur. *Parerga and Paralipomena*. Translated by E. F. J. Payne. Oxford, UK: Oxford University Press, 1974.

Sellars,W. *Science, Perception, and Reality*. London: Routledge, 1963.

Shahan, Robert W. and J. I. Biro, eds. *Spinoza: New Perspectives*. Norman, OK: University of Oklahoma Press, 1978.

Smith, Steven B. *Spinoza, Liberalism, and the Question of Jewish Identity*. New Haven, CT: Yale University Press, 1997.

Steenbakkers, Piet. *Spinoza's "Ethica"from Manuscript to Print*. Assen, NL: Van Grocum, 1994.

Suárez, Francisco. *Disputationes metaphysicae*. Hildesheim,DE: Olms Verlag, 1965.

———. *On Efficient Causality: Metaphysical Disputations 17, 18, and 19*. Translated by Alfred J. Ferddoso. New Haven, CT: Yale University Press, 1994.

———. *On the Formal Cause of Substance: Metaphysical Disputation XV*. Translated by John Kronen and Jeremiah Reedy. Milwaukee, WI: Marquette University Press, 2000.

Van Cleve, James. "Essence/Accident." In *A Companion to Metaphysics*, edited by Kim and Sosa, 136-138. Oxford, UK: Blackwell, 1995.

———."The Moon and Sixpence: A Defense of Mereological Universalism."

参考文献

In *Contemporary Debates in Metaphysics*, edited by Theodor Sider, John Hawthorne, and Dean Zimmerman, 321-340. Oxford, UK: Blackwell, 2008.

Van Peursen, C. A. "E. W. Tschirnhaus and the *Ars Invendi*." *Journal of the History of Ideas* 54 (1993): 395-410.

Viljanen, Valtteri. *Spinoza's Geometry of Power*. Cambridge, UK: Cambridge University Press, 2011.

Wachter, Johann Georg. *DerSpinozismusinJudentum*. Stuttgart, DE: Frommann-Holz-Holzboog, 1994 [1699].

———. *Elucidarius Cabalisticus*. Amsterdam: 1706.

Walter, Manfred, ed. *Spinoza und der deutsche Idealismus*. Wurzburg, DE: Konigshausen und Neumann, 1992.

Wetlesen, Jon, ed. *Spinoza's Philosophy of Man: Proceedings of the Scandinavian Spinoza Symposium*. Oslo, NO: Universitetsforlaget, 1978.

Williams, D. C. "On the Elements of Being:I." In Mellor and Oliver, *Properties*, 112-124. Oxford, UK: Oxford University Press, 1997.

Williamson, Timothy. *The Philosophy of Philosophy*. Oxford, UK: Blackwell, 2007.

Wilson, Margaret D. "Notes on Modes and Attributes." *Journal of Philosophy* 78 (1981): 584-586.

———."Spinoza's Theory of Knowledge." In Garrett, *The Cambridge Companion to Spinoza*, 89-141. Cambridge, UK: Cambridge University Press, 1996.

———."Spinoza's Causal Axiom." In *Ideas and Mechanisms*, 141-165. Princeton, NJ: Princeton University Press, 1999.

Winter, E., ed. *E. W. Tschirnhaus und die Frühaufklärung in Mittel-und Osteuropa*. Berlin: Akademie Verlag, 1960.

Wippel, John F., "Metaphysics." In the *Cambridge Companion to Aquinas*, edited by Norman Krentzman and Elenore Stump, 85-127. Cambridge, UK: Cambridge University Press, 1993.

Wisnovsky, Robert. "Toward a History of Avicenna's Distinction between Immanent and Transcendent Causes." In *Before and After Avicenna*, edited by David C. Reisman, 49-68. Leiden, DE: Brill, 2003.

Wolfson, Henry Austryn. *The Philosophy of Spinoza: Unfolding the Latent Process of His Reasoning.* 2 vols. Cambridge, MA: Harvard University Press, 1934.

Woolhouse, Roger. *The Concept of Substance in Seventeenth Century Metaphysics: Descartes, Spinoza, Leibniz.* London: Routledge, 1993.

Yovel, Yirmiyahu, ed. *God and Nature: Spinoza's Metaphysics.* Leiden, DE: Brill, 1991.

主题与人名索引

页码为原书页码，即本书边码

accidents 偶性
  具有程度之别，51
  外在偶性，51
  个别偶性，49，57，也见 trope theory
  偶性与内附，16，28-30，44-45，48，52，63，65，90
  不可分偶性，51
  莱布尼茨论偶性，28，52
  偶性与样态，28-30，48

acosmism 无世界论，5，48，68-72，79-81，82，98，111，197-198

Adams, Robert Merrihew 亚当斯，罗伯特·梅里休，64，67，163

affects 情感，11，100，134，165
  情感的定义，27，97
  情感与谓述，53

affections 性状，85，100，158，169，176
  性状与情感，27，53，97

  性状与个体化，32
  性状与内附，21
  性状与样态，6，19，20-21，27，32，53，91，108
  性状与谓述，53
  性状与性质，20，43

Akkerman, Fokke 阿克曼，弗克，203

Alexander the Epicurean 伊壁鸠鲁主义者亚历山大，64

Allison, Henry 阿利森，亨利，141

anthropocentrism 人类中心论，73，78，120-121，199

anthropomorphism 拟人论，37，163，199

Aquinas, Thomas 阿奎纳，托马斯，51，63，65

Aristotle 亚里士多德，16，64
  亚里士多德主义对性质的分类，51

372

主题与人名索引

亚里士多德主义实体概念，13-15，121

亚里士多德主义论因果，63

亚里士多德主义论内附，13-15，48

亚里士多德主义论属，64，121

亚里士多德论奴隶制，41

亚里士多德与个别性质理论，58

Armstrong, David Malet 阿姆斯特朗，大卫·马雷特，55

Arnauld, Antoine 阿尔诺，安托万，14，30，43-44，45，55，64，也见 Port-Royal Logic

aspects 方面，97，也见 idea-aspects; identity

    方面与属性，xix-xx，83-84，86，148，155-156，164-165，171

    方面在构想与因果上的分离，84，86，156，162，也见观念方面：表象不同属性样态的观念方面的因果独立性

    方面与样态的对比，84，171

    方面与部分的对比，84

    方面的定义，83

    方面与表达，171

    方面与广延，184

    方面与观念，146，155-156，162-164，165，172-174，178，186，200-201，202，也见观念方面

    方面与同一性，84，148，152，164-165，171-172，188，191，200

    方面与无限样态，188

    方面与平行样态的心灵，145

    神的样态的方面，83-84，150，155-156，162，164，165，171，178-179，191，200-201

    方面与样态的多面结构，xxi，140，155，162-163，173

    方面与表象，155，163，171-172，174，178-179，200-201

atheism 无神论，67-69

attributes 属性，xvii-xx，20，23-24，33

    属性的绝对本性，18，19，109，115-119，121，122，125-126，130

    属性与形容词，31，52

    作为实体方面的属性，xix-xx，83-84，86，148，155-156，164-165，171

    属性在构想与因果上的分离，xv，xviii-xix，46，84，86，151，158，164，166-167，175，176，184，190，192，195-196，196-197，198，204

    通过自身构想，xviii-xix，17，84，85，86，192，195，也见属性：

属性在构想与因果上的分离
属性的定义，xviii，24，64，148，201，203-204，也见E1d4
属性与理智，69，203-204
属性从实体推出，70
笛卡尔的实体概念，16，38-39，55，159，167，204
属性之间的理性上的区分，15，20，24n，84，150，171，204
属性的永恒，xviii，115，118，122-126，126-127
作为本质性质的属性，xviii，31，38-39，50，52，150
作为属的属性，64，106-107
属性本质与存在的同一，106
属性之不可变，xviii，38-39
属性之自类无界，46
属性与个体化，32-33
属性之不可分，xviii，24，27，35，55，126-129，130-132，183
属性之自类无限，xviii，23-24，45，46，184
属性无限多，xviii，45，166，167，198，199
属性与无限样态，23-24，35，115-16，127，也见属性：属性的绝对本性
属性与内附，24
属性与样态，xviii，9，16，33，86，105-108，148
属性谓述神，15
属性之自因，23-24
所有事物共有的结构性特征，190，192-193
主观/幻象，69
属性与实体，xviii，55，62，也见属性：作为实体方面的属性；属性：属性之间的理性上的区分
作为事物（res）的属性，180
属性与第三种知识，79-80
未知属性，xix，83，145，155，156-161，165-171，194-95，199，也见观念：关于未知属性的观念；心灵：未知属性的心灵

Averroes 阿维洛伊，124

Bacon, John 培根，约翰，56，104
Bacon, Roger 培根，罗吉尔，163
Barbone, Steven 巴尔巴尼，斯蒂芬，78
Baumgarten, Alexander Gottlieb 鲍姆加登，亚历山大·哥特利伯，55，119
Baxter, Don 巴克斯特，唐，84
Bayle, Pierre 贝尔，皮埃尔，3，7，30，48，63-64，66-67
贝尔对斯宾诺莎所有事物都是神的样态这一观点的批评，5，8-

10, 23

对贝尔的回应, 35–40

Beiser, Frederick 拜塞尔, 弗雷德里克, 101

ben Israel, Menashe 本·以色列, 莫纳舍, 40

Bennett, Jonathan 本内特, 乔纳森, xviii, 4, 20, 39, 57, 82–83, 89, 105, 140, 147, 148, 160

本内特的场形而上学, 59

Beyssade, Jean-Marie 贝萨德, 让-玛丽, 134

Bigelow, John 毕格罗, 约翰, 55, 73

blessedness 至高幸福, 39, 132, 172, 175

body 物体/身体, 27, 29–30, 35, 41, 49, 58, 59, 97, 103, 107, 135, 148, 149, 150

笛卡尔的物体概念, 45

物体之可分, 43–44

人的身体, 21, 22, 27, 45, 53, 82–4, 108, 144, 145, 157–159, 163, 165, 168–171, 173, 176, 177, 178, 184, 188n74, 200

物体与个体化, 74, 76–79

物体的全部, 36, 76, 136, 186

Bruno, Giordano 布鲁诺, 乔达诺, 64, 65

Burgersdijk, Franco 伯格斯戴克, 弗朗克, 63

Caird, John 卡尔德, 约翰, 69

conatus 努力, xv, 53, 65, 71–72, 78, 90

Campbell, Keith 坎贝尔, 基斯, 39, 56, 104

Carriero, John 卡里耶罗, 约翰, 4, 7, 14, 22, 37, 39, 43, 48, 49, 51, 57–58, 62, 63, 65, 104

Carraud, Vincent 卡侯, 文森, 65

category mistake 范畴错误, 7, 40–45, 49, 53, 54, 56

causation 因果, 87–88

因果与构想, 54, 62, 89–95, 105–111

因果与现实性的程度, 100–101, 108–109

结果作为其原因的性质, 92, 111

动力因果, 4, 9–10, 26, 63–66, 68, 88, 96, 99, 107

目的因果, 65, 68

形式因果, 65, 68

自由因, 17–18, 20

内持因果, 4n2, 23–24, 24–25, 25–27, 61–66, 91, 96–97, 103n50, 106–111, 115, 121–

375

主题与人名索引

122，125n
因果与个体化，32-33，74-75，80
因果与内附，89-95，96-97，97-98，98-99，99-100，100-101，101-102，102-103，105-111，也见因果：内持因果
因果与限制，46
质料因果，63-65，68
因果与实体的本性，15-16，33-34，58，62
部分因果，58，66，82，88，91，94-95，96-97，97-98，100，104
最近因，108n65
自因，24，32，33-34，62，65，187，189，198
因果与实体样态关系，4，9-10，15，20，22，23，23-24，24-25，25-27，28，32-33，61-66
因果与时间，101-102，102-103，109-111
传递因，24，25-27，62，91，96-97，103，106-111
Chisholm, Roderick 齐硕姆，罗德里克，47
Clarke, Samuel 克拉克，萨缪尔，94
cognition 认识，81，111，157-158，172，174，176，184，195，也见

conception; ideas; idea-aspects; intellect; minds; knowledge; thought
认识与构想，107n63，108
对结果的认识依赖对原因的认识，xvi，xvii，81，89，92，108，140，146-147，也见E1a4
认识与观念，22-23，142，145
认识与知识，22，89，107
conception 构想，51，87-88，也见认识；观念；观念方面；理智；思想
构想与因果，54，62，89-95，105-111，129
构想与认识，108
构想与可构想性，xv，16，82-83，196-197
所有属性下的构想，83，84，85n，86，162-163，164，179，187-188，193，204
每个事物都在某属性下被构想，83，188
构想与本质，106-111
构想与存在，106-111
构想与内附，89-95，105-111
构想的种类，106-111
部分构想，90，91
在永恒的形式下的构想，108，110
通过他物构想，16，20，29，30，48，52，82，83，86，89-95，

106-111，147，192

通过自身构想，xviii-xix，29，34，83，84，89，106，109，187，192，195，198-199

Curley, Edwin 科利，埃德温，37，39-40，52，54，89，113n，154-55，166，192，203

科利对实体-样态关系的解释，3-4，9-12，16，61-62，99

对科利的批评，17-34，38，40-45，49-59

David of Dinant 迪南的大卫，64

Davidson, Herbert Alan 戴维森，赫伯特·阿兰，124n

definition 定义

定义正确的标准，50，51，109

两种版本的定义，198-199

定义与本质，51，52，71

定义的种类，106

定义与本己性质，50，51，70-71

Deleuze, Gilles 德勒兹，吉尔，85，140，162

Della Rocca, Michael 德拉·罗卡，迈克尔，xv，4，18，18，43，54，57，77，79，82，87-88，89，131，142，145，147，149，150，152，167，169，190，196-197

德拉·罗卡对内附、因果与构想之间关系的解释，91-5

对德拉·罗卡的批评，96-97，97-98，99-100，101-102，102-103，103-104，110-111

determination 规定，67

"规定即否定"，71-72

无规定/无形/无区分，46，65，73，79，80，98，112

determinism 决定论，4

Des Chene, Dennis 德善，丹尼斯，30

Descartes, René 笛卡尔，勒内，6，10，12，30，41，46，99，130

笛卡尔与我思论证，xvii，178

笛卡尔的属性概念，16，38-39，159，167，204

笛卡尔的物体概念，135

笛卡尔的因果概念，101

笛卡尔的心灵概念，43

笛卡尔的样态概念，16，38，44-45，48，49，54-55，113，116，159

笛卡尔的实体概念，10，14-16，44-45，54-55

笛卡尔与现实性的程度，100

笛卡尔对斯宾诺莎属性概念的影响，xix

《沉思》，14，16，43，44-5，48，54-55，82，100，101

《哲学原理》，15，16，30，38，45，116，129
desire 欲望
   无限的欲望，134-135
distinction of reason 理性上的区分，20，84，129，150，171，204
modal distinction 样态上的区分，84，129，150，171
Donagan, Alan 多纳甘，阿兰，167，201
Dostoevski, Fyodor 陀思妥耶夫斯基，费奥多尔，36
dualism 二元论
   心灵-身体二元论，41，198，199
   实体-样态二元论，105-111
   思想-存在二元论，176-177，196-199
duration 绵延，99，也见eternity；time
   绵延与实体和样态的二分，110-111，126-127，
   绵延与因果，101-102
   绵延与永恒，98，110-111，126-127
   绵延与本质，58n，190
   绵延与无限样态，122-126
   绵延与内附，98，100，102-103
   绵延与时间，98

Eleatic Philosophy 爱利亚学派哲学，66-67，69，98，197
emanation 流溢，50，120，121
entia rationis 理性存在物，30n，30
essence 本质，31，55，57，64，192-193
   本质由神因致，71，103，107-108；也见E1p25
   本质与变化/不可变性，38-39
   本质与构想，106-111
   本质与定义，51，52，71，109
   本质的定义，184
   形式本质，74，79-80，114，134，166，175，180-181，190
   形式本质与对象本质，166，175
   形式本质与个体化，58，78
   形式本质与无限样态，113-114
   对象本质，165-166，175n45
   不存在样态的本质，74，180-181，190
   本质与力量，157
   本质与本己性质，50-52，54，65，66，70-71，81，111
   本质与第三类知识，79-80
eternity 永恒，也见属性：属性的永恒；绵延；实体：实体的永恒；时间
   永恒与因果，101
   永恒与实体和样态的二分，110-111，126-127
   永恒的定义，39

永恒与绵延, 98, 110-111, 126-127

永恒与本质, 100, 107, 108

永恒与无限样态, 115-116, 118n10, 119, 122-127

永恒与时间, 98

evil 恶, 9, 36-37

ex nihilo nihil fit 无物生于无, 69, 111

existence 存在, 41, 47, 56, 57, 64, 67, 70, 71, 198-199, 也见永恒; 绵延

存在之二分为实体与样态, 88, 105-112, 127

存在于可构想性, 88, 196-197

存在于构想, 106-111

存在的层级, 82

存在与绵延, 110, 122-126, 126-127

存在与永恒, 110, 122-126, 126-127

不存在, 74, 180-181, 190

存在与时间, 99-100

expression 表达, 108, 133, 159-160, 162

表达与方面, 171

extension 广延, 25, 27, 46, 59, 184

广延与可分性, 59, 70

广延与空间, 59

"fixed and eternal things" "固定且永恒的事物", 11

form 形式, 64, 76

实体形式, 65

Franks, Paul 弗兰克斯, 保罗, 68, 69

Frede, Michael 弗雷德, 迈克尔, 58

freedom 自由, 75, 109, 202

Friedman, Joel 弗里德曼, 乔尔, 85, 156

Gabbey, Alan 贾碧, 阿兰, 113

Galileo, Galilei 伽利略, 伽利雷, 12

Gassendi, Pierre 伽森狄, 皮埃尔, 30

Garber, Daniel 加伯, 丹尼尔, 16, 51, 152

Garrett, Don 伽雷特, 唐, 20, 49, 51, 52, 53, 62, 74, 75, 76, 77, 85, 87-8, 89, 90-1, 92, 95, 97, 97, 105, 109, 113, 131, 165

geometrical figures 几何形状, 30

Gettier fallacy 盖梯尔谬误, xii

German Idealism 德国唯心论, 48, 65, 67-69, 197

Goclenius, Rudolf 苟克勒涅, 鲁道夫, 64

God 神, 也见 attributes; nature; substance

神之不定/无规定, 46, 65, 73, 79,

379

80，98，112
神之绝对无限，46-47，48，72n，184，absolute infinity 也见无限：绝对无限
神之绝对无界限，46
神作为恶的原因，9，36-37
神的定义，xviii，12，46，52，65，71，72，83，112，151，155，也见 E1d6
笛卡尔的神概念，14，46
神作为样态的（动力）因，4，9-10，17，19，21-22，26，28，33，54，61-63。64-66，80，105，115，150
神的永恒，122-126，也见实体：实体的永恒；属性：属性的永恒；永恒
神与属性同一，38-39，181
神与自然同一，17-20，24-5，40，47-48
神之不可变，38-40
神之不可分，见实体：实体之不可分
神作为世界的质料因，63-65
神作为自然原则或法则，10-12
神作为相反性质的主体，8，35-36
神作为个别物的内附主体，见样态：样态内附于神/是神的状态
神作为事物（res），179-181
神作为整体，125

good 善，9，20，36-37
Gueroult, Martial 葛扈，马夏，16，21，30，45，85，89，117，124，125，130，131，133，136，140，141，151，156，158，165

Hacking, Ian 哈金，伊安，55
Hallett, H. F. 哈勒特，98n，124，194
Harris, Errol 哈里斯，埃罗尔，201
Harvey, Warren Zev 哈维，沃伦·泽夫，31，36，52，119，134
Hegel, Georg Wilhelm Friedrich 黑格尔，格奥尔格·威廉·弗雷德里希
黑格尔对斯宾诺莎的无世界论解读，67，68，69-72，73，79-81，82，98，111，131
黑格尔与平行论，144
Encyclopedic Logic《小逻辑》，69，70，71，73，74，111
Faith and Knowledge《信仰与知识》，69，70
Lectures on the History of Philosophy《哲学史演讲录》，67，69，70，71，72，74，111，144n
Lectures on the Philosophy of Religion《宗教哲学》，67，69，71，74
Phenomenology of Spirit《精神现象学》，74

Science of Logic《逻辑学》，67，69，70，71，98，111
黑格尔与自我否定，70-72
Heydenreich, Karl Heinrich 海登来希，卡尔·海因里希，67
Hume, David 休谟，大卫，4，55

ideas 观念，也见认识；构想；观念方面；知识；思想
　充分观念，79-80，181
　属性的观念，180，186，189
　观念与认识，22-23，142，145
　神的观念，74，132-134，143-145，150，179-191，204，也见理智：绝对无限；理智：无限理智
　神的观念与可分性，185-186
　神的观念之不同于思想，182-183
　神的观念之不同于神，144-145，187-188，189
　神的观念的本质，184
　神的观念之与无限理智同一，144，182
　神的观念之与绝对无限理智同一，133，182
　神的观念作为思想的直接无限样态，117-119，125，143-144，183，188，189
　神的观念之无限，172，184-185，185，193
　神的观念之与神平行，163，179-182，189
　神的观念之独一，183-184，185n，186，193
　观念与观念方面，85，161
　观念的观念，142-143，146，162，172-74，174-79
　观念作为样态，22，144，156，182，186，189
　观念的多面结构，156，162-165，171-174，175，178 193，199-201，201-202，也见观念方面
　观念必须拥有内容，175-177，178，197
　观念的秩序，147，152，154，173-174，175，190，192，201
　关于不存在物的观念，180-181，190
　观念与表象，156，182，192，193
　观念与思想，22-23
　关于未知属性的观念，156-161，165-171，也见心灵：未知属性的心灵

idea-aspects 观念方面，也见方面；认识；构想；观念；理智；心灵；知识；思想
　观念方面与样态的对比，156，171
　观念方面的定义，85，161
　观念方面与表达，160，162

观念方面与观念，85，161

表象不同属性样态的观念方面的因果独立性，156，158，160，162，164-165，165-171，173，192，200-201

观念方面与无限理智，163-164，171，184，186，204

观念方面与未知属性的心灵，162-163，165

观念方面与观念的多面结构，156，163，173-174，178

观念与表象，155-156，162，164，171-174，179，192，200-201，201-202

idealism 唯心论，156，176-177，191-196，199

identity 同一，84，148，191-196，也见方面

平行样态的同一，xix，84，144-146，146，148-151，152，160，171-174

思想实体与广延实体的同一，84

identity of indiscernibles 不可分辨者的同一性，xv，33，56

imagination 想象，21，70，127-128，163

想象是错误的源头，81，128

想象与共相，57

想象与个体化，72-79

想象与因果，32-33，74-75，80

想象与本质，58

individuals 个体，74-79，170，也见 particulars；singular things

个体的定义，75-77

个体与个别事物的比较/对比，77-79

个体的推出，70-72

无限个体，78，136

分散的个体，75，77n78，78

个体与个别性质理论，55-56

个体与平行同构，80

infinity 无限，23-24，也见神；实体；属性；样态：无限样态

无限与E1p16，150-151，172

神的观念的无限，172，184，201

绝对无限，xviii，46-47，72，128，184-185，193，196

形式无限与对象无限，184

有限从无限中推出，70-72

无限与可分性，126-129，183，194

无限与观念的观念，174-179

自类无限，xviii，46，184

无限的种类，46，63，126-127，184

无限者相对于有限者的优先性，xv-xvii，47-48

PSR无限与充足理由律，xvii

无限与时间，102-103

inherence 内附，87-88

内附与因果，89-95，96-97，97-98，98-99，99-100，100-101，101-102，102-103，105-111

内附与构想，89-95，105-111

内附的程度/部分内附，53n170，88，90-92，95，96-97，97-98，103-104

内附与实体的本性，14-16

内附与时间，98-99，99-100，100-101，101-102，102-103，109-111

内附与实体样态关系，3-5，6-12，23，23-24，28，29-30，32，43-45，48，49，53，57，61-66，98-99

内附与个别性质理论，56，57

intellect 理智，36，70，119，也见认识；构想；观念；观念方面；心灵；知识；思想

理智与E1p16d，50，52，81n

绝对无限的理智，134，163-164，201-202，204

理智与神的观念同一，133，182

理智总是充分，81

理智与属性的定义，203-204

理智与可分性，70，127-128，129

理智与内持因果，26

无限理智

无限理智作为无限样态，35，36，129，133，135，182-183

无限理智与观念方面，160，162-164，171-172

无限理智与神的观念同一，144，182

多个无限理智，201-202，203-204

有限理智，69

有限理智是无限理智的部分，129，185，也见心灵；人类心灵：人类心灵是无限理智的部分s

理智与观念，171

理智与质料因果，64

intelligibility 可理解性，82，196-97

Jacobi, Friedrich Heinrich 雅可比，弗雷德里希·海因里希，68

Jarrett, Charles 加雷特，查尔斯，4，7，22，49，57-8，64n13，89，104，105

jealousy 嫉妒，53

斯宾诺莎哲学的犹太背景，xiv-xv，25，40，52，113

Joachim, Harold 约阿希姆，哈罗德，7，69，70，134，160

joy 快乐，97

无限的快乐，134-135

Kabbalah 卡巴拉, 25n, 40, 40, 64
Kant, Immanuel 康德, 伊曼努尔, 64, 110
knowledge 知识, 也见认识; 构想; 观念; 观念方面; 思想
    知识与认识, 22, 89
    关于神之本质的知识, 80-81
    所有人都拥有关于神之本质的知识, xvi
    关于神之本质的知识是关于其他事物之知识的前提, xvi, 20n58
    神的知识, 22-23, 37, 142, 169, 184, 185
    第一类知识, 见想象
    知识的对象限于关于广延与思想, 见属性: 未知属性
    第二类知识, 见 reason 理性
    第三类知识, 79-80, 也见理智
Kojève, Alexander 科耶夫, 亚历山大, 69
Kulstad, Mark 库斯塔德, 马克, 157

Laerke, Mogens 拉尔克, 摩根斯, 63, 67, 157
law of non-contradiction 矛盾律, 8, 35, 53, 71
Leibniz, Gottfried Wilhelm von 莱布尼茨, 戈特弗里德·威廉·冯, 33, 43-44, 64, 66-67, 68, 163, 198
    莱布尼茨反对绝对空间的论证, 94
    莱布尼茨论偶性, 52
    莱布尼茨的实体概念, 55
    莱布尼茨与斯宾诺莎的对话, 27-28, 52
    莱布尼茨与契恩豪斯关于斯宾诺莎的对话 27-28, 157, 161, 167-168, 193
    莱布尼茨与平行论, 144
    神义论, 37
    莱布尼茨与相对论, xii-xiv
limitation 限制, 118, 也见无限
    限制与因果, 46
    互斥意义上的限制, 46
    无限制, 46
love 爱, 129
    无限的爱, 129, 134-135,

Macherey, Pierre 马舍雷, 皮埃尔, 69, 144
matter 物质/质料, 24-25, 63-65, 128-129
    原初质料, 14, 57, 65
Mason, Richard 梅森, 理查德, 4
Maimon, Salomon 迈蒙, 所罗门, 25, 64, 131
    迈蒙对斯宾诺莎的无世界论解读, 67-68

Maimonides, Moses 迈蒙尼德，摩西，36，64，185

Malbranche, Nicholas 马勒伯朗士，尼古拉，66

Matheron, Alexandre 马特洪，亚历山大，76，165

McTaggart, John McTaggart Ellis 麦克塔加特，约翰·麦克塔加特·埃利斯，47，98

Mendelssohn, Moses 门德尔松，摩西，25

mereology 分体论

    可分性，43-4，59，70，126-129，130-132，183，185-186

    不可分性/简单性，43-44，47-48，59，70，75，126-129，130-132，183，185-186

    部分，xviii，43-44，45，47-48，53，56，59，70，75n，76-79，84，97，99，102-103，125，128-129，130-132，183，185-86，194

    分体论普遍主义，79，131

    整体，43-44，47-48，53，56，76-79，99，125，130-132，194

methodology 方法论

    做哲学的正确次序，xvi-xvii，37，47-48

    研究哲学史的方法论，xii-xv，27

善意解释，40-45

minds 心灵，27，41，也见认识；构想；观念；观念方面；理智；知识；思想

    笛卡尔的心灵概念，43

    心灵之不同于理智，162-163，201

    人类心灵，84，135，151，152，156-161，162-164，168-171，172-173，175，188，200

    人类心灵作为无限理智的部分，35，36，129，163，183，186，也见理智：有限理智：有限理智是无限理智的部分

    心灵与个体化，73，74，77，80

    未知属性样态的心灵，135，156-161，164-165，165-171，193，200

    自我意识，175-176

    心灵之简单，43

    心灵与灵魂，166-167

modes 样态

    样态与偶性，28-30，48

    样态与方面，84，171

    某属性的样态与神的样态，83-86，148，150-151，155-156，159，161，171，174

    样态与属性，xviii，9，16，33，86，105-108，108，148

    样态的定义，20-21，也见E1d5

主题与人名索引

对神有样态的否认，38
样态从实体的推出，70-72，112，130-132
笛卡尔的样态概念，16，38，44-45，49，54-55
样态之可分，35-36，185-186，也见无限样态：无限样态之可分
样态之从神流出，50，52，67，71，115，116-119，130-132，186也见流溢；神：神作为样态的（动力）因
样态之为幻象，69-70，73，79，79-80，80-81，82，98
样态之内附于神/是神的状态，6-12，20-21，23，23-24，28，29-30，32，35-36，38，48，49，56，62，也见内附：内附与实体样态关系
样态的样态，27，53，58，100，104，105，142-3，150，172-179，也见观念：观念的观念
样态之为非本质性质，32，38，52
样态与分词，30-32，52
样态作为无限样态的部分，35，102-103，129，130-132，133，183
样态谓述神，6-7，8，43n131，49-59
样态与本己性质，50-52，54，58，70-72
straddle 横跨实体的样态，58，103，103-04
实体的样态，44-45，55
跨属性的样态，82-83，192，193
样态与个别性质理论，7，49-59，103-104
样态之不可重复，58
infinite modes 无限样态，18-19，23-24，35-36，79，81n，187-188
无限样态与因果，101，102-03，109
"得出"关系，109，116-19，121，122
无限样态因致有限样态，116，121，125
递减的完善性，109n，120-121
无限样态之可分，59，126-129，183，185-186
无限样态与本质，113-114
无限样态与永恒，101，115，118n10，122-126，126-127
广延的无限样态，135-136
整个宇宙的表面，133，134，136
直接无限样态，19，109，115-116，117，120，121，122，123，125，126，132-33，135-136，144，182，189
无限样态与个体化，79

无限个体，78，也见无限样态：整个宇宙的表面
无限多中介层级，119-120
无限样态之无限，115，117-119，124
无限样态与内附，101，102-103，121-122
无限样态与自然法则，113
间接无限样态，109，116，119，121-122，126，134-35，136，183，188
从无限样态中只能得出无限样态，116
无限样态与力，113
无限样态在时间中永恒，115，118，122-126，126-127
无限样态与空间，59n
思想的无限样态，132-135，182
无限样态在每一个中介层级中独一，116-119
Moore, George Edward 摩尔，乔治·爱德华，47
Moore, Joseph G. 摩尔，约瑟夫·G，84n101
monism 一元论，xv，47n，58，196，197-198
爱利亚学派的一元论，69
一元论与平行论，148，149-150
Morrison, John 莫里森，约翰，89，105，108，147
motion 运动，21，29-30，66
运动与静止，74，120
运动与静止和个体化，76-79
运动与静止作为无限样态，133，135-36，202
运动的方式，76，77，78
Moreau, P. F. 莫侯，P. F.，63
Mortera, Saul 摩特拉，扫罗，40

Nadler, Steven 纳德勒，史蒂芬，28，84，140
naturalism 自然主义，110-111
nature 自然，也见神；实体
自然法则，4，10-12，113，118
生生自然，17-20，39，47，50，110，111，129，132，143，180，183，185-186，188，189
所生自然，17-20，47，50，52，110，111，123，132，143，150，156，180，183，185-186
自然的力量，11
自然的处处一致，11
necessitarianism 必然主义，xv，xvii
negation 否定，44，67
自我否定，70-72
Neoplatonism 新柏拉图主义，25，63，121，130
Newlands, Samuel 纽兰兹，萨缪

387

尔，54，196
Nicole, Pierre 尼可，皮埃尔，14，30，44，45，55，64
Nietzsche, Friedrich 尼采，弗雷德里希，36，42
nihilism 虚无主义，68
nominalism 唯名论，36-37，57-58，104
Novalis 诺瓦利斯，69
number 数，21，58

occasionalism 机缘论，131
Oldenburg, Henry 奥登堡，亨利，24，28
Owen, Gwilym Ellis Lane 欧文，桂林·埃利斯·莱恩，58

pantheism 泛神论，9，17-20，25，28，40，46-47，49
 整体-部分泛神论，47-48
parallelism 平行论，xix，133，151-152
 属性间平行论，xix，77，80，142-44，144-46，164-165，187-188
 属性间平行论的论证，148-151
 属性间平行论与个体化，80
 观念与事物间平行论，142-144，144-146，158，165-166，169，174，175，176，177，179，179-181，187-188，189，194，201
 观念与事物间平行论的论证，146-147
 心灵与身体/物体间平行论，145-146，149
 盲目的平行论，145
 观念-事物平行论与观念间平行论的相容，153-155，173-174
 平行论与同一性，xix，84，144-146，146，148-151，160，164-165，171-174，187-188，189-191
 观念-事物平行论与观念间平行论的独立，142-144，147-148，189-191
 平行论之为同构，139，173，174，189
 平行论术语的来源，144
 平行论与表象，145-146，151，156，171-174，176，177，178，179，187-188
Parkinson, G. H. R. 帕金森，G. H. R.，69，80，203
Parmenides 巴门尼德，67，98
particulars 个别物，67，108，193，也见个体化；个体；个别事物
 赤裸个别物，见实体：赤裸基底

个别物作为神的本己性质，54

个别物与个体，73，76

个别物与共相，37，56-59，78，104

Pasnau, Robert　帕斯瑙，罗伯特，30

perfection　完善性，14，37，40，109，120-121

Peterman, Alison　皮特曼，阿利森，135

Port-Royal Logic　《皇家港逻辑》，14，30，48，55

《皇家港逻辑》对斯宾诺莎的影响，46

《皇家港逻辑》论因果，63，64

《皇家港逻辑》论实体，44，45

power　力/力量

力量与本质，157

解释力，33

行动力量的增加/减少，97

自然的力量，11

力量谓述其主体，49，53

思想的力量，141，182，194，198

Plato　柏拉图，xvi-xvii

Pollock, Frederick　波洛克，弗雷德里克，84，134，160，165，168，194

Porphyry　波斐利，51，64

predication　谓述，

偶性谓述，13

本质谓述，13

谓述与实体的本质，13-16

谓述与实体样态关系，6-7，8，43，49-59

principle of sufficient effect　充足结果律，80，119-120

principle of sufficient reason（PSR）充足理由律，72，121，也见无物从无产生

充足理由律与无世界论，98，111

充足理由律与因果，80，88，91-95

充足理由律与构想，88，91-95

充足理由律与无物从无产生，111

充足理由律与唯心论，196-197

充足理由律与内附，88，91-95

充足理由律与无限者的优先性，xvii

论证中对充足理由律的正确运用，94-95

充足理由律在斯宾诺莎哲学中的角色，xv

"原因相同，结果相同"原则，118-119

充足理由律与实体样态关系，110-112

priority　优先性

无限者的优先性，xv-xvii，47-48

认识上的优先性，47-48，102，178

本性上的优先性，47-48，102

部分对于整体的优先性，47-48，102
整体对于部分的优先性，47，102
properties 性质，也见本己性质；
　　性质与性状，20，21，43
　　性质与变化/不可变性，8，
　　性质与事物的比较/对比，7，41，49-59
　　结果作为其原因的性质，81，92，111
　　性质与个体化，32-33
　　样态作为性质，7，8，29，31，38，49-59，104
　　相反性质，8，35-36，53
　　个别性质，7，49，57-59，104，也见个别性质理论
　　性质与谓述，7，14，49-59
　　性质作为本己性质，见本己性质
propria 本己性质，70-71
　　本己性质与因果，65，66，92
　　本己性质与定义，50
　　笛卡尔论本己性质，51
　　本己性质与本质，50-54，65，66，81，92

qualities 性质，xviii，14-16，20，29，31-32，35-36，85，98-99，101，104，也见 properties；本己性质
　　亚里士多德对性质的分类，51

性质与事物的比较/对比，6-7，40，43-45，54-59
Quine, Willard van Orman 蒯因，威拉德·范·奥曼，40-41
reality, degrees of 现实性的程度，16，54-55，82，98，100-101
Ramsey, Frank Plumpton 拉姆齐，弗兰克·普兰普顿，49
Ranke, Leopold von 兰克，列奥波德·冯，101
referential opacity 指称不透明性，84，204
reason 理性
　　理性充分地构想事物，101
　　理性与时间，101
Robinson, Lewis 罗宾森，刘易斯，165
Rozemond, Marleen 罗兹蒙德，马林，14，21
Russel, Bertrand 罗素，伯特兰，55
Rutherford, Donald 卢瑟福，唐纳德，44
Ryle, Gilbert 赖尔，吉尔伯特，41-42

Schaffer, Jonathan 谢弗，乔纳森，47
Schechter, Oded 切赫特，奥戴德，98，215

Schelling, Friedrich Wilhelm Joseph 谢林，弗雷德里希·威廉·约瑟夫，74

Schuller, Georg Hermann 舒勒，格奥尔格·赫尔曼，132，157，161

Schmaltz, Tad 施马茨，塔德，4，30，59，113，125，135

Schmitt, Elisabeth 施密特，伊丽莎白，113，134

Schmitz, Kenneth L. 施密茨，肯尼斯·L，69

Schopenhauer, Arthur 叔本华，阿图尔，67

Sellars, Wilfred 塞拉斯，威尔弗里德，57

singular things 个别事物，79，97，106，124，156，160，162-163，169，171，180，也见个体化；个体；个别物；E2d7

个别事物的定义，74-75

个别事物与个体的比较/对比，77-79

不存在的个别事物，74

skepticism 怀疑论，xvi

space 空间，59，73，78，80

绝对空间，94

Spinoza, Benedict de 斯宾诺莎，本尼迪克特·德

Compendium of Hebrew Grammar 《希伯来语法纲要》，30-32，52

Descartes' Principles of Philosophy 《笛卡尔哲学原理》，29，38，66，84，100，102，107

Metaphysical Thoughts 《形而上学思想》，8，20，29，36，37，38，39，47，57，57，64，65，98，99，102，104，106，107，122，123，124，129，131，150，176，185

Political Treatise 《政治论》

Short Treatise 《短论》，xv，4，17，26，31，34，35，45，51，63，64，66，66，79，85，92，95，96，99，102，103，106-107，109，113，116，119，120，123，124，125，126-127，129，133，134，135，144，165，166-167，182，184

Theological-Political Treatise 《神学政治论》，xv，12，17，20，24，31，36，37，52，53，73，78，80，92，108，111，135，163

Treatise on the Emendation of the Intellect 《理智改进论》，xv，11，50，51，57，92，104，106，109，165-166

Ep. 2，57，73，104，163，175，177

Ep. 4, 28–29

Ep. 6, 17

Ep. 8, 50

Ep. 9, 83, 144, 183

Ep. 10, 106

Ep. 12（论无限的信），20, 21, 23–24, 30, 35, 51, 63, 70, 91, 95, 98, 110, 114, 124, 126–127

Ep. 13, 65

Ep. 19, 37, 57, 104

Ep. 32, 36, 78, 131, 182, 183, 184

Ep. 35, 47, 102

Ep. 36, 46

Ep. 43, 50

Ep. 54, 109

Ep. 60, 4, 52, 65, 96

Ep. 63, 132–133, 157, 168

Ep. 64, 8, 36, 79, 133–136, 157–158, 160, 161, 164–165, 171, 173, 182, 183, 201

Ep. 65, 150, 159, 162, 168, 200

Ep. 66, 155, 159–162, 164, 165, 171, 173, 192, 200

Ep. 70, 153, 160–161, 168

Ep. 71, 24, 25

Ep. 72, 142, 161

Ep. 73, 24, 26, 66

Ep. 75, 17

Ep. 81, 24, 25, 126

Ep. 83, 30, 135

国家（政治），53, 78

Steenbakkers, Piet 斯坦贝克斯，皮特，63, 203

Strato, Disciple of Theophrastus 斯特拉托，塞奥夫拉斯图的徒弟，64

Suárez, Francisco 苏亚雷斯，弗朗西斯科，63, 65

substance 实体，也见神；自然
  亚里士多德的实体概念，13–15
  实体与属性，xviii, 148, 150, 155–156, 171
  赤裸基底，55, 57, 62, 65
  实体的集束理论，55–57
  对实体的因果规定，15
  实体的定义，10, 14–15, 33–34, 45, 70, 也见 E1d3
  实体性的程度，14, 121
  笛卡尔的实体概念，10, 14–56, 34, 44–45, 54–55
  实体的永恒，115, 126–127, 也见属性：属性的永恒
  实体与属性同一，55, 也见神：神与属性同一 s
  不完整实体，16, 54–55
  实体与独立性，45, 62, 104
  实体与个体化，74

实体之不可分，xviii，11，26，35-36，38，47-48，49，59，70n43，75，76，84，126-129，130-132，185-186

莱布尼茨的实体概念，55

实体与样态，105-112，145，148，187，也见存在：存在之二分为实体与样态；内附：内附与实体样态关系；谓述：谓述与实体样态关系

实体的谓述定义，14，34

实体与基底，100

单一含义，41

teleology 目的论，120-121

"Third Man" problem "第三人"问题，130

thought 思想，25，191-193，199，也见认识；构想；观念；观念方面；理智；心灵；知识；平行论

绝对思想，117-118，也见属性：属性的绝对本性

思想与构想，147

思想与神的观念不同，182-183

思想与观念，147

思想的样态，见观念

思想的优先性，156，177，193-194，194-195，195-196，198

思想与表象，151，156，192，193

思想比其他属性涵盖更广/是独特的，154-155，161，166，168，184，也见思想：思想的优先性

time 时间，31，42，58，69，72-73，duration 也见绵延；永恒

时间与因果，101-102，102-103，109-111

未来

内附于过去，98-99

未来的现实性，100-101

时间与内附，98-99，99-100，100-101，101-102，102-103

麦克塔加特论时间，98，99

现在

内附于过去，98-99，99-100，102

现在的现实性，100-101

延留论，73

transubstantiation controversy 圣体变换论战，30

trope theory 个别性质理论，7，49-59，103-04

Tschirnhaus, Ehrenfried Walter von 契恩豪斯，厄亨弗里德·瓦尔特·冯，27-28，132-133，150，153，167-168，183

契恩豪斯与斯宾诺莎关于未知属性的通信，156-161，162，193，200

universals 共相，36-37
斯宾诺莎对共相的拒斥，57-58，104
共相与个别物，37，56-59，104
共相与个别性质理论，55-56

Van Cleve, James 范·克莱夫，詹姆斯，79
van Peursen 范·帕尔森，157n7
Viljanen, Valtteri 维亚南，瓦特里，65
virtue 德性，53

will 意志，64
无限意志，135，202
Williams, Donald Carey 威廉姆斯，唐纳德·卡利，55，56，59
Williamson, Timothy 威廉森，蒂莫西，155
Wilson, Margaret 威尔逊，玛格丽特，83，89
Wippel, John F. 威普尔，约翰·F，63
Wisnovsky, Robert 威斯诺夫斯基，罗伯特，63
Wolf, Christian 沃尔夫，克里斯蒂安，55
Wolfson, Harry Austryn 沃尔夫森，哈利·奥斯特林，69，124，125，134
Woolhouse, Roger 伍尔豪斯，罗杰，4，45
worlds, plurality of 世界的多，156-161，164-165，167-168，193，198

Xenophanes 色诺芬尼，66，67

Zeno of Elea 爱利亚的芝诺，66

《伦理学》内容索引

页码为原书页码,即本书边码

E1d1　198-199
E1d2　46, 118
E1d3　6, 19, 27, 29, 33-34, 45, 89, 199
E1d4　xviii, 24, 148, 165, 201, 204
E1d5　6, 19, 20, 27, 29, 43, 52, 85, 86, 91, 100, 105, 133
E1d6　xviii, 46-47, 72, 83, 108, 112, 127, 151, 155, 183, 184
　　　e, xviii, 46-47
E1d7　109
E1d8　118, 123-24, 125-126, 127
　　　e, 125-126
E1a1　6, 19, 95
E1a2　72, 83, 147
E1a4　xvi, xvii, 22, 33-34, 89-90, 95, 195, 105, 107, 108, 108, 129, 146-147

E1a6　157, 158
E1p1　29, 72, 85
E1p3
　　　d, 108
E1p4　32-33, 56
　　　d, 29, 32
E1p5　xix, 58
　　　d, xvii, 85
E1p6　34, 89
　　　d, 34, 58, 89, 104
　　　d2, 89
E1p8　127
　　　s1, 82
　　　s2, 58, 76, 85
E1p9　100
E1p10　xv, xix, 84, 146, 151, 156, 158, 160, 162, 164, 172, 175, 176, 191, 195
　　　s, 83, 126

395

《伦理学》内容索引

E1p11
　　d, 72, 107
E1p12　xviii, 11, 24, 128, 129
　　d, 47, 99, 102
E1p13　xviii, 11, 84, 128, 129
　　s, 18
E1p14　xviii, 6, 128, 148, 150
　　c1, 17, 183
　　c2, 180
E1p15　6, 21-22, 26, 47, 63, 91, 105
　　d, 103, 108
　　s, 33, 128-29, 163
E1p16　18, 19, 21-22, 50, 52, 66, 80, 81, 105, 114-115, 144, 146, 150-151, 172, 183, 184, 203, 203
　　d, 49, 50, 52, 54, 70, 71, 81, 151
　　c1, xvi, 4, 19, 21-22, 26, 54, 61, 63, 66, 96, 203
E1p17　115
　　c2, 17
　　s1, 183, 183
　　s2, 78, 99-100, 103, 107, 123
E1p18　26, 62-63, 96, 115
　　d, 4, 17, 25, 62-63, 95, 96, 108
E1p19　xviii, 39, 115

E1p20　115
　　c2, 8
E1p21　18, 19, 79, 109, 115, 116, 121, 122, 124, 144, 189
　　d, 39, 117-119, 125, 132, 134, 182
E1p22　19, 24, 79, 85, 109, 115, 116, 119, 120, 121, 122, 124, 125, 126, 131, 188
　　d, 119, 121
E1p23　24, 79, 109, 114, 115, 116, 121, 124
　　d, 126
　　s, 126
E1p24
　　c, 19
E1p25　19, 71, 90, 107
　　d, 89, 90, 105, 108
　　c, 6, 19, 40, 108
E1p26　19
E1p28　18, 19, 103, 108
　　d, 19, 107
E1p29
　　d, 18
　　s, 12, 17-18, 50, 71, 108, 110, 150, 180
E1p30　85
　　d, 158
E1p31　144, 183

d, 95
E1p32
  c2, 120, 135, 202
E1p33
  s1, 109
E1p36 80, 99, 119-120, 121, 136
E1app 37, 52, 73, 109, 120-121, 203
E2pref 172
E2d1 180
E2d2 184
E2d3 147
E2d4 52
E2d7 74-5, 79, 97
E2a3 22, 100, 134, 144, 147, 182
E2a4 169-170
E2a5 xix, 155, 156, 169-170, 180, 195
E2p1 xix, 147, 180
  d, 95, 180
  s, 172
E2p2 xix, 180
E2p3 22, 105, 132, 134, 142, 143, 144, 146, 147, 180, 181, 183, 184, 185, 202
  d, 144, 172, 181
  s, 23, 132

E2p4 22, 143, 144, 150, 172, 183, 184, 186
  d, 85, 133, 144, 182, 203, 203
E2p5 143, 160, 180
  d, 23, 182
E2p6 xv, xix, 84, 156, 157
  d, 107, 108, 191
  c, 147, 195
E2p7 133, 140-142, 144, 145, 146-147, 149, 155, 156, 162, 173, 176, 179, 180, 181, 189, 189-191, 201
  d, 22, 108, 108, 140-142, 146-147, 158, 181
  c, 145, 146, 165, 177, 180, 186, 194, 198
  s, xix, 77, 80, 83, 84, 107, 140, 140-142, 144, 146, 147-149, 151, 155, 159, 160, 164, 165, 171, 173, 180, 187, 188, 189-191, 203
E2p8 74, 134, 180, 180, 190
  d, 180, 181
  c, 180
E2p9 18, 75
  d, 147, 180
  c, 18, 183, 184
E2p10

s2, xvi, 37, 47–48
E2p11
　　c, 35, 129, 183
E2p12　75
　　d, 18
E2p13　157, 166, 168–171, 173
　　d, 119, 169–171
　　s, 135, 170–171, 177
E2p13sPhysDigA1'　①　58, 74
E2p13sPhysDigL3
　　c, 96
E2p13sPhsDigA1'　95, 105
E2p13sPhysDigDef　76–77
E2p13sPhysDigL4　39, 76
E2p13sPhysDigL5　39, 76
E2p13sPhysDigL6　76
E2p13sPhysDigL7　76
　　d, 78
　　s, 133, 134, 136
E2p16　95, 105
　　d, 108
E2p19
　　d, 18, 142
E2p20　146, 176, 177
　　d, 18, 22, 142, 143, 180
　　c, 38–9
E2p21　173

　　s, 77, 146, 173, 175, 177, 178
E2p23　176
　　d, 22
E2p30　107
E2p35　152
　　s, 152
E2p38　181
　　d, 180
　　c, 180
E2p40
　　s1, 57, 104
　　s2, 79
E2p41　81, 128
E2p45
　　d, 107, 108
　　s, 110
E2p46　181
E2p47　xvi
　　s, xvi, 181
E3pref　11
E3d2　66
E3d3　27, 53, 97, 150
E3p1
　　d, 119
E3p2
　　s, 84, 107

---

①　PhysDig 即"物理学插曲"。

E3p4 53, 96
 d, 58, 71
E3p5 53, 71
E3p6 53, 90
E3p7 157
E3p11
 s, 97
E3p30
 d, 96
E3p32
 s, 21, 27
E3p36
 s, 37
E3p51
 d, 37
E3p55
 c2
 d, 49, 53, 57
E3p57
 s, 58
E3defAff 6
 e, 52
E3defAff 20 22
E3defAff 22
 e, 52, 92
E3defAff 28
 e, 92
E4pref 17, 73
E4d1 37

E4d2 37
E4p4
 d, 17, 18, 75
E4p18
 s, 78
E4p19
 d, 96
E4p29
 d, 37
E4p30
 d, 37
E4p35
 c1, 78
E4p37
 s, 36
E4p39
 d, 108
E4p61
 d, 108
E4p62 101
 d, 126
E4p64 37
 c, 36
E4p68 36, 37
E5p1 147
E5p4
 d, 181
 s, 119
E5p17

《伦理学》内容索引

    c，27
E5p20
    s，39
E5p22   79，108
    d，105
E5p23
    s，108
E5p24   80
E5p29
    d，110

E5p30
    d，108
E5p31   79
E5p35   134
E5p36   129
    s，134
E5p40
    c，163
    s，129，183

图书在版编目（CIP）数据

斯宾诺莎的形而上学：实体与思想 /（以）伊扎卡·迈拉迈德著；董皓译. —北京：商务印书馆，2024
（现代哲学与哲学史丛书）
ISBN 978-7-100-23607-2

Ⅰ.①斯… Ⅱ.①伊… ②董… Ⅲ.①斯宾诺莎（Spinoza, Benoit de 1632-1677）—形而上学—研究 Ⅳ.① B563.1

中国国家版本馆CIP数据核字（2024）第068665号

权利保留，侵权必究。

现代哲学与哲学史丛书
斯宾诺莎的形而上学
——实体与思想
〔以〕伊扎卡·迈拉迈德 著
董皓 译

商 务 印 书 馆 出 版
（北京王府井大街36号 邮政编码100710）
商 务 印 书 馆 发 行
北京市十月印刷有限公司印刷
ISBN 978-7-100-23607-2

2024年12月第1版　　　开本 880×1230　1/32
2024年12月北京第1次印刷　印张 13 1/8

定价：60.00元